新田骆氏锦衣卫世家

毛佩琦 题

谢奉生　著

中国文史出版社

图书在版编目（ＣＩＰ）数据

新田骆氏锦衣卫世家 / 谢奉生著. -- 北京：中国
文史出版社，2019.3
ISBN 978-7-5205-1051-6

Ⅰ.①新…　Ⅱ.①谢…　Ⅲ.①厂卫—史料—研究
Ⅳ.①K248.205

中国版本图书馆CIP数据核字（2019）第051827号

责任编辑：金硕

出版发行：中国文史出版社
社　　　址：北京市海淀区西八里庄69号院　邮编:100142
电　　　话：010- 81136606　81136602　81136603　81136605(发行部)
传　　　真：010-81136655
印　　　装：万卷书坊印刷（天津）有限公司
经　　　销：全国新华书店
开　　　本：787×1092　　1/16
印　　　张：16
字　　　数：350千字
版　　　次：2019年3月北京第1版
印　　　次：2019年3月第1次印刷
定　　　价：68.00元

湖南新田

岁岁丰

新田

湖南

锦衣世家

元风碧郎

楚南望族

元风碧郎

湖南新田

2018年3月，中国人民大学历史系教授、博士生导师、北京大学明清研究中心研究员、中国明史学会首席顾问毛佩琦先生，与作者拨冗相见，悉心指教

2018年6月，中国社会科学院历史研究所研究员、中国明史学会副会长兼秘书长张宪博先生，率明史专家一行莅临新田实地考察，并召开座谈会，商定于2019年春在新田召开全国"明代锦衣卫制度与新田骆氏锦衣卫世家学术研讨会"

中国传统古村落、锦衣卫世家故里骆铭孙村"楚南望族"门楼及匾额

中国传统古村落、锦衣卫世家故里骆铭孙村"锦衣总宪"牌楼及匾额

中国传统古村落、锦衣卫世家故里骆铭孙村"锦衣世家牌楼"，原正背门额悬挂"文武荣流""衣冠门第"匾额，"文革"中被毁

中国传统古村落、锦衣卫世家故里骆铭孙村"上京都湖南会馆"（公祠）

中国传统古村落、锦衣卫世家故里骆铭孙村"惜字塔"

中国传统古村落、锦衣卫世家故里骆铭孙村航拍实景图

骆铭孙山水古迹图

北至猪婆冲及将军脑为界

西至九南源及大岭头为界

东至水便牛形及龙回桥为界

南至竹子峰及牛牯岭至上双涧为界

注：此图不包合自宅，此图以济康塍句河岭的山水图为基础，由于年代久远以及其它原因，图中古旧地名及建筑难免有误。

骆铭孙村《骆氏宗谱》中《骆铭孙山水古迹图》的记载

骆铭孙村《骆氏宗谱》中《骆铭孙村居图》的记载

骆铭孙村《骆氏宗谱》中《骆铭孙山水图》的记载

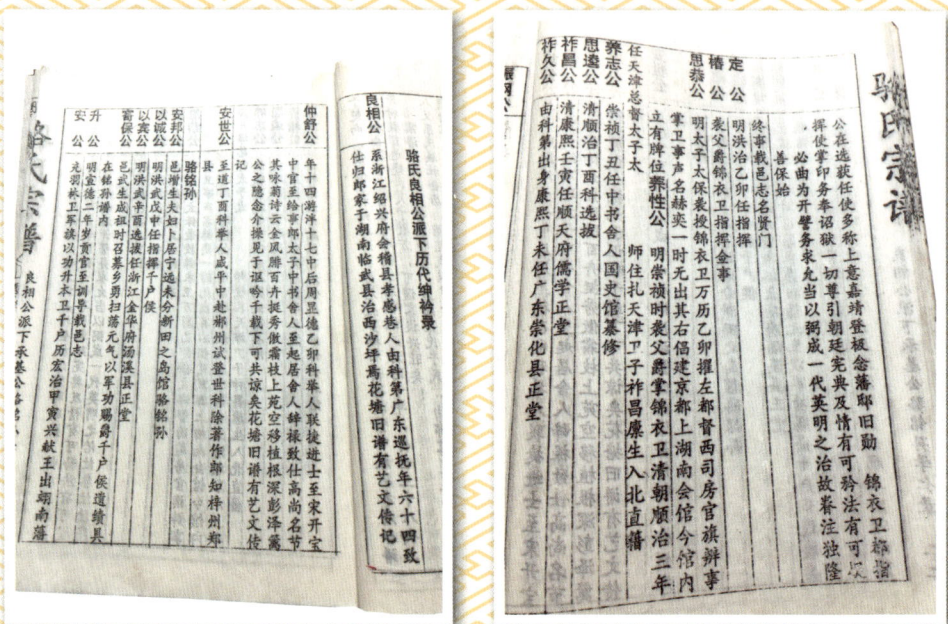

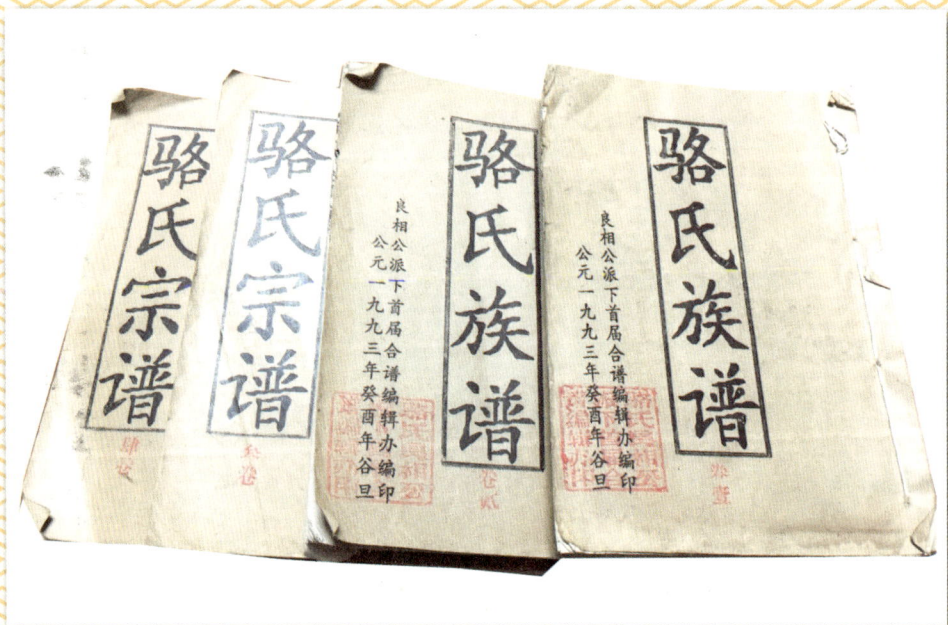

骆铭孙村《骆氏宗谱》中关于新田骆氏锦衣卫世家的记载

永州府志

卷十五上·先正傳

事功

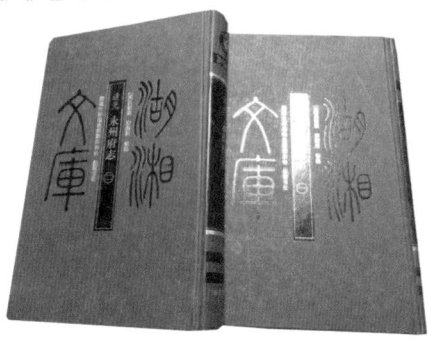

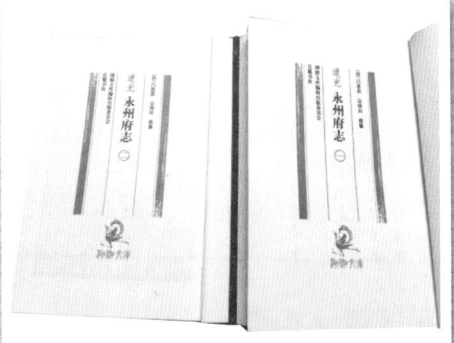

清·道光《永州府志》中關於新田駱氏錦衣衛世家的記載

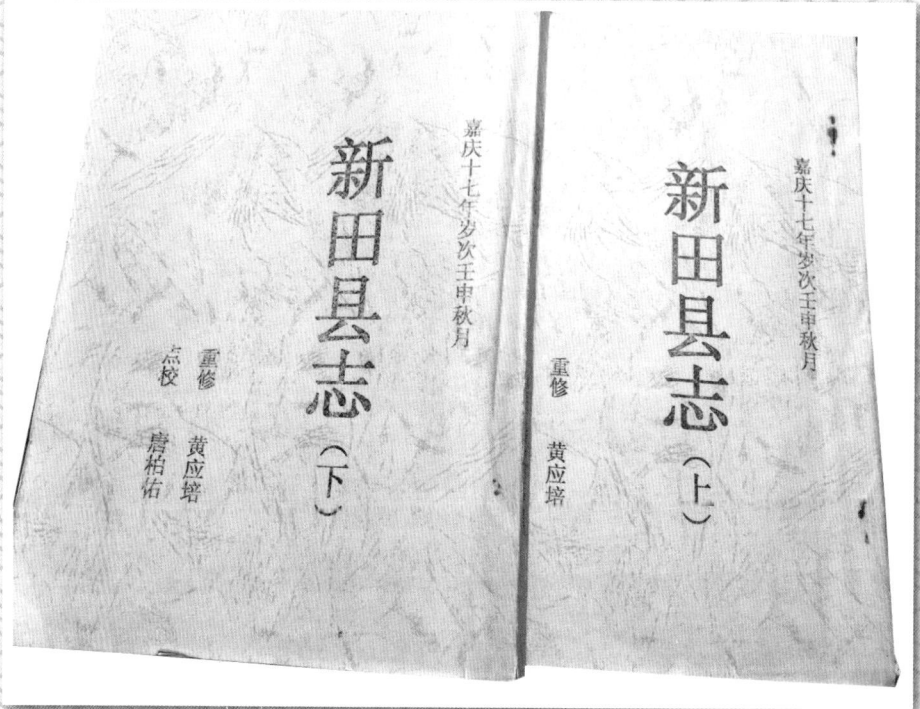

駱踵 本衛南百戶，祖系羽林衛軍旅，歷千戶，明宏治甲寅，以
功勳本衛南百戶，
興獻王出湖南藩，公在邀護，遂充護衛。官，每有任使，奉多衛，旨興獻龍飛，遂以護駕勳功晋錦衣衛指揮使。署都指揮僉事，旨奉詔獄，掌本衛印。凡奉詔獄，一切尊用朝廷憲典德音，無不協乎人情，合乎公論。及情有可矜，法有可憫，必曲尊用朝，緣必久當以弼成，一代英明仁厚之治。

黄高甫 北二都人，元順帝癸酉年武魁。
駱以誠 南一都人，元順帝癸酉年武魁，以軍功授千戶，隨征明太祖，克敵有功，亡於陣。
何弦 南六都人，亡於陣。
勑授懷遠將軍。
黄如暉 北二都人，宋淳祐壬子年武魁。

駱恭恭 授鎮遠將軍。
陞左都督，掌衛事提督西司房，官旗辦事，聲名赫奕一時，無出其右。
駱奮性 南一都人，襲授錦衣，歷陞至左都督，掌衛事提督西司房官旗辦事，明末中歸誠。
謝義厚 南七都人，崇禎十七年，由行五剿賊遠 奉文獎以鼓舞能前，捷功屢奏。

勑定 安之弟，恩授錦衣衛百戶，其在
以冠帶奉祀，
駱涷 安長子，襲錦衣衛指揮使。
駱寄保 南一都人，代領誠職，明祖駱瑞昌，駱賚皆授
帝賜爵千戶侯，
黄麻 北二都人，明成化六年征剿有
故卷注黼隆，保緣始雲。

清·嘉庆十七年《新田县志》中关于新田骆氏锦衣卫世家的记载

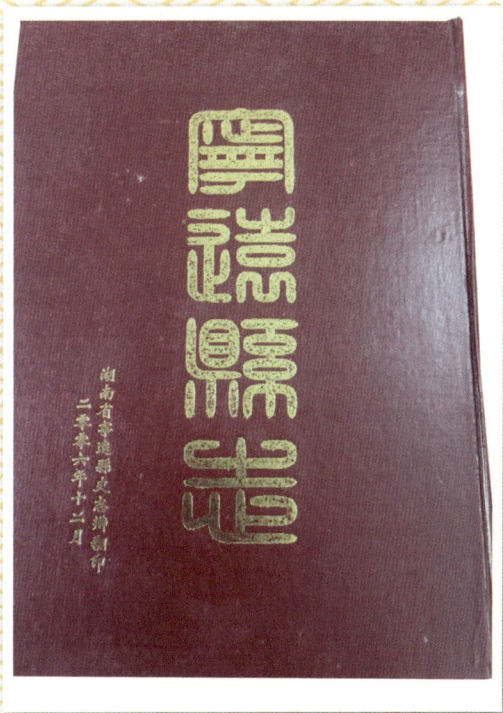

《宁远县志卷第九·人物·列传上》关于新田骆氏锦衣卫世家的记载

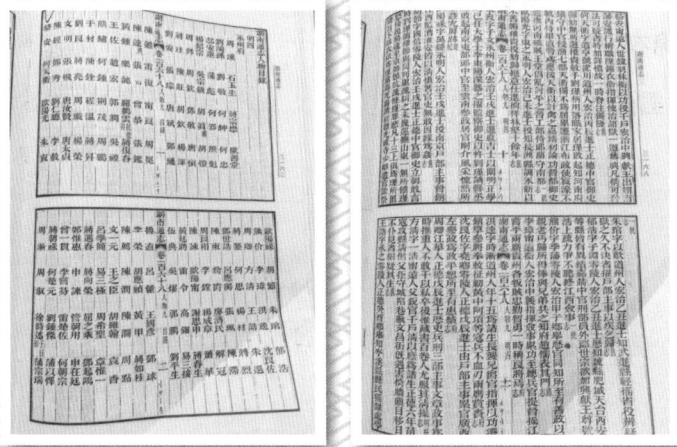

光绪《湖南通志》中关于锦衣卫指挥使骆安的记载

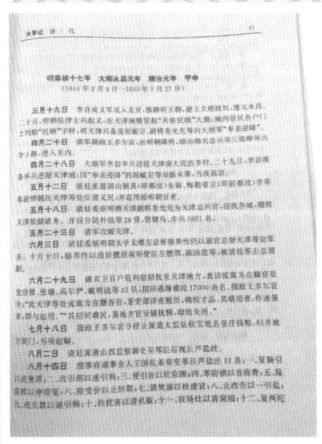

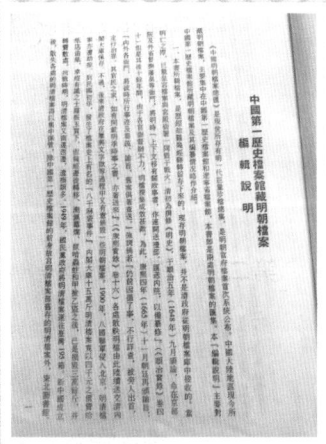

《天津通志》中关于左都督兼锦衣卫指挥使骆养性的记载

目　录

上篇　新田骆氏锦衣卫世家

下篇　新田骆氏锦衣卫世家史料辑录

《新田骆氏锦衣卫世家》序

毛佩琦 *

提起明朝的锦衣卫，差不多人人都能说上两句。借助于电影电视和通俗小说，锦衣卫可谓老幼妇孺无不知晓。人们对锦衣卫的印象呢，大多是神秘莫测、武艺高强，无论是保护圣驾、刺探情报，还是破解大案、擒拿要犯，都无往而不利。再加上锦衣卫常常与宦官掌管的东厂、西厂联手，而并称厂卫，人们对锦衣卫又会增加几分恐怖和阴险的感觉。甚至许多人认为锦衣卫是神秘的特务组织。

明朝的锦衣卫究竟是什么，他们的职能又是什么呢？

锦衣卫，其实是担负特殊任务的皇帝的亲军。

明朝建立后，在全国的军事布防，以卫、所为编制。普通的军事卫、所，在各地担负守卫和屯垦任务。另外，皇帝的亲军，称为侍卫上直军，也编制为卫、所。亲军上直卫一共有 26 个，锦衣卫是其中之一。其他还有旗手卫、金吾前后卫、羽林左右卫、府军卫、府军左右前后卫等等名称。这些卫是从洪武到宣德年间陆续设置的。他们轮流在皇帝身边值勤。锦衣卫的具体任务包括"侍卫、缉捕、刑狱之事"，凡有朝会、皇帝巡幸，锦衣卫要执掌卤簿仪仗，侍从扈行，平时轮班在皇帝身边守护值勤。如果皇

---

* 中国人民大学历史系教授、博士生导师，北京大学明清研究中心研究员，中国明史学会首席顾问。

帝要举行朝日、夕月、耕耤、视牲等等典礼，锦衣卫人员要身穿飞鱼服，佩戴绣春刀，随侍在皇帝身边。锦衣卫还要秘密察访盗贼奸宄和街道沟洫，防止隐蔽危险发生意外。锦衣卫还要"治刑狱"，就是办理"诏狱"，与司法部门一起审理皇帝交办的案件；与兵部一起检视五军军官、舍人的校试比武。明代的军卫都设有镇抚司，处理军中的违法案件。锦衣卫下设的镇抚司地位特殊。洪武年间，明太祖用重典治国，重大案件常常交给锦衣卫审理。锦衣卫用刑严酷，常常超越法律。洪武晚年，明太祖宣布废除锦衣卫刑具，一切案件交由司法部门办理。明成祖夺位后，依靠锦衣卫为心腹。锦衣卫所属南北两个镇抚司，南镇抚司审理本卫及军匠案件，北镇抚司专治诏狱。诏狱自成体系，"凡问刑、奏请"，都直接上达皇帝，不用告知本卫领导。史称诏狱"用法深刻，为祸甚烈"。更为不同的是锦衣卫与宦官组成的侦缉机构东厂、西厂联手，大大增加了锦衣卫的权威。锦衣卫虽然同样是军队，但不归军事机构五军都督府管辖，多是由皇帝委派的勋戚都督直接管辖。锦衣卫官员编制数量并不固定。皇帝为奖励有功官员，赏赐官职给他们的子弟常常命这些人在锦衣卫挂名当官，领取俸禄。

湖南新田骆氏家族，是一个有代表性的锦衣卫世家。明太祖朱元璋起兵反元，骆氏先祖骆以诚跟随征战而阵亡，是明朝开国时期的功臣。其后，骆寄保继承其职，仍在军中效力。清道光《永州府志·先正传·事功》没有说骆寄保继承的是何职，而说在成祖永乐年间，骆寄保成为"千户侯"。按《明史·职官志》说，"明初各卫亲军指挥使司设有指挥使、同知指挥使、副使，下设千户所正千户、副千户、镇抚、百户等等官职"。而"侯"则属于散官"公侯伯"系列，并非军职。那么，此"千户侯"，应是"千户"之误。千户正五品，副千户从五品，地位已经相当高了。《府志》又说此后骆家"世隶羽林卫"。按，在明代的京军上直卫，即亲军二十六卫中确有羽林左卫、羽林右卫。但是在传统史家叙事时，常常把皇帝的侍卫军笼统称为羽林军。那么，此时骆家出任军职是指笼统的亲军呢，还是确在羽林左右卫呢？这里说的羽林卫是不是就是锦衣卫呢？《府志》又说，骆寄保后代骆安曾充兴献王护卫千户。明代亲王有护卫军，其编制与普通卫所相同。迨明世宗入继大统，骆安因"护驾有功"被提拔为锦衣卫指挥使。本书作者指出，这是骆家首个锦衣卫指挥使，其后代世袭"指挥佥事"，成为名副其实的锦衣卫世家。

骆氏家族先祖自明洪武初年起就以军功在皇帝身边供职，前后八代，续出高官，直至清朝初年，长达近二百八十余年之久。骆氏家族伴随整个明朝，是明朝兴衰的历史见证。同时骆氏家族又是新田地方的望族，在新田地方社会中发挥过重要的影响。本书在细致考察明代锦衣卫制度的基础上，详尽地叙述了骆家在锦衣卫任职的情况，叙述了骆氏家族发达繁衍的历史，特别是作为一个延续数百年的大家族，其家风家训，其经营管理方面的智慧与经验在本书都有详细的展开。可以说，本书弥补和验证了正史关于锦衣卫的记载，同时大大充实、丰富了新田的地方史。我常常说，地方史的真正专家就在当地。他们生于斯、长于斯，爱之深、知之切。他们对地方的人物，对地方的一草一木都充满了感情。地方学者研究地方史的先天优势是外地学者无法比的。他们一旦掌握了科学的方法，认真钻研下去，必然会产生优秀的成果。

谢奉生先生长期在新田地方各级政府任职，是一位勇于担当乐于奉献的干部。因为新田发展的需要，他接触到了新田的历史文化。他发觉这是一个丰富的宝库。从探寻明建文帝下落之谜开始，新田历史文化，特别是明代新田的历史文化进入了他的视野。他曾经推动全国性的明史研究大会在新田召开，吸引了全国各地的明史专家汇聚于新田，大大提高了新田的文化知名度。如今，他又通过数年的不懈努力，完成了这部《新田骆氏锦衣卫世家》，通过一个家族的历史，展示优秀的中华传统文化，描述了一个地方大族矢心报国、忠于职守、笃学好问、乐义好施的种种佳话。正如他所说的，"讲好新田故事，提升新田文化软实力，创造新田发展的新机遇"。拳拳之心，溢于言表。奉生先生的工作，不仅仅有益于新田的社会发展和文化建设，对各地也有着普遍的示范意义。弘扬中华优秀传统文化是需要全民共同参与的伟业，是要靠无数这样扎扎实实的工作者来努力成就的。

我敬佩奉生先生的努力，赞赏他的工作。

祝贺这部书的出版！

2018 年 12 月 8 日于北京昌平之垄上

一部深度发掘的经世之作

——《新田骆氏锦衣卫世家》读后

任先大 *

　　继与人合编《赛武当山与建文帝之谜》（北京燕山出版社 2011 年出版）一书后，身兼官员与学者双重身份的谢奉生，继续驰骋于笔战之场，写作了专著《新田骆氏锦衣卫世家》（简称《世家》，下同）。读罢，一种既亲切又陌生的感觉涌上心头。亲切，是因为我上个世纪八十年代在永州工作时，曾去过新田，后来离开永州后又去过，那里的原生态山水、人们待客的热情以及丰厚的历史文化底蕴给我留下了深刻印象，加之本书作者当时和我在潇水之滨有过师生之谊；陌生，则缘于我对本书内容即明代锦衣卫制度不甚了解。在新年的春天即将到来之际，《世家》带着淡淡的书香抵达，正可谓"好雨知时节，当春乃发生"，给我提供了一个增进了解、不断熟悉的好机会。

　　在这之前，我读过一本很"热"的海外汉学家著作，书名《万历十五年》，作者黄仁宇是华裔美籍历史学家。对于写作历史，他主张对史实要有精确的考辨，并且不能"大段文章照史书抄录"。此书是研究明朝历史之"平平淡淡一年"的经典作品，对明朝专制制度产物的锦衣卫着墨不多，只是偶尔涉及，与《世家》专注于锦衣卫形成鲜明对照。将书中零散的片言只语综合起来，可以窥见作者对锦衣卫性质、职能及厂卫关系的看法。黄仁宇将锦衣卫定性为"情报机关""特务机构"，它具有抓捕、拷打、监视、收集情报等职能；"东厂直属于司礼监，下辖锦衣卫"，也就是说厂卫之间不是平行关系或者附属关系，而是上下级关系。上述观点与《世

_____
＊湖南理工学院教授、硕士生导师。

家》第一章"话说明朝锦衣卫"所提出的见解同中有异，孰是孰非，学界可以继续展开探讨。我的醉翁之意在于，作为他山之石，海外汉学家的研究成果可以照亮我们的研究之途。

《世家》一书的研究对象是明代的锦衣卫，重在对新田骆氏锦衣卫世家二百多年的发展脉络及相关人物的生平事迹进行考证与梳理。这项工作是在有明一朝锦衣卫发展演变的大背景下进行的。其目的在于通过对新田骆氏锦衣卫世家的"发掘、整理、研究"，弘扬地方文化，打造新的文化名片，助推当地经济社会发展。用作者自己的话说，就是"讲好新田故事，提升新田文化软实力，唱响新田发展主旋律，创造新田发展的新机遇"！这是作者写作此书的终极追求。近代以来，在湖湘这片土地上，以魏源、曾国藩、左宗棠等为代表的湘系经世派，高举"实用"大旗，大力倡导经世致用之学，反对脱离实际的空谈义理，蔚成时代风气。进入新的时代，这种注重"能用"的学风传承下来，结出了满树硕果，《世家》便是其中之一。

在我看来，旨在为现实服务是本书的一个鲜明特色，一个大大的亮点。除此之外，材料多样丰富也是吸引眼球的地方。骆铭孙村现存的遗址遗存是地上的材料，这些保存完好的实物材料见证了骆氏昔日的辉煌。纸上的文字材料以各种省志、府志、县志及族谱村谱的记载为主，辅之以《明史》《明实录》《明史纪事本末》等史籍，兼及古人的文集、今人的研究专著，总之实现了地上与纸上、官修与私撰、古人与今人的完美结合。为了收集这些珍贵资料，作者克服重重困难，远赴杭州、北京、天津等地查找。在浙江省地方志办公室，找到了清朝雍正版《浙江通志》，打印了其中的"骆养性词条"；在北京，发现了《骆安墓志铭》原文；在天津市社会科学院图书馆，从《天津县志》《天津府志》《天津通志》中找到了骆养性的简单记载。由此可见作者写作态度的认真、求真，这也是本书的一个亮点。

2019 年 2 月 1 日于岳阳南湖之滨

自　序

历史，是一个地方的血脉。

文化，是一个地方的灵魂。

弘扬中华优秀传统文化，是一个地方生生不息、永续发展的不竭动力和源泉。

2007 年 12 月，我由政府办调任商务局，多次陪同时任县委书记张智勇同志（现任湖南省扶贫办副主任）南下广东招商，张智勇同志满腔热情向客商们宣传推介新田神秘故事：新田有座赛武当山，明朝有个落难皇帝，叫建文帝朱允炆，曾经流亡到新田。2009 年 3 月，我转任到旅游外事侨务局，发展旅游是主业，其时，新田旅游从无到有，刚刚起步。我重新拾起"建文帝流亡新田"这个话题，以期游客青睐，社会关注。我特邀请湖南省文物局退休老同志谢武经先生等共同合作，经过近两年的发掘考证，2011 年 7 月合编的《赛武当山与建文帝之谜》（北京燕山出版社）及画册得以问世，引起了社会的广泛关注。原中国社会科学院历史研究所研究员，原明史学会会长商传教授称，建文帝踪迹新田，"出来最晚，材料最硬"。2015 年 2 月，县委、县政府与中国明史学会、湖南师范大学在新田联合举办了"建文帝踪迹新田暨新田旅游产业发展研讨会"，吸引了史学界、文化界、媒体界，文化企业界等众多专家、学者、企业家汇聚新田，建文帝踪迹新田故事传说，从此走向全国，成为永州非物质文化遗产。

在挖掘建文帝踪迹新田故事的过程中，新田骆铭孙骆氏锦衣卫世家史实，引起了我的注意。在大明一朝，在南蛮新田竟然有这么一个世家，一门八代续出高官，前四代世袭皇帝亲军指挥千户，后四代世袭锦衣卫，其中三代任都指挥使，一代世袭指挥佥事，而且谱系完整没有断代，成为名副其实的锦衣卫世家。六百多年过去了，至今还保存着完整的明代万历皇帝御赐"锦衣总宪"匾额及牌楼、"锦衣世家"匾额及牌楼（"锦衣世家"匾额在"文革"中被毁）、"楚南望族"匾额及牌楼等文物遗址遗存，弥足珍贵，叹为观止！"锦衣总宪""锦衣世家""楚南望族"美誉究竟从何而来？锦衣卫世家一族在封建皇权专制最为集中、朝臣纷争异常尖锐的有明一朝，伴君如伴虎，却能贯穿明朝始终，这在有明一朝乃至中国历史上实属罕见，其背后究竟演绎了什么样的传奇故事？究竟有什么样的成功奥秘？锦衣卫世家的家世家风和人文精神究竟有什么独到之处？这些疑问和困惑，我时时萦绕于心，常常百思不解。由于自己才疏学浅，孤陋寡闻，加之族谱记载简之又简，锦衣卫世家的种种神秘光环我一直记挂于心，久久挥之不去。

2017年10月，我趁赴浙江大学参加"农村基层党支部书记标准化建设研究培训班"学习之机，专程赴杭州、北京、天津等地，正式开启了探寻新田骆氏锦衣卫世家史实外调考察学习之旅。此后多次赴北京、天津、杭州、湖北钟祥、广东花都、广东连州、广东乐昌、江苏南京，以及湖南临武、桂阳、资兴、宁远、蓝山、江华等地，寻故迹，查资料，走民间，访专家，历时一年多，行程数千里。随着调查研究的逐步深入，新田骆氏锦衣卫世家的前世今生、世系脉络、承袭演变、人生际遇等逐渐较为清晰起来，锦衣卫世家的神秘面纱终于逐步得以初步揭开。

纵观中国历史，大明一朝（1368—1644），是中国历史上最后一个由汉族建立的大一统封建王朝，其疆域奠定了今天中国版图的基础；同时，也是中国历史上封建中央集权专制主义最为集中的朝代。平民出身的皇帝朱元璋，"武定祸乱，文治太平"（清朝官修《明史·太祖本纪》），建立了一套完整而行之有效的治国理政制度体系，大明王朝历时276年，成为了中国历史上延续最久的朝代之一（唐朝289年，北宋167余年，南宋152余年，清朝295）。清朝康熙大帝对明朝洪武皇帝朱元璋惺惺相惜，敬佩有加，赞叹"洪武乃英武伟烈之主，非寻常帝王可比"，曾经三次下江南祭奠朱元璋，亲赐"治隆唐宋"匾额，称赞朱元璋的文治武功胜过唐、宋两朝，"（康熙）甲寅（康熙三十八年四月，即1699），命修明太祖陵，并悬挂御书'治隆唐宋'匾额"（《清实录·圣祖实录》，卷一九三）。"治隆唐宋"匾额，至今悬挂在南京钟山明孝陵大殿前。朱元璋及其后代帝王子孙创立的集权专治制度，大清帝国也"清承明制"，照单全收，基本继承了下来。存在的就是合理的、有用的，任何政治制度都是统治阶级在特定时期特定条件下制定并为统治阶级服务的。锦衣卫制度作为明代皇权专治的一个著名"特产"，尽管历来为世人所诟病和非议，但是，探究明朝兴衰，吸取历史教训，始终是绕不开的一个话题。

考察整理研究发现，谱系完整没有断代的新田骆氏锦衣卫世家，贯穿有明一代，与大明王朝兴衰共存亡。可以说，新田骆氏锦衣卫世家是明朝士大夫官僚集团的典型代表，一部新田骆氏锦衣卫世家史，就是有明一朝历史的一个缩影。新田骆氏锦衣卫世家的先祖及其后代子孙，出身平民，投身行伍；起于士卒，鏖战沙场；跻身皇庭，忠心护主；尽忠朝事，秉性持法；矢心报国，勤慎有声；笃学好问，好义乐施；书写了新田骆氏锦衣卫世家千古传奇历史的绚丽篇章，在大明一朝打下了深深的历史烙印。这种矢志报国的家国情怀，忠心护主的忠诚担当，秉性持法的刚正守法，笃学好问的经世致用，好义乐施的善良义行，孕育于新田这块神奇而古老的大地上，根植于中华千年文明优秀传统文化的滋养里，是新田乃至永州历史上一个最沉甸甸的传统文化遗产，一笔最金闪闪的宝贵物资和精神财富。

习近平总书记指出，"文明特别是思想文化是一个国家、一个民族的灵魂，无论哪一个国家、哪一个民族，如果不珍惜自己的思想文化，丢掉了这个灵魂，这个国家、这个民族是立不起来的"。习近平总书记在党的十九大报告中更加明确指出，"文化自信，是更基础、更广泛、更深厚的自信，是更基本、更深沉、更持久的力量"。发掘、整理、研究、编撰《新田骆氏锦衣卫世家》，目的就是旨在讲好新田故事，提升新田文化软实力，唱响新田发展主旋律，创造新田发展的新机遇——因为文物文化的保护、开发和利用也是生产力；而文化自信，更是能迸发出更基础、更广泛、更深厚、更绿色、更共享、更持久的强大精神动力和物质力量！

谢奉生

2018 年 10 月 31 日于新田

上篇

新田骆氏锦衣卫世家

绪 言

锦衣卫，作为有明一朝封建集权专制机构，为朱元璋所首创，始于大明，也终于大明，历来为世人和史家所争议。

在湖南，在新田，有这么一个村，这么一个世家，从明初到明亡，一门八代，前四代为皇帝亲军上直卫（共二十六卫），世袭指挥正千户（军职，正五品），后四代为皇帝亲军上直二十六卫中锦衣卫世袭都指挥使。其中，一代任锦衣卫都指挥使（军职，正三品），一代世袭锦衣卫指挥佥事（军职，正四品），两代相继均任左都督兼锦衣卫都指挥使（军职，从一品），并兼加授太子太保、太子太傅，位列东宫辅臣，尊享明朝太子"三师"之位，而且世系完整没有断代，终大明一朝，还跨清朝初年，历时二百八十多年，成为名副其实的锦衣卫世家。这种历史现象，在明朝乃至在中国历史上世所罕见。

目前，该地尚存国内仅存的锦衣卫世家牌楼和匾额遗址、遗存等历史文物。2018 年 3 月，中国人民大学历史系教授、博士生导师、北京大学明清研究中心研究员、中国明史学会首席顾问、《央视讲堂》名师、明史泰斗毛佩琦先生认为，新田骆氏锦衣卫世家是有明一朝一个独特的历史现象，骆氏家族伴随整个明朝，是明朝兴衰存亡的历史见证。新田从挖掘和弘扬中华优秀传统文化出发，探索新田骆氏锦衣卫世家与家教、家风、民风、政风、社风建设，研究利用锦衣卫世家人文精神和时代价值，以促进

新时代乡村振兴和乡风文明，促进新时代中国特色社会主义和谐社会建设很有历史价值和现实意义，并赐墨宝"新田骆氏锦衣卫世家""湖南新田锦衣世家""湖南新田楚南望族"。

2018年6月，中国社会科学院历史研究所研究员中国明史学会副会长兼秘书长张宪博先生，率领明史专家一行莅临新田实地考察，一致评价：新田骆氏锦衣卫世家是"国内仅见、没有第二"，是明史研究的"一个重大新发现"，是"明朝历史的一个重要缩影"，具有极高的史学研究价值和文物保护开发价值，"怎么高估也不为过"。

这个新田骆氏锦衣卫世家故里，名叫骆铭孙。

第一章　引子
——话说明朝锦衣卫

要了解和探究新田骆氏锦衣卫世家，还得先从明代封建集权专制制度说起。

明朝集权政治三大机构

在中国历史上，明代是实行封建君主专制中央集权最为集中的一个朝代。建立大明皇朝后，"泥腿子"出身的皇帝朱元璋生性多疑，不信任宰相和文武朝臣，"罢丞相不设，析中书省之政归六部，以尚书任天下事，侍郎贰之"（《明史·职官志》，卷七十二）。废掉中书省，罢设宰相，设立"六部"（史、户、礼、兵、刑、工）尚书，皇帝总揽朝廷一切事务，集大权于一身，成为地道十足的"独裁统治""集权政治"。

"独裁皇帝"朱元璋及其后代帝王子孙，为了推行"集权政治"，在罢中书省设"六部"（吏、户、礼、兵、刑、工）、置十二省，设"三司"（承宣布政使司、按察使司、都指挥使司）、实行亲王分封制和军队卫所制的基础上，还创设了三大后人称之为"特务"的皇权专制机构。

明代专制政治的"总机关"
——司礼监与"二十四衙门"

"二十四衙门",是明代宦官伺奉皇帝及其家族的机构。内设十二监、四司、八局,统称"二十四衙门"。

洪武元年(1368),朱元璋在南京应天府即皇帝位,定国号为大明。为管理皇宫内廷事务,朱元璋设立"二十四衙门"。同时,鉴于历朝以来宦官专权之祸,朱元璋建国之初,明令禁止宦官"预政典兵"。他曾说:"其在宫禁,止可使之供洒扫,给使令而已。岂宜预政典兵。"洪武二年(1369),朱元璋制定了内侍官制,规定"内侍毋许识字","(内侍)毋得兼外臣文武衔","敕法司不得与文移往来"。洪武二十七年(1394),朱元璋下令铸造铁牌,挂在宫门口,上书"内臣不得干预政事,预者斩"(《明史》,卷一九二《宦官传》)。在明朝十六代帝王中,朱元璋是防范管束宦官最为严厉的。

宦官用事,始于朱棣。朱棣发动"靖难之役",靖难期间曾多得过建文帝朝廷宦官秘透军情之助,夺取了皇帝位,认为此辈忠心可用。于是,朱棣篡位后突破朱元璋祖制,开始大量派遣宦官担任出使、监军、巡边的任务。据沈德符《万历野获编补遗》(卷一·《内宫定制》)载:"本朝内俱为吏部所领,盖周礼冢宰统阉人之例。至永乐始归其事于内,而史讳之。"这"归其事于内",便是归事于"二十四衙门"之首——司礼监。

司礼监,始置于洪武十七年(1384),由太监掌管,当时它的执掌是,"掌宫廷礼仪。凡正旦、冬至等节,命妇朝贺等礼,则掌其班位仪法,及纠察内宫人员违犯礼法者"。司礼监在明初并没有太大的权力,而且受到限制。到了宣宗宣德朝（1426—1435）以后，由于皇帝怠政以及年幼等原因，太监利用"批红"等特权，权力日渐扩大，逐步成为了宦官集团系统中最高的权力机构。司礼监的特权，一个是批答大小臣工的一切章奏，"掌印掌理内外章奏及御前勘合，秉笔随堂章奏文书，照阁票批朱"（《明史·职官志》，卷七十四）。批答奏章的情形是，"凡每日奏文书，自御笔亲批数本外，皆众太监分批，遵照阁中票来字样，用朱笔楷书批之。间有偏旁偶讹者，也不妨略为改正"（刘若愚《酌中志》，卷十六《内府衙门职掌》）。另一个特权是传宣谕旨，"凡内之传宣，外之奏旨属焉"（徐复祚《花当阁丛谈》，卷一）。司礼监设掌印太监一人，秉笔太监数人（一般八九人），负责皇帝的公文处理。司礼监在永乐、洪熙两朝，还属于一般衙门。到了宣宗朝，司礼监的地位开始发生变化。宣宗宣德元年（1426）再次突破朱元璋祖制，在内宫中设立内书堂，命翰林官教授宦官读书，并开始令司礼监秉笔太监代替皇帝批阅章奏（即"批红"），每日大小臣工所章奏文书，除每日皇帝御笔批数本外皆由众太监分批，遵照内阁票拟的字样，用朱笔楷书进行批阅。

　　明宣宗以后，明英宗朱祁镇（英宗皇帝朱祁镇生于宣德二年，即1427年，登基时仅九岁，实足年龄只有七岁）年幼，正统初元（朱祁镇1435年即位至正统七年即1442）后，英宗皇帝缺乏主见，重用太监王振，代皇帝批红成了司礼监太监的主要职掌，成为皇帝处理政务、机务最贴近可靠的助手，司礼监作为宦官机构的"第一署"的地位得以确立，权力逐步高涨。到正统后期，司礼监将"二十四衙门"的主要权力逐步集中到自己手中，凡地方镇守太监的调派，同三法司录囚、提督京营、东厂等大权皆归司礼监，司礼监已成为一个由掌印、秉笔太监为首脑的、与内阁部院相对应的庞大官僚机构，实质成了内廷的"内阁"，司礼监掌印太监实质成为

了内廷的"内相"。到明武宗时，荒唐之君朱厚照对宦官的宠信到了无以复加、至死不悟的地步，大太监刘瑾专权，把持朝政，打击朝臣，司礼监太监"遂专掌机密，凡进御章奏及降敕批疏，无有不经其出纳者"。所以，当时人讥讽道，朝廷有两个皇帝，一个"立皇帝""刘皇帝"，一个"坐皇帝""朱皇帝"。明中叶神宗万历朝以后，皇帝大多身居后宫，不理朝政，常常由司礼监秉笔太监代行批红大权，代行皇帝处理国政。到熹宗时阉党党首魏忠贤大权独揽，司礼监权力无边，达到顶峰。这样，司礼监成为了明代专制政治的"总机关"，明朝"特务政治"的"大本营"，司礼监总太监成为了皇权的代理人，朝政的实际主宰者。正如明末清初大思想家黄宗羲所言，"无宰相之名，而有宰相之实"（黄宗羲《明夷待访录》）。

专司缉访的"执行机关"
——东厂、西厂和内行厂

东厂，是明代最大的一个负责侦缉和刑狱的监视机关。它为朱棣永乐十八年（1420）所创设，"十八年……始设东厂，命中官刺事"（《明史·成祖本纪三》卷三），"永乐十八年八月……置东厂于北京。初，上命中官刺事，皇太子监国，稍稍禁之。至是以北京初建，尤锐意防奸，广布锦衣官校，专私缉访。复虑外官瞻绚，乃设东厂于东安门北，以内监掌之。自是中官益专横，不可复制"（《明通鉴》，卷十七）。这个监视机关直接受皇帝指挥，履行"刺事""专司缉访"任务，除皇帝以外，任何人都在它的侦查之中，事关机密，责任重大，所以，皇帝也特别重视，派去主持的宦官都是亲信心腹。颁发的"关防"（印信的一种，长方形，又称"大印"），比起其他宦官衙门更显赫，其他宦官奉差关防，都是"某处内官关防"几个字，唯独这个机关是篆文"钦差总督东厂官校办事太监关防"。又特给密封牙章一枚，一切封奏，都用这个钤封。到魏忠贤时又造一个大一点的，文曰"东厂密封"，一切奏本不必经过任何手续便可直达皇帝，这种权力，不论哪个衙门都不可攀比。这个监视机构，从朱棣永乐十八年起，一直到朱由检亡国时为止，贯穿二百二十多年。期间一切侦察、诬陷、屠杀、冤狱等，直接、间接从这里发动和执行，成为君主专制的极端统治专制工具。

西厂，设过两次。一次是在宪宗皇帝朱见深成化十三年（1477），《明史·宪宗本治二》记载，"十三年正月……已置西厂，太监汪直提督官校刺事"，地点在旧灰厂，"后即以灰厂为西厂，伺察阴私"。太监汪直提督西厂后，大兴滥狱，无法无天，把官场民间骚扰得鸡犬不宁。"自（汪）直用事，士大夫不安其职，商贾不安于途，庶民不安于业，若不亟去，天下安危未可知也"（《明史·商辂传》，卷一七六），遭到朝廷内外一片声讨。成化十八年（1482），汪直失去朱见深信任，于三月正式诏罢西厂，朱见深成化朝代，西厂设立前后五年有余。

第二次设立西厂，则是武宗皇帝朱厚照受太监刘瑾怂恿，于正德元年（1506）十月设立，至正德五年（1510）八月刘瑾因谋反处死止，共计约五年。此后，西厂消亡。

至于内行厂，也是武宗皇帝朱厚照为太监刘瑾怂恿而设，主要是用太监来监督太监的"特务"机关，东厂、西厂都在它的侦察之中，宦官行动也归他们侦缉，其行为比东厂、西厂更为酷烈。内行厂地点，在当时的荣府旧仓地，设立期间已不可考，大约从正德元年刘瑾用事时起，到正德五年刘瑾被诛时止，前后约有四年。

皇帝的"私人卫队"——锦衣卫

　　锦衣卫，是明朝专有军政收集情报的机构，前身为明太祖朱元璋设立的"拱卫司"，后改为"亲军都尉府"，统辖仪鸾司，掌管皇帝仪仗和侍卫。洪武十五年（1382），撤销亲军都尉府与仪鸾司，改设锦衣卫。

　　锦衣卫，号称"天下第一卫"，作为皇帝侍卫的军事机构，《明史·职官志五》规定主要职能是"掌直驾侍卫、巡查缉捕、刑狱之事"，"凡朝会、巡幸，则具卤簿、仪仗之权，率大汉将军（明代殿廷卫士称号，共 1570 员）等侍从扈行，宿卫则分番入直（值），朝日、夕月、耕籍、视牲，则服飞鱼服，佩绣春刀，侍左右"；"盗窃奸宄，街涂沟洫，密缉而时省之"。因为是皇帝的贴身私人卫队，所以其首领锦衣卫指挥使，必须是由皇帝的亲信武将担任，常常是"恒以勋戚都督领之"（《明史·职官志五》卷七十六），直接向皇帝负责。锦衣卫下辖有十七个所，分置官校，官的名目有千户、百户、总旗、小旗等，死后许以魁武材勇的亲子弟代替。校是校尉力士，挑选民间丁壮无恶疾过犯者来担任，他们除了侍卫掌卤簿仪仗外，便专司侦察，也叫"缇骑"。

　　朱元璋为加强中央集权统治，特令锦衣卫掌管刑狱（即诏狱），赋予巡查缉捕之权，下设镇抚司，从事侦察、抓捕、审问等活动。也有参与收集军情、策反敌情的任务。如在万历朝鲜战争中（1592—1598），都指挥使骆思恭带卫队深入朝鲜战场，收集了大量日军情报。洪武二十年（1387），朱元璋为太子朱标继承大统而铺路，下令焚毁锦衣卫刑具，所押囚犯转交刑部审理，废除了锦衣卫。燕王朱棣起兵夺得建文帝皇位后，为了巩固统治，又恢复了锦衣卫。

锦衣卫在有明一代，其权力地位经历了一个发展演变的过程。在洪武、永乐时期，洪武十五年（1382）朱元璋设置锦衣卫时，初始职能为三项：其一，掌仪仗与守卫值宿；其二，侦察与逮捕；其三，典诏狱。朱元璋设置锦衣卫，以驾驭不法群臣，为子孙继位铺路为目的，在明初"四大案"（胡惟庸案、空印案、郭桓案、蓝玉案）中，锦衣卫发挥了重要作用。《明史·刑法志》记载："胡惟庸、蓝玉两案，株连且四万。"洪武二十年（1387），朱元璋认为锦衣卫有滥用职权、依势作宠嫌疑，便于洪武二十六年（1393）将内外刑狱从锦衣卫职责中废除，交由三法司处理。永乐时期，燕王朱棣起兵夺得帝位后，朱棣为了巩固统治又恢复了锦衣卫，明初两代皇帝重用锦衣卫。其后，有明一代，锦衣卫贯穿始终。

正统、成化时期，此期锦衣卫的职权有所扩大，一些在朝廷中由三法司负责的事项，初步由锦衣卫处理，镇抚司由锦衣卫的下属独立于锦衣卫，权力扩大，可直接向皇帝上奏，卫使和三法司不得干预。

弘治、正德时期，正德初期，太监刘瑾操纵权柄，将心腹布于朝廷各要位上，锦衣卫指挥使石义文对刘瑾阿谀奉承，随着刘瑾权势的进一步扩大，锦衣卫不得不依附于东厂，厂卫格局形式发生变化。

世宗嘉靖时期，锦衣卫权力进入鼎盛时期。此时的锦衣卫权力逐步上升，待陆炳执掌锦衣卫时，锦衣卫权力达到顶峰，卫权一度超越厂权。

隆庆、万历、泰昌时期，锦衣卫权力逐步下降。万历初年，朱希孝为锦衣卫指挥使时，其对权力的行使，严格遵守规矩，对事情的处理比较谨慎。万历十年（1582），刘守有为锦衣卫指挥使，与东厂相互勾结，对锦衣卫的发展产生不利的影响。万历后期，神宗皇帝常年不理朝政，此时锦衣卫权力逐步依附于东厂。

天启、熹宗、崇祯时期，锦衣卫权力沦为东厂附庸。熹宗时，大太监

魏忠贤权倾内外，锦衣卫完全依附于东厂。崇祯时期，思宗朱由检力图"中兴"，拨乱反正，清算魏忠贤阉党势力，锦衣卫权力有所恢复，终因大厦将倾，"中兴"无望，思宗朱由检吊死煤山，直到明朝灭亡。

明朝锦衣卫制度众说纷纭

如上所述，大明一朝自朱元璋洪武十五年（1382）创设锦衣卫，洪武十七年（1384）设置司礼监，朱棣永乐十八年（1420）设立东厂，农民出身的皇帝朱元璋及其后代帝王子孙，为了朱家王朝千年永固，开创了司礼监、东厂、锦衣卫相互独立又相互制衡的"三驾马车"独特专制治理结构，从明初一直到灭亡，前后长达二百七十多年。这种极端专制统治，一经存在，即遭到了有明一朝历代朝臣士大夫官僚集团的非议和反对。明朝科举考试第二个"三元及第"名臣、曾任代宗皇帝朱祁钰和宪宗皇帝朱见深两朝首辅商辂，在《请革西厂疏》中说，"近日伺察太繁，法令太急，形网太密，官校提拿职官，事皆出于风闻，暮夜搜检家财，初不见有驾帖，人心汹汹各怀疑畏。内外文武重臣，托之为股肱心膂者也，亦皆不安于位。有司庶府之官，资之以建立政事者也，举皆不安于职，商贾不安于市，行旅不安于涂（途），士卒不安于伍，黎民不安于业"。厂卫之弊，可见一般。明末学者沈起堂撰《明史》，把明代灭亡的原因说成是"明不亡于流寇，而亡于厂卫"。虽说过于简单，但厂卫之弊，是明代灭亡的一个重要原因，却是不争的史实。

明朝这种极端集权专制统治，也历来为后人所非议。著名历史学家、现代明史研究的开拓者和奠基者之一吴晗在《明代的锦衣卫和东西厂》（台海出版社）一书中指出，"在旧式的政体下，与被统治阶级的人相比，皇帝的地位非但不孤立，反而是永远处于危险的边缘，神圣的宝座下，时刻酝酿着待爆发的火山。为了维护自己的统治，他们不得不想尽镇压的办法，公开的刑律、军校、法庭不够用，也不便用，他们还需要造成恐怖空气的特种组织、特种监狱和特种侦察，来监视每一个可疑的人，而在明代，执行这种特殊任务的特种组织，就是锦衣卫和东西厂"。

"执行这种特殊任务的特种组织"，现代著名作家、学者丁易称之为"明代特务政治"。丁易在《明代特务政治》（上海书店出版社）一书中，把司礼监、东西厂和内行厂、锦衣卫，定位为三大"特务机关"，司礼监称之为"最高指挥机关"，东西厂和内行厂称之为"执行屠杀的几座地狱"，锦衣卫称之为"皇帝的私人卫队"，称开创者朱元璋及其后代帝王子孙是"彻头彻尾的最大特务头子"，明代政治是"彻头彻尾的特务政治"；认为这种"特务政治"，既延续了朱家王朝，也加速颠覆了朱家王朝。

丁易所著《明代特务政治》，被誉为"研究明代政治，此书不可或缺"。自该书问世以后，锦衣卫便进一步背上了历史的骂名，贴上了"鲜衣怒马的衣冠禽兽""朝廷的鹰犬""皇帝用来监视迫害臣民的爪牙"等标签。然而，在司礼监、东西厂、锦衣卫"三驾马车"发展演变中，正如任何事物都有一个发生、发展、演变过程一样，"三驾马车"都受制于皇帝，随着不同皇帝的喜怒哀乐，也经历了一个此消彼长的过程，不能把明朝厂卫的所谓"黑色"统治"黑锅"，全扣到锦衣卫头上。近人草色风烟著《锦衣卫》（台海出版社）中指出，皇帝用锦衣卫监控官僚集团和民间舆情，再用东西厂的宦官监控锦衣卫工作是否尽忠职守。若要把这种情形表现出来，"螳螂捕蝉，黄雀在后"的典故再适合不过了。官僚集团是"蝉"，锦衣卫是"螳螂"，东西厂毫无疑问扮演着"黄雀"的角色，而"黄雀"之后，当然是"大明天子"。因此，草色风烟先生认为，要对明朝锦衣卫制度给予历史地、客观地公正评价。

　　纵观丁易所著《明代特务政治》，大明一朝，前后担任锦衣卫指挥使者共三十余人，罗列了如逯果、门达、田尔耕等一大批依附于刘瑾、魏忠贤阉党的"异类"，但也列举了如袁彬、陆炳、刘侨这样有名的"另类"，袁彬为英宗皇帝朱祁镇的大恩人，他服侍了两代皇帝，受到了朝臣的一致认可，去世时被赐官爵为"光禄大夫""上柱国"，左军都督，为帝国正一品的大员，连母亲和妻子都被赐予"一品诰命"。清代名人纪晓岚主持编撰《四库全书》，把袁彬列为正牌锦衣卫，获得"至忠"称号。《明代特务政治》，将所有有"历史污点"的锦衣卫指挥使都上了"黑名单"。而新田骆氏锦衣卫世家三个都指挥使骆安、骆思恭、骆养性，除骆养性稍有涉及外，均不见骆安、骆思恭明显历史"污点"记载。同时，明朝风光一时的历代锦衣卫指挥使们，作为替皇帝扛脏活累活的机构负责人，无论干好还是干坏，都是在刀尖上跳舞，干得好，得罪大臣，干得不好，得罪皇帝。有明一朝，横死暴毙的锦衣卫指挥使居多，能善始善终的锦衣卫指挥使屈指可数，而新田骆氏锦衣卫世家的三位指挥使，却都能善始善终。他们的历史神秘面纱，有待我们下面揭开。

第二章 楚南望族
——一个古老家族的世代荣光

在新田县骆铭孙村会馆（公祠）正大门楼，至今还高高悬挂着一块古老却清晰可辨的鎏金"楚南望族"匾额。"楚南望族"美誉从何而来？还得从楚南骆氏渊源和骆氏先辈说起。

楚南骆氏始兴于临武

楚南，春秋战国时期，又称荆，荆楚，辖地大致为今天湖南、湖北全境及重庆、河南、安徽、江西、广西等部分地方。五代十国时期，又称南楚，都城治所设在长沙，辖地包括现在的湖南全境和广西部分地方。

楚南骆氏来源，迄今为止，现在能见到的最早最完整的记载，是大明洪武五年（1372）《资兴滁溪旧谱纂修序》中的《骆氏庆源图录》：

"我骆氏系出伯夷（益），乃颛顼之后，益佐舜，赐姓嬴氏，传三十四代曰大骆，周成王封其长子成于大邱，国号大骆，子孙食采其地。历六世厉王时，为西戎所灭，馀子曰武，以国为氏，受封郡曰内黄（今河南安阳市，华夏人文始祖三皇五帝中的颛顼、帝喾二帝建都、建业、建陵之地，是华夏儿女寻根祭祖的圣地，中华民族传统祭祀文化和姓氏文化发源地，中华文明的发祥地之一）。

递传二十一世曰骏，为汉元光年间（西汉武帝刘彻年号，公元前134—前129）会稽太守，惠政及人，士民爱戴，因占籍焉。越十世曰统，章武时（三国时刘备年号，221—223）擢为太守，散财发粟，利济众生，乃隶籍于义乌。厥七世曰登，南北朝（420—589）殿中丞，出守筠州（筠州有二，一为今江西高安市，一为今四川筠连县）；曰之才，为陈（557—589）将，升中军元帅；曰寿昌，袭爵参军；曰艺林，登唐贞观（627—649）进士；曰宾王，为高宗（649—683）博士，寻迁御史；曰材华，任昌化（在今浙江临安市昌化镇，唐置县，1960年废）教谕；曰奇珍，登唐开元（713—741）解元；曰奇龄，生永凰，永凰生钦敬，为明经贡生；钦敬生铎，登唐咸通（860—874）进士；铎生曰谟，举孝廉；谟生良相，由孝廉巡抚广东，卜居花塘，占籍临武。

良相生仲舒，占后周显德（954—960）春魁，宋开宝（968—976）官至太子起居舍人；仲舒生子曰安世，任梓州郑县知县，派居原籍；曰安邦，派衍岛馆；曰安民，膺天禧（1017—1021）乡荐赐进士，授乐昌知县，因居柏沙，是为昌邑骆氏之祖。其子元吉，膺嘉祐（1056—1063）乡荐，授河中录事参军；元吉之子曰时宪，由拔贡授南经五经博士；曰时彦，领绍兴乡荐；时宪之子曰得贤，蜚声黉序，派居莲溪；曰举贤，由廪生援国子监，授左军都督府都事，解组回里，道经滁溪，见其山明水秀，遂卜居焉，是为我族始迁一世之基祖也。生子曰国瑞，始登宁籍，屡冠邑庠。曰坚道，恩进士授职修郎，搬父枢归莽河南柏沙里，奉母居丧墓左，仍世派于乐昌。国瑞之嫡子曰俊材，隐居不求闻达；庶子曰俊棋，也徒河南；俊材生辉煌，登宝祐四年丙辰（1256）春魁，授内阁中书舍人，始录谱稿，示我后人。辉煌生绯，登至元二十八年辛卯（1291）贤书郎，生予之父也。余不敏，仰承先泽，备员下位第，恐忠孝弗展，有负君亲，故每怀靡及者，不能不望于后人，如我族子孙诗书不坠，家声则将子而又子孙而又孙兴，天地为悠久，以彰祖宗之积累，正如本深末茂，源远流长，所谓本支百世，余所属望者欤。今当达临任所录此，以昭后世。"

资兴滁溪骆氏始祖骆举贤，为楚南骆氏开基临武始祖骆良相六世孙，《资兴滁溪旧谱纂修序》："举贤，字笃庆，号长五，生宋绍兴壬子（1132）八月初二，由廪生授国子监上舍，淳熙癸卯（1183）授左军都督府都事，解组回里，道经滁溪，见其山明水秀，遂卜居而隶籍焉。《骆氏庆源图錄》清楚表明，楚南骆氏系出伯夷，传三十四代曰大骆，历六世厉王时，大骆馀子骆武，受封郡于内黄，递传二十一世骆骏，为汉元光年间会稽太守，并占籍于会稽孝江巷，至五代时，骆良相由孝廉巡抚广东，卜居沙坪，占籍于临武。"由此可见，楚南骆氏来源历史渊源久远。

无独有偶，《广东骆氏志》载，同尊"浙江会稽孝江巷"为世祖家的广东花都骆氏始祖骆道德世系谱，也同出一辙，记载凿凿。

《内黄簪缨世家——骆道德世系谱》载："（骆）始于姜，见于齐，源自炎帝神农氏，苗裔共工，从孙伯夷，四岳之官。佐禹治水，封姓为姜。心吕之臣，其国南阳，传至周初，齐太公望，避纣之乱，隐居渭水，游说诸侯，翦灭殷商，建国营丘，齐国始祖。后公子骆，以字为氏，取其王父，系出姜姓，称之姜骆。"

骆姓源自炎帝神农氏，从孙伯夷佐禹治水，封姓为姜。始祖姜子牙，封姓为姜，建国营丘。后公子骆，以字为氏，取其王父，称之"姜骆"，肇自西周。

《内黄簪缨世家——骆道德世系谱》又载："骆氏发端渭水，生息中原，渊远流长，开绪营丘，显贵齐国，瓜瓞绵绵。派衍内黄，称王中州，一本万枝。支分会稽，纵横东南，一根千条。开族义乌，昌炽江浙，四杰才名。聚族岭南，勃兴花县。"

骆氏发端渭水，生息中原。开绪营丘，显贵齐国。又派衍内黄，称王中州。又支分会稽，纵横东南。再开族义乌，昌炽江浙。又再聚族岭南，是天下骆氏先辈向南迁涉发展轨迹。

《内黄簪缨世历朝接续本支簪缨谱》载："按姜伯夷，神农炎帝孙也。于唐尧虞舜时，历四岳，佐夏禹，平水土有功，封号吕侯。侯之后，有子名尚，字子牙。时遇商殷之乱，姜姓吕名望，避居北海，隐钓渭滨，感文王至聘，克伏商殷，兴周八百，官至丞相，称曰师尚，又谥号太公，封于齐。子孙世秉齐卿，卿之后有子名骆，遂以王父字为姓，始有骆氏之称。溯天下骆氏，望出河南，古号内黄郡，是吾之鼻祖也，浙江又其次之。"

溯天下骆氏，望出河南，古号内黄郡，是吾之鼻祖也。这就是天下骆氏世尊"内黄郡"，为骆氏发祥地的来历。而浙江会稽骆氏，则是河南内黄郡骆氏南下的主要支脉。所以，湖南、广东等地骆氏历来把内黄、会稽世尊为郡望。

《内黄簪缨世历朝接续本支簪缨谱》还载："骆骏，字德良，号鸿叟，素有文武全才，由孝廉起家（孝廉是汉武帝时设立的察举考试，以选拔任用官员的主要科目，明清两代是对举人的雅称），历任浙江会稽（今浙江省绍兴、义乌一带）太守。每见郡中浇俗说贫，故不育子女。公谕禁止，谓父子天性岂忍溺陷。公谕之后，不数年间男女甚众，皆公之福荫也。公由内黄郡而来，遂为会稽孝江巷世祖家也。"

浙江会稽孝江巷，是骆氏南迁"世祖家"。始祖骆骏，由内黄郡而来，有文武全才，由孝廉起家，官至浙江会稽太守。

楚南骆氏，正是从浙江会稽孝江巷世祖家，分派而来。

始祖骆良相派下合修《骆氏族谱》载：

"一世祖良相公，字国佐，号蘷轩，生于大唐乾宁二年（895）丙辰三月九日午时，殁于大宋雍熙三年（986）丙戌五月二十三日申时，享寿九十二岁，葬临阳城（今郴州临武县）背岭牛形骆家墓，坐北向南子山午向兼葵丁三分立穴。"《骆良相传略》载："公浙江人也，父岱坊公，母王夫人，实汉时骏公之遗胄，居绍兴会稽孝江巷。公生之日，有文禽集檐，瑞鸣飞舞，竟日远近，咸以为异。识者即知其非常人焉。公仁孝天成，颖慧幼著，就傅文始，旋惊其师。及稍长，才兼文武，气奋云雷。值朱梁之世不义贼温，又不悄仕诸替国遵晦自全。至后唐明宗天成二年（927）丁亥，三十二岁始以孝廉举用，长兴三年壬辰（932）石敬塘开幕河东辟公从事，唐清泰三年丙申（936）石公从桑维翰议，赔契丹地轮币清兵，公柬不听，率从桑计，石公登极为晋高祖。天福五年（940）庚子，公以御使中臣奉制为楚粤宣抚使（官名，唐朝后期朝廷派大臣巡视战后地区及水旱灾区，称宣安慰使或宣抚使，掌宣布威灵、抚绥边境及统护统帅，督视军旅之事），道出临阳，见其地辟人稀，俗犹醇茂，远离中土，可避兵火。乃令弟良臣及长子舒公经营卜筑沙坪。而公致仕归矣，时公年犹四十六岁也。自是杜门不出，惟日与乡邻文人学士，啸谈风月，娱情诗酒，绝口无言时事，是者又四十六年而逝。"

上述记载表明：楚南骆氏的始祖骆良相，生于唐朝乾宁二年，即公元895年，其时已是晚唐走向衰落灭亡的时期，到唐朝天佑四年，即公元907年，朱温篡位，大唐灭亡。从此，中国历史进入五代（907—960）十国（902—979）天下大乱的大分裂时期。在中原地区，自公元907年唐朝灭亡后，依次更替了后梁、后唐、后晋、后汉和后周五个政权，史称"五代"。至公元960年，后周赵匡胤发动"陈桥兵变""黄袍加身"，建立北宋，五代结束。而在唐末、五代和宋初，中原地区之外还存在过许多割据

政权，其中前蜀、后蜀、南吴、南唐、吴越、闽、南楚、南汉、南平（荆南）、北汉等十余个割据政权，史称"十国"。北宋建立后，先后统一了尚存的荆南、武平、后蜀、南汉、南唐、吴越、北汉等政权，基本上实现了全国的统一。

楚南骆氏的始祖骆良相，历经唐朝末年、五代十国、北宋初兴三个时期，其时正是诸侯纷争、兵荒马乱的大分裂大动荡时期。骆良相，浙江人，居绍兴会稽孝江巷，幼时仁孝天成，颖慧幼著。及稍长，才兼文武，气奋云雷。后梁朱温时，不悄仕国，遵晦自全。后唐明宗时，骆良相三十二岁以孝廉举用，辟公从事。后晋天福时，骆良相四十六岁官至楚粤宣抚使。在奔赴南下任职，期满致仕返回途中，路过郴州临武沙坪时，看到这里地广人稀，民风淳朴，又远离中原，可避兵火之扰，决定举家南迁定居。于是，骆良相安排其弟骆良臣和大儿子骆仲舒，在沙坪建筑房舍，筹建定居事宜。定居到沙坪后，从此闭门不出，每天与乡邻文人学士啸谈风月，娱情诗酒，绝口不谈时事。从此，世代繁衍，根深叶茂，后代逐步散居到湖南、广东等地一带，成为楚南骆氏的开创者，距今已有一千二百多年了。

楚南骆氏享誉望族

骆氏源自神农，贵为华胄。从远古历经汉唐，从齐国到河南，再到浙江，世代为名门望族。楚南骆氏，从始祖骆良相卜居临武以后，历经五代十国，经过北宋、南宋、元朝，再到元朝末年明朝初年十世祖骆原用止，历经十代，世代繁衍，一本万枝，枝繁叶茂，布居在湖南、广东交界的临武、桂阳、资兴、郴县、新田、宁远、蓝山、江华、道县、广东乐昌、三水，连州、龙川等十余县、十余万人。十代之内，六代为官。皇封"世笃忠贞""天朝柱石""玉堂金马"，史称"簪缨世族""楚南望族""三楚名家"。

"十代之内，六代为官"，《骆氏族谱良相公派下十代以内本宗内黄郡历代先祖生殁传记》，载之确凿（一世祖骆良相上面已载，此处不赘述）：

"二世祖良相长子仲舒公，字自得，号敬天，生于后唐清泰二年乙未（935）五月二十九日辰时，后周显德三年丙辰（956）联捷进士，宋开宝年间（968—975），官至太子中书舍人（官名，始于先秦，掌起草诏令之职，参与机密），至起居舍人（官名，隋炀帝始置，属内史省，掌记录皇帝日常行动，记录皇帝所发诏命。），殁于大宋天禧三年（1019）己未七月十九日子时，享寿八十五岁，葬与父同冢左边立。"［据民国十二年《乐昌柏沙骆氏族谱》皇帝敕命载："奉天承运：皇帝勅谕太子起居舍人骆仲舒，朕即位之初，念尔为先朝弓鼎之老臣，故选东宫以辅储副。尔体上意，克懋忠诚，岂尔节宣弗谨，遂染疾乞休，应不应允。今闻病日益笃，引疾逐劳，兹特命尔还乡宣医调护，免进汤药，如疾脱然去体无容久逸于家，钦哉。故谕。宋建隆三年（962）四月十一日"］

"三世祖仲舒公长子安世公，字济时，号梅庵，生于宋开宝二年己巳（969）二月十一日，于瑞拱元年（988）戊子游泮（宋代科举制度，经州县考试录取为生员者，就读于学宫，称游泮），至道三年（997）丁酉科举人，咸平中（999—1003）附郴州试登世科，除著作郎，梓州郑县（今四川省绵阳市三台县）知县。殁于景佑四年（1037）丁丑十二月十八日，享寿六十九岁，葬临武马塘瓜藤吊子形丙山壬向立穴。"

"三世祖仲舒公五子安民公，字济众，号光裕，生宋开宝六年（973）癸酉四月十七日辰时，淳化二年（991）十七岁游泮，大宋咸平六年（1003）由经术（经学）膺，天禧年间（1017—1021）特迁赐同进士，授乐昌县（今广东省韶关市乐昌县）知县，喜邑之河南之柏沙里遂居焉。殁于嘉佑八年（1063）癸卯二月初八日午时，享寿九十一岁。"

"八世祖延玉公，字国珍，号德斋，生于南宋嘉定元年（1208）戊辰十月二十二日，举授汉阳军通叛（官名，差遣官，南宋时在州府设置，为州府副长官，掌管粮运、家田、水利和诉讼之事，对州府的长官有监察之责任），殁于元世祖二十五年（1288）戊子五月十四日，享寿八十一岁，葬顾村旗形。"

"九世祖兴叟公，字振宇，生南宋理宗宝佑年元年（1253）癸丑五月二十五日，举授循州（南宋时为今广东省惠州市、河源市、汕尾市、梅州市大部分地区，治所在惠州城）通判，殁元泰定四年（1327）丁卯七月初二日，享寿七十五岁，葬顾村旗形立穴。"

"十世祖原辅公，兴叟公之长子，字逢泰，号哲庵，生于元世祖至元二十六年（1289）乙丑二十二日亥时，至元朝制举后至正间举，授陕西巩昌府宁远县（今甘肃省武山县）尉，乐昌（今广东省韶关市乐昌县）知县。殁于明洪武十五年（1382）壬戌二月二十九日，享寿九十四岁，葬公平山象形。"

"十世祖原用公，字大行，生于元世祖至元二十八年（1291）辛卯四月二十三日，至元间举授全州（今广西省桂林市全州县）路推官（官名，元朝各路总管府及各府设置，掌治刑狱），殁于大明洪武四年（1371）辛五月十二日，高寿八十一岁，葬墓田牛头上。"

《楚南骆氏祖源宗功序》也明确记载："自始祖良相粤东巡抚致仕、卜居临阳沙坪之后，二世祖仲舒公连登科甲，官至太子中书，为邑科名首创。三世祖安世公复登世科。隔四世，八世祖延玉公通判汉军，九世祖兴叟公复判循州。十世祖原辅公任洛昌知县，原任公任全州司理。十代之内，有六代功绩受皇封"世笃忠贞""天朝柱石"。原辅公致仕卜居花塘（今临武花塘）后，邑侯刘夫子讳耕孙就其累世功绩，详申上书皇上，恩准创建更楼，赐匾"玉堂金马"。明末兵毁，族人重建，邑侯王之湖赐匾曰"四杰流芳""簪缨世族"。

"继后，人文蔚起，簪缨奕世，仕官耀眼史册，功绩辉煌。安世系：有应京公任南京工部司务，应举公任南京骁骑卫知事，应麟公任宁远税课局大使，居政公任天卿试官山东登州府福山知县，居礼公授江西余千县丞，绍隆公任江西布政司照磨，得路公任四川广安州同升陕西汉中府瑞蕃理，享士公任临、兰、嘉、桂四县副总统。安邦系：有甫威公任亳州通判，应和、应恭、应美三公，武功卓越，皇封'骆氏三公'。孔巽公奉道保知县，孟坤公恩诏选举孝廉赐六品职衔。时亮公军功奉督宪牌赐七品，时政公军功奉督宪牌赐七品，时勤公军官奉六品，逢奖公州同，逢专公州判，赐麟公四品，逢章公六品，逢芹公五品，逢翼公六品州同衔诏授奉天大夫。安民系：有时宪公任南京五经博士赐国子监祭酒，举贤公任佐军都督府都事，坚道公赠国子监祭酒奉训大夫，宾荣公任浙江青田县知县，友谨公国子监舍生，廷爵公授南京五经博士，用元公任湖广黔阳县知县，孟知公任浙江赞县知县，万里公任国子监监丞，献章公任顺州府仓大使，骆燕公任赞府典仪，恩则公任连县知县，哲士公任河北京山县知县，骆炜公任南京威州知州。所有先祖功绩，不胜枚举，故皇封'三楚名家'，是其宗祠更楼金匾之来历。"

综上可见，楚南骆氏历代先辈，自始祖骆良相起，人文蔚起，簪缨奕世，官耀史册，功绩辉煌，世受皇封恩典。"楚南望族"之誉，确系实至名归，为楚南骆氏世代荣光。

楚南望族一脉再迁于新田

新田骆铭孙开基，始于楚南骆氏始祖骆良相之孙、二世祖骆仲舒之三子、三世祖骆安邦。

骆良相派下合修骆氏族谱《楚南骆氏祖源宗功序》载："（仲舒公）次公安邦，为邑增生，蜚馨黉泮（黉泮，古代的学校），为避兵患，乃令兄弟安国、安士及侄士元（安世之子）守庐墓，自携士亨、士利、士祯三子入宁远岛馆（即今新田骆铭孙，骆铭孙古名岛馆洞，明崇祯十二年，即1639年，析宁远置新田县）。"

《骆氏族谱骆铭孙村史》载："骆铭孙（古名岛馆洞），系骆氏三世祖安邦公始居开基，长子士亨守旧第，次子士利辗转而开翠球坊（今新田县石羊镇地头村）一族，三子士贞之耳孙百七公卜居恩富（今新田县金盆镇和平村）。均成数百余烟户，数千人丁之氏族团体。而其中开村居最多、人丁昌盛是士亨长房——骆铭孙。至我六世祖第卿公，因当时岛内地气未盛，下迁石羊洞坪山左侧。居住三代后，九世祖承基公复迁岛馆，重开骆氏基业。"

查《骆氏族谱良相公派下十代以内本宗内黄郡历代先祖生殁传记》，骆铭孙源脉清晰可见：

"三世祖仲舒次子安邦公，字济世，号竹庵，公生宋开宝四年辛未（971）七月二十二日戌时，殁于大宋庆历四年（1044）甲申之月二十二日未时，享寿七十四岁，葬大头圩龙形（今地名仍叫大头圩，原在万兴寺旁，今寺已不复存在）。"

"四世祖安邦长子士亨公，字嘉会，号仲通，生于宋景德三年（1006）

丙午二月十五日已时，殁于宋熙宁八年（1075）乙卯十月初十日，享年七十岁，葬山边，生一子万里。"

"五世祖士亨长子万里公，生于大宋宝元二年（1039）已卯七月初七戊时，殁于大观三年（1109）已丑七月二十八日，享寿七十一岁，葬看牛岭形山艮向（今地名仍叫看牛岭，在今青山坪水库旁），生二子，孝卿、弟卿。"

"六世祖万里长子孝卿公，生殁失考，葬看牛形坤山艮向，乏嗣。次子弟卿公，生于宋熙宁十年（1077）丁巳四月初二日亥时，殁于绍兴六年（1136）丙辰三月二十八日已时，享年六十岁，葬大头圩龙行午山子向，生二子，仁仲、仁杰。"

"七世祖弟卿公长子仁仲公，生殁失考，早亡。次子仁杰公，生于政和七年（1117）丁酉八月十三日亥时，享寿六十一岁，葬看牛岭坤山艮向，生二子，廷珍、廷珠。"

"八世祖廷珍公卜居五里洞（今宁远县城桐山街道办事处五里洞村），详见五里洞谱。廷珠公生于宋绍兴二十三年（1153）癸酉十一月二十六日午时，殁于嘉定九年（1216）丙子十月二十八日辰时，享寿六十四岁，葬大头圩龙形，生一子，承基。"

"九世祖承基公，生于大宋绍熙五年（1194）甲寅二月二十二日辰时，殁于宋咸淳八年（1272）壬申三月二十日申时，享寿七十九岁，葬大冲岭蛇形壬山丙向（今属刘志孙行政村风水坳自然村），生二子，日明、日用。"

由此可见，新田骆铭孙骆氏开基于三世祖骆安邦，开创于北宋初年，自三世祖骆安邦生于开宝四年（971），至九世祖骆承基殁于南宋末期咸淳八年止，历经骆安邦——骆士亨——骆万里——骆弟卿——骆仁杰——骆廷珠——骆承基,几经迁徙最终奠基骆铭孙村,逐渐繁衍乃成大族,距今也已有千年。

新田骆铭孙骆氏再续望族辉煌

"楚南望族"美誉,是楚南骆氏始祖骆良相派下一族世代荣光。但新田骆铭孙骆氏,自骆安邦开基以来,积厚累仁,创世垂统,人文蔚起,一枝万叶,亦成大族。民国辛未年(1931)《骆铭孙骆氏族谱序》载:

"安邦公派下开新田骆铭孙,太质公开青山坪,太应公开河三岩,本初公开富伯,光宅公开宁远黎家湾,楚任公开宁远牛尾塘,光芳公开沙窝,运进公开石朱岭,文智公开大山园,绍熏、绍烈二公开犬眠,窝橡公开新农村,寄保公开顺天府瓦窑头,以礼公开伯二、又新伯二,楚文公开宁远五里洞,婆保公开夏源,胜远公开永爵,荣玖公开朱嘉源,世杰公开神锅潭,以德公开宁远骆全,绍坊公开伯三,绍境公开伯九,尚期公开甘石坝,尚郎公开鹅公井、老虎冲、竹山园,尚元公开墨坝、筌鱼脚,万会公开豪家洞、新塘脚、风吹罗袋、梁武桥,万德公开蛟龙井,子旺公开李家山、油鱼井、源头洞、洞中心,子昌公开江华杨梅山、下车,甫威公开第头坊,有造公开屏石塘,德彰公开放乐洞,胜力公开小山下,百七郎开新田恩富,千八郎开洪家源,文海公开马鞍塘,总其数十余族,计年九百九十七,计世三十有三,计县有五,计丁数万。"

嘉庆八年(1803)《铭孙骆氏重修宗谱序》载:"自安邦公乔迁岛馆之乡,世历积功累仁,创业垂统,迨至承基公肇基于此,人文蔚起,派衍蕃昌,显宦耀于明中,庠序辉于国,至明代人物焕发,擢锦衣而握金节,膺墨绶而抚铜章,护卫皇室,世袭厚爵,声名赫奕,照耀京师,袭锦衣卫数世,授太子太师，官居极品总督，允文允武矣。"《骆铭孙历代乡绅衿录》载明，自大明洪武至清朝顺治年间，共有骆以城、骆以宾、骆寄保、骆安、骆椿、骆思恭、骆养性、骆养志、骆祚昌、骆祚久等文武贤达62位。《骆铭孙古迹》《骆铭孙村居图》和《骆铭孙村山水图》均明确记载，在大明洪武至清朝乾隆年间，骆铭孙历代先辈先后营造古迹有："二祠堂：骆铭孙会馆、骆伯二祠堂；三公馆公厅：会文公馆、祯房公厅、伯二公厅；四书斋：克贤书斋、仕祯书斋、仕祥书斋、伯二书斋；四门楼：骆安牌楼、以宾公门楼、思恭牌楼、楚南望族门楼；五桥梁：福禄桥、善庆桥、青云桥、迴龙桥、仙人桥；六凉亭：花庙亭、锁翠亭、铭孙水口亭、铭孙青龙亭、伯二青龙亭、圳头亭；七庙宇：天仙庙、兴福庙、南岳庙、三圣宫、兴隆庙、胜家庙、萧家庙；七庵寺：万兴寺、朝阳庵、八角楼、文昌宫、广福寺、吕祖庙、土地庙；八井：九亩源、鸭婆井、观音井、眠子井、森头井、塘湾井、胜家井、后岗井、圳头井。"

由此可见，当年的骆铭孙村，亭台楼阁，楼次枇节，气宇轩然，林林总总，俨然如"旧时王谢堂前燕，飞入寻常百姓家"，是楚南一带久负盛名的繁华之地，历经千年，至今仍然保存完好的骆铭孙会馆、楚南望族门楼、以宾公门楼、骆安牌楼、锦衣总宪牌楼，就是骆铭孙昔日辉煌的见证。

至于"楚南望族"美誉，是否为皇帝御赐，抑或为乡绅名宦所名，官志和族谱未明记载，目前也尚未在官方志书中得到求证，待考。

"楚南望族"荣光，虽非新田骆铭孙村骆氏先辈主创，但自骆安邦开基以来，为避中原兵乱，自宋朝至元朝年间，偏安湘南一隅，披荆斩棘，创业维艰。至元末明初兵荒马乱之季，时势造英雄，一个名不见经传的骆铭孙村骆氏一脉，从南蛮之地走向浩浩皇城，从一介草民变成世袭重臣，演绎再续了"楚南望族"绚丽的华章，在有明一朝打下了浓墨重彩的深深历史烙印。

第三章　世袭锦衣
——新田骆氏锦衣卫世家的不老传奇

其实，关于新田骆铭孙骆氏锦衣卫世家的记载早已有之，均散见于骆良相派下合修《骆氏族谱》、骆铭孙村《骆氏宗谱》等历次修谱中。由于谱志记载简之又简，只记载姓名和职务，其隶属关系、历史渊源、职官演变、任职情形、生殁年月等，均简而又简，语焉不详，显赫一朝的新田骆氏铭孙锦衣卫世家，湮没于历史长河中。唯有矗立在骆铭孙村中的"骆安牌楼""骆思恭牌楼""锦衣总宪"匾额、"锦衣世家"匾额、"楚南望族"匾额等历经世代沧桑，仿佛在诉说着骆铭孙骆氏锦衣卫世家的昔日辉煌荣耀和不老传奇。

后经查阅清嘉庆十七年（1812）版《新田县志》、清道光版《永州府志》、清光绪版《湖南通志》、清雍正版《天津府志》、清雍正版《浙江通志》、民国三十年《宁远县志》等，一张骆铭孙骆氏锦衣卫世家的发展路线图终于初显端倪，神秘传奇的骆铭孙骆氏锦衣卫世家光环才初现在世人面前。

锦衣卫世家源自于平民

前面骆良相派下合修《骆氏族谱》记载，骆铭孙村骆氏，自骆安邦于北宋初年开创始，到南宋末期骆承基止（971—1272），历经七世301年。又据骆铭孙村《骆氏宗谱》记载：从南宋末骆承基起，又经历了骆日明——骆宗骥——骆腾远——骆均述——骆明可——骆以诚止（1220—1349年，骆日明生于南宋嘉定十三年（1220），骆以诚生于元至正九年（1349）），又历六世150余年。骆铭孙先人在长达四百余年王朝更替、兵荒马乱岁月中，十二代人偏安南蛮一隅，不事王侯，躬耕乡野，乐耕田园，休养生息，世代过着"诗礼相传端本务，耕桑以外不关心"的世外桃园生活。

骆良相派下合修《骆氏族谱》之《骆安邦传》载："公生而峻巍，幼甚警敏。年十二岁为诸生，淹贯经史。及长，魁武俊伟，有智略，多才多艺，然数奇不偶。时刺多艰，汉周短祚，叠进鼎移，湘湖祸延，频经蒭岁。宋运初兴，藩逆未顺，犹多峰烟，屡惊杼柚其空，于二东菽水几难给。重庆伯兄宦蜀未返，仲昆生计匪长，不得已携子若妻，采薪桑梓，负米蓝宁，往来供给，奔走趋承故乡。公聿来岛馆，及邝姚次胥宇焉。而安民亦得分往乐昌职，此之由维时，公宵投宁岛，晓转临阳，两地维持，足无停趾。至祖已考，俱即安世安民以丁艰归，而公乃稍息焉，于世何艰苦也。即而谓岛南地气未旺，水源未丰，迁石古寨焉（今新田县石羊镇石古寨居委会）。未几，又弃石古寨而入骆家坪（今新田县三井镇骆家坪村），而公以一家三徒而身老矣，创垂之劬劳何如哉。继又妥置信卿于坪山（今新田县石羊镇坪山村），后又分长亭（今新田县石羊镇长亭村），即二户之先祖也。邦公年登耄寿，又逾三载，无疾卒。"

骆铭孙村开基始祖骆安邦，幼甚警敏，少为诸生，淹贯经史。虽然多才多艺，然而参加科举数奇不偶。年长后，诸侯纷争，天下大乱，时势艰难，祸延湘湖，迨宋朝初兴，藩逆未顺，犹多峰烟，战火连连，骆安邦一家常常"杼柚其空","菽水难给"。骆安邦开基之初,"携子若妻,采薪桑梓,负米蓝宁,往来供给,奔走趋承故乡",骆铭孙常常"宵投宁岛,晓转临阳,两地维持,足无停趾",一家三徒,风餐露宿,奔波劳碌,创业之始何其艰难。

骆铭孙《骆氏宗谱》之《承基公传》载:"公讳承基,予之始祖也。公生赵宋南宋之后,幼时业志诗书,及其长也,混迹田园在蛊之上,久日不事王侯,公则以之矣。然公亦非淡然于功名也,第因时值其变,故不得不见几隐耳。然公又非漠然无所图谋也。自安邦公由临阳乔迁以来,越三世曰弟卿公又迁居于石羊洞。而公微察乎是方之中,土虽膏腴,而人众地狭,俗虽淳厚,而宅当要道,时有兵戈之扰。遂复徒于馆南之乡,创业承统,以为后世悠远之计。易曰:'积善之家,必有余庆。'今予合族子孙为之蕃衍无穷,甲第为之蝉联不已,又未始非公之所赐也。则公之生而素履考祥,寿享黄苟,死而享馨香之蔫,于亿万期年者,称也宜也,而亦天之所以报公也。"

骆铭孙再创基业先祖骆承基,生赵宋南宋之后,幼时立志诗书。长大后,久日不事王侯,混迹田园。随先祖迁居于石羊洞后,宅当要道,常有兵戈之患。骆承基为后世长远考虑,又率子孙迁回馆南之乡即骆铭孙,创业承统,积善余庆,以至后世子孙蕃衍无穷,甲弟功名蝉联不已。所以,骆铭孙后人追念先祖劳苦功高,在骆铭孙村会馆(公祠)中,中主骆良相、骆安邦、骆承基三位先祖神位,宗功世泽、永志不忘。

由上可知,骆铭孙骆氏锦衣卫世家一脉,源自世代平民,自骆安邦北宋开基,至元末骆以诚出生止,历经十二世几百多年,世代耕作为本,躬耕田园。

锦衣卫世家崛起于行伍

较为完整记载骆铭孙骆氏锦衣卫世家隶属渊源、任职情形、职官演进的，是道光八年（1828）《永州府志》。

道光《永州府志·先正传·事功》[卷十五（上）]载："骆以诚，宁远人，今其故居新田，故宁远志不载焉。明太祖起兵克敌，以诚从征有功，亡于阵。以骆寄保代领其职，成祖时千户侯。其后世隶羽林卫军。孝宗宏（弘）治甲寅（即弘治七年，1494），兴王之藩，以骆安充护卫。世宗入承大统，安以护驾功，进锦衣卫指挥使，掌本卫印，署都指挥佥事。安性谨厚，凡奉诏狱，遵用祖宗宪典，曲通衿恕，务协公论。故善得始终，为世所称云。弟定，本卫百户。子椿袭指挥使。椿后思恭、养性相继袭，皆累官左都督，有能声。养性当明末逮及份出，独护持善类士君子，咸感之。又养志崇祯时中书，入史馆。"

"先正传·事功"，是客观记载前朝贤臣良将的官方认证。以上记载，清楚载明了骆铭孙骆氏锦衣卫世家世系官职的演变脉络过程。

其一，骆氏锦衣卫世家的始祖骆以诚，明太祖朱元璋起兵反元时，"从征有功""亡于阵"，为国殉职。

其二，骆氏锦衣卫世家的二世祖骆寄保，代领父亲骆以诚的官职，成为明成祖朱棣的"千户侯"，骆寄保的后代，"世隶羽林卫"。

其三，骆寄保的后代骆安，在明孝宗朱祐樘弘治时期，充任兴献王朱祐杬（明孝宗皇帝朱祐樘之弟）就藩湖广安陆州（今湖北省钟祥市）的护卫千户，在明世宗朱厚熜（兴献王朱祐杬之子）1521年"入承大统"，骆安因在明世宗赴京登基过程中"护驾有功"，朱厚熜提拔骆安担任锦衣卫担任都指挥使,掌本卫印,暑都指挥佥事,成为骆铭孙锦衣卫世家首个锦衣卫指挥使。骆安担任锦衣卫都指挥使后,谨慎仁厚,凡一切诏狱,都遵用明朝祖制宪典,秉性持法,曲通衿恕,务求公平公正。所以,能善得始终,为世人所称道。

其四,首任骆氏锦衣卫都指挥使骆安之子骆椿,"袭指挥使"(误,应为指挥使佥事,笔者注),承袭了父职。

其五,锦衣卫指挥佥事骆椿的儿子骆思恭、孙子骆养性"相继袭",均先后任锦衣卫都指挥使,并且都官至左都督,众口皆碑,担任了左都督兼锦衣卫都指挥使,都"有能声",成为骆铭孙骆氏锦衣卫世家至高无上的荣耀。及至"明末逮及纷出",骆养性最后归顺清朝。

其六,骆铭孙骆氏锦衣卫世家三位都指挥使骆安、骆思恭、骆养性,骆安"安性谨厚,为世所称云",骆思恭、骆养性"官左都督,有能声",骆养性归顺清朝后,还能"独护持善类士君子,咸感之"。骆养性的弟弟骆养志,崇祯时期还当了太子中书,后担任了史馆编修。所以,道光《永州府志》把他们都作为前朝贤臣良将,列入了"先正传",以旌褒奖。

上述道光《永州府志》记载中,骆铭孙骆氏锦衣卫世家相继出现了骆以诚、骆寄保、骆安、骆定、骆椿、骆思恭、骆养性、骆养志等八人。为了便于较为详尽的了解,现将嘉庆《新田县志》、光绪《湖南通志》、雍正《浙江通志》《天津通志》《宁远县志》以及《骆氏族谱》《骆氏宗谱》有关记载赘述摘录如下,以为辅证。

(1)嘉庆十七年《新田县志·人物志》载:

骆以诚:南一都(相当于现新田县金盆镇所辖畴范范围)人,随征明太祖,克敌有功,亡于阵。

骆以宾:南一都人,明洪武十四年(1381)辛酉拔贡,授浙江金华府汤溪县。

骆寄保：南一都人，代领诚职，明祖文皇帝赐爵千户侯。

骆升：南一都人，明宣德二年（1427）岁贡。

骆安：南一都人，祖系羽林卫军旗，以功升本卫百户，历千户，明宏（弘）治甲寅（1494），兴献王出翊南藩，公在选护，遂充护卫官。每有任使，多称上意。至兴献龙飞，遂以护驾功晋锦衣卫指挥使，掌本卫印，署都指挥佥事。凡奉诏狱，一切尊用朝廷宪典德音，无不合乎人情，合乎公论，及情有可矜，法有可悯，必曲为开辟，务必允当，以弼成一代英明仁厚之治。故眷注独隆，保终始云。

骆定：安之弟，恩授锦衣卫百户，其在本县与安同祖弟侄，如骆运昌、骆启，皆授以冠带奉祀。

骆椿：安之子，袭锦衣卫指挥使（误，应为锦衣卫指挥佥事，笔记者注）。

骆思恭，南一都人，袭锦衣，明万历己卯（1579）升左都督，掌卫事提督，西司房官旗办事，声名赫奕一时，无出其右。

骆养性，南一都人，袭授锦衣，历升至左都督，掌卫事提督西司房官旗办事，明末甲申（1644）归诚。

骆养志：南一都人，崇祯丁丑（1637）任中书舍人，史馆编修。

骆祚久：南一都人，顺天官籍，广东从化县知。

骆祚昌：南一都人，授顺天府教谕，今京都东草厂十条街胡同上湖南衡永郴桂道人会馆，被湖北王官侵权占旗下收租，祚昌控上，乃断归四郡管业。

（2）光绪《湖南通志》载：

《湖南通志人物九·明四》（卷六）载："骆安，宁远人，世隶羽林卫，以功授千户，宏（弘）治中兴献王出翊南藩，安护卫称职，升锦衣卫指挥使，治诏狱，一遵旧典，凡情可矜法可疑者，特加评慎，故一时眷注独隆。"

《湖南通志·选举二十三世职》（卷六）载："骆椿，安之子，袭锦衣卫都指挥。"

（3）雍正《浙江通志》载：

"骆养性（万历年间—顺治六年即1649），字太和、号泰如，嘉鱼人（因万历时生于湖广承宣布政使司武昌府嘉鱼县）。锦衣卫指挥使骆思恭之子，世袭父位，历任锦衣卫都督同知，锦衣卫都指挥使，提督西司房官，锦衣卫提督东司，降清后任左都督加太子太傅，总督天津等处军务，顺治一年左都督，太子太保衔，总督天津军务，进太子太师，銮仪卫官（顺治二年清锦衣卫改銮仪卫），顺治六年授浙江掌印都司。锦衣卫在崇祯年间尚无太大劣迹，官至左都督。"

（4）《天津通志》载：

"六月三日，清廷委原明朝太子太傅左都督骆养性，仍以原官总督天津等处军务。十月十日，骆养性以违旨擅迎南明使臣左懋弟、陈洪范等，被清廷革去总督职。"（《明崇祯十七年大顺永昌元年顺治元年甲申大事记》）

（5）《骆氏宗谱历代绅衿录》载：

以诚公，明洪武戊申（1368）指挥千户侯。

骆以宾：南一都人，明洪武辛酉（1381）拔贡，授浙江金华府汤溪县正堂。

寄保公：以诚长子，卜居京都顺天府瓦窑头，邑武生，成祖时招募乡勇，扫荡元气，以军功赐爵千户侯，姓■氏，生一子骆升，父子生殁俱在瓦窑头宗谱。

升公：明宣德二年（1427）岁贡，官至训导，载邑志。

安公：充羽林卫军旗，以功升本卫千户，历宏（弘）治甲寅（1494）兴献王出翊南藩，公在选，获任使，多称上意。嘉靖登极，念藩邸旧勋，晋锦衣卫都指挥使，掌印务。奉诏狱，一切尊引朝廷宪典，及情有可衿，法有可疑，必曲为开警，务求允当，以弼成一代英明之治。故眷注独隆，善得始终。事载邑志名贤门。

定公：明洪治（弘治）乙卯（1495）任指挥佥事。

椿公：袭父爵，锦衣卫指挥佥事。

思恭公：明太子太保，袭授锦衣卫，万历己卯（1579）擢左都督西司房官旗办事，掌卫事，声名赫奕一时，无出其右。倡建京都上湖南会馆，今馆内立有牌位。

养性公：明崇祯时袭父爵，掌锦衣卫。清顺治三年（1646），任天津总督，太子太师，驻扎天津。子祚昌，廪生，入北直籍。

养志公：崇祯丁丑（1637）任中书舍人，国史馆纂修。

祚久公：由科举出身，康熙丁未（1667）任广东从化县正堂。

祚昌公：清康熙壬寅（1662）任顺天府儒学正堂。

（6）中华民国三十一年《宁远县志》载：

骆以诚，南乡人，故居今属新田。明太祖起兵，以诚从征行间，常有功，会阵亡。以骆寄保代领其众。其后，有骆安者，世隶羽林卫军旗，以功授百户、历千户。弘治甲寅，兴献王出镇南藩，安在选护行，称职擢锦衣卫指挥使，掌印务，其奉诏狱，凡法有可疑、情有可恕，必左右开警曲原之第。子春（椿），以本卫百户袭指挥使。其裔曰思恭、曰养性，相继袭，官皆至左都督。养性当明季逆繁纷出，独能护持善类，为士君子所嘉。曰养志，崇祯时中书供职史馆。初思恭尝斥金重修京师上湖南会馆，曰上湖南者，衡永郴桂间公车贫士所赖以栖者也，在崇文门草厂十条胡同，岁久远基址为人所侵，至思恭裔孙祚昌入顺天府籍为生员，奋笔诉之官，连数年得直乃复旧，尤为人所称。

（7）中华民国三十八年骆铭孙《骆氏宗谱》载：

骆安邦，字济世，号竹庵。生于宋开宝四年辛未（971—1044），殁于大宋庆历四年（1044）。公生岐嶷，幼甚警敏，年十二岁为诸生，及长魁梧俊伟，有智略，多才多艺，然数奇不偶，时棘多艰。

骆仲舒，进士出生。宋开宝中，官至给事郎太子中书舍人，至起居舍人。

骆以诚，随征明太祖起兵克敌，以诚从征行间，有功，亡于阵。以长子骆寄保代领其职。

骆以宾，明洪武辛酉，选拔任浙江金华府汤溪县正堂。

骆寄保，邑武生。明成祖时，招募乡勇，扫荡元气，以军功赐爵千户侯。死无嗣。

骆寄善（骆婆保），袭替寄保官职，任济阳卫正千户。

骆广，袭替父职，任济阳卫正千户。后改调羽林卫。

骆胜（?—1520），世隶羽林卫军旗。弘治甲寅(1494年)，兴献王到藩府，慎选护从，公被选获，往典郡牧所。正德十五年去世。

骆升，明宣德二年岁贡，官至训导载入邑志。

骆安（1472—1549），世隶羽林卫军旗。正德十六年（1521），以功升本卫千户。嘉靖登极，念藩邸旧勋，擢锦衣卫都指挥使，掌印信，治诏狱，一切尊引朝廷宪典，及情有可矜法有可疑，均特加审核落实，名著一时。

骆定，明弘治乙卯，恩授锦衣卫百户，在本县与同祖第侄骆运昌、骆启，皆授予冠带奉祀。

骆椿，骆安之子，袭父爵，锦衣卫指挥佥事。

骆秉良，明万历时，任锦衣卫千户。

骆思恭（?—1636），锦衣卫都指挥使。万历乙卯，擢左都督、东司房官旗办事、掌卫事，声名赫奕，一时无出其右，倡建京都上湖南会馆，今馆内立牌位奉祀。天启二年（1622），加太子太保兼少保。天启三年（1623），加太子太傅兼少傅。崇祯九年（1636）病故。

骆养性（?—1649），明崇祯时官锦衣卫都指挥使，洊迁左都督、太子太傅。清顺治元年（1644），任天津总督。后因擅迎明福王使臣，议革职，仍留太子太傅、左都督衔。顺治二年（1645），加太子太师。顺治六年（1649），授浙江掌印都司。不久卒。师驻扎天津卫，子祚昌，廪生，入北直籍。

骆养心，锦衣卫都指挥使骆思恭次子，明崇祯时锦衣卫任职。崇祯十七年（1644），流贼李自成陷京师，受夹刑殉难。

骆养志，锦衣卫都指挥使骆思恭三子。明崇祯丁丑（1637），任内阁中书。崇祯十七年，流贼李自成陷京师，受夹刑殉难。

骆祚昌，顺天府儒学廪生。先祖骆思恭於明万历癸巳掌锦衣卫时，捐金同诸乡绅置得上湖南衡永郴二府一州会馆，坐落于东草厂十条街胡同房一连两处，以为到京乡绅停驻之所，其父后捐俸重修，掌管两辈止。顺治初上湖南会馆被王宦占据，长班人等皆被驱逐。祚昌自南来都，谨呈为批结上湖南会馆，以便居住修理。康熙壬寅，任顺天府儒学正堂。

骆祚久，以故天津总督太子太师骆养性次子，进士出身。清康熙丁未，任广东崇化县正堂。

骆思逵，清顺治丁酉，科第选拔进士。

骆振纲，清乾隆二年岁贡，任黔阳县训导。

骆毅，清道光丁未，贡生。清咸丰乙卯剿匪，钦加五品衔。

骆文渊，号玉溪。清咸丰二年，刘宗师入学第五。咸丰六年张宗师超取一等四名补廪。咸丰五年乙卯，剿匪有功，钦加五品衔。

骆文源，字海楼。清同治六年丁卯，吕宗师取入第五。

综上省志、州志、县志官志和族谱、宗谱记载，关于骆铭孙骆氏锦衣卫世家，可得出如下初步判断：

（1）骆铭孙骆氏锦衣卫世家世系完整。从明初骆以诚开始，至明末清初骆养性止（1368—1649），历经骆以诚——骆寄保——骆升——骆安、骆定——骆椿——骆思恭——骆养性，共七代，从新田骆铭孙卜居京都顺天府瓦窑头，世代承荫袭职，贯穿有明一朝，还跨清朝初年，历时二百八十余年。

（2）骆铭孙骆氏锦衣卫世家起于行武。始祖骆以诚，以"军功"殉职后，二世祖骆寄保，又以"军功"赐授千户侯，成为永乐帝亲军亲信武官，后代世袭羽林卫，均在军中任职效力，续出武将高官。

（3）骆铭孙骆氏锦衣卫世家始于骆安。骆安在明弘治、正德时，充任兴献王湖北安陆洲府护卫千户，到嘉靖入继大统时，因"护驾功"，升任锦衣卫都指挥使。从此，其弟骆定，其子骆椿，以及骆椿后代骆思恭、骆养性，均因骆安世袭锦衣卫，直至明朝灭亡。

锦衣卫世家贯穿大明一朝

一代人的兴衰际遇，往往与一个时代相存亡。新田骆氏锦衣卫世家，兴起于草根，崛起于行伍，兴盛于锦衣卫，终有明一朝，见证了有明一朝的兴衰存亡。这种历史现象，在明朝历史上乃至中国历史上实属罕见。

（一）骆铭孙骆氏锦衣卫世家的始祖骆以诚，生于元至正九年

（1349），其时正值元末红巾军起义、各地农民揭竿而起的社会大动荡时期。四处流浪、乞讨为生、走投无路的小和尚朱"重八"（后改为朱元璋，意即诛杀元朝的锐利武器），于元至正十二年（1351）被迫投靠了红巾军首领郭子兴，开启了率军抗元之路。经过十七年的南征北伐，1368年朱元璋推翻了元朝，在南京建立了大明王朝。锦衣卫世家的始祖骆以诚，就是在这个时代大变局中长大。他顺应时局变化，"明太祖起兵克敌，以诚从征有功"，"随征明太祖战阵而亡，明洪武戊申（1368）指挥千户"。也就是说，骆以诚"随征"朱元璋部队抗元，出生入死立下战功，于朱元璋1368年建立明朝时，提拔担任了指挥千户（正五品），其时骆以诚刚好十八岁，成为朱元璋开国武将、有功之臣，最后以身殉职。骆以诚的一生，处在朝代更替的大动荡年代，见证和亲历了元朝灭亡，朱元璋开国文治武功等重大历史事件。新田骆铭孙骆氏锦衣卫世家的后代子孙，就是在这种大背景下，跟着骆以诚的足迹，从南蛮一隅，一介布衣，逐步跻身皇城，贴身侍卫皇帝，成为显赫一朝的锦衣卫世家。

（二）骆铭孙骆氏锦衣卫世家的二世祖骆寄保，"寄保公，以诚长子，卜居京都顺天府瓦窑头，邑武生，成祖时招募乡勇，扫荡元气，以军功赐爵千户侯"，"以骆寄保代领其职，成祖时千户侯，其后世隶羽林卫军"。这里清楚表明：其一，锦衣卫世家的二世祖骆寄保，其时已随父骆以诚落籍在北京顺天府瓦窑头。（为探寻瓦窑头，我们专程赴北京房山区窦店镇瓦窑头村，丰台区人民政府民政局、地方志办公室、档案局、宛平办事处、卢沟桥乡人民政府等处查找，现卢沟桥乡人民政府有大、小瓦窑头两个行政村，因时过境迁，已无法考证确认）。其二，骆寄保因父亲骆以诚"亡于阵"，按明制，"父终子承""代领其职"，其时应是在朱元璋洪武时期以后。其三，骆寄保"成祖时邑武生，招募乡勇，扫荡元气，以军功赐千户侯"，其时应是成祖朱

棣在建文元年（1399），以"清君侧"名义，"奉天靖难"，经过四年"靖难之役"，以武力篡位建立永乐王朝之后，朱棣先后五次亲征北伐，征服北方蒙古元朝残余势力，骆寄保跟随朱棣北伐，以军功赐爵千户，其后世隶羽林卫军，骆寄保已是朱棣迁都北京后，守卫皇城的皇帝亲军亲信爱将，由"随征"武将，变成了皇帝羽林卫戍卫武将。到明代中叶后，骆铭孙骆氏锦衣卫世家，从骆安开始，由羽林卫改任锦衣卫，逐步成为皇帝的贴身侍卫重臣，先后四代任锦衣卫指挥使，其中一个任锦衣卫都指挥使，一个任锦衣卫指挥佥事，两个官至左都督，掌卫印，声名赫奕一时，无出其右。锦衣卫世家的地位显赫一朝，达到巅峰，直到明朝灭亡。

（三）骆铭孙骆氏锦衣卫世家三位都指挥使骆安、骆思恭、骆养性，分别经历了明代中叶弘治至嘉靖初期、明代中后叶万历至天启时期和明末崇祯时期。这三个时期，正是大明一朝逐步由兴盛开始走向衰落灭亡的时期，先后发生了嘉靖初期的"大礼议"事件；万历时期的皇帝怠政、"国本之争"、朝臣党争、边境动乱、宫闱纷争、援朝抗日；泰昌时期的光宗皇帝"红丸药"暴毙疑案；天启时期的"移宫"案和熹宗皇帝朱由校"即位"风波、魏忠贤阉党乱政；崇祯时期李自成、张献忠农民起义、清军破关入京、崇祯皇帝"中兴"无望吊死煤山等一系列惊心动魄的重大历史事件。锦衣卫世家三位都指挥使，作为皇帝们的侍卫心腹，位居皇朝权力中心，先后见证和亲身经历了大明王朝的由中兴走向衰亡的过程。可以说，一部骆铭孙骆氏锦衣世家史，是有明一朝的一个历史缩影。

骆铭孙骆氏锦衣卫世家，是有明一朝政坛的一棵"常青树""不倒翁"，演绎了一部惊心动魄的不老传奇故事。但是，由于时代久远，地方史料记载简单，骆铭孙骆氏锦衣卫世家的不老传奇，还只是冰山一角，诸多方面仍迷雾重重，锦衣卫世家的神秘面纱有待进一步揭晓。

第四章　锦衣总宪
——新田骆氏锦衣卫世家的前世今生

《明故明威将军锦衣卫指挥佥事骆公墓志铭》的发现

《明故明威将军锦衣卫指挥佥事骆公墓志铭》（骆公即骆安）的惊喜发掘，是揭开新田骆铭孙骆氏锦衣卫世家历史神秘面纱的重大发现，是迄今为止研究新田骆氏锦衣卫世家的家世历史渊源、职官承袭演进的弥足珍贵史料。作者高拱（1513—1578），明朝嘉靖、隆庆、万历三朝内阁首辅。《明故明威将军锦衣卫指挥佥事骆公墓志铭》，就收集在由岳金西、岳天雷编校、中州古籍出版社出版的《高拱研究文集》（《诗文杂著》卷三）中。高拱在《明故明威将军锦衣卫指挥佥事骆公墓志铭》中开宗明义："嘉靖己酉（1549）十月十三日，明威将军锦衣卫指挥佥事骆公不禄，将以其年腊月二十日归窆都城南五里祖茔之次，于是公弟定暨寅，以其兄僚魏君《状》来乞铭。予素辱公交厚，知公懿行为详，胡可以不文？"，直接点明了为好友骆安撰写墓志铭的缘由，并在文中高度评价了骆安的高尚品行和为政能力。（《明故明威将军锦衣卫指挥佥事骆公墓志铭》，2017年11月由中国社会科学院历史研究所研究员张金奎先生提供，2018年3月中国人民大学教授毛佩琦先生认为,《明故明威将军锦衣卫指挥佥事骆公墓志铭》是真实可信史实)。为了便于全面了解新田骆氏锦衣卫的前世今生,现将《明故明威将军锦衣卫指挥佥事骆公墓志铭》全文实录如下:

《明故明威将军锦衣卫指挥佥事骆公墓志铭》

嘉靖己酉十月十三日,明威将军锦衣卫指挥佥事骆公不禄,将以其年腊月二十日归窆都城南五里祖茔之次,于是公弟定暨寅,以其兄僚魏君《状》来乞铭。予素辱公交厚,知公懿行为详,胡可以不文?

辞叙曰:公讳安,字时泰,别号月崖,湖广宁远人也。高大父当元末时归附太祖高皇帝,后遂占籍燕山中护卫。生二子,曰寄保、曰寄善。保有战阵功,官济阳卫正千户,死无嗣,善承其官,而传其子广。广改卫羽林,而传其子胜。胜娶于胡,生公。幼岐嶷,不喜嬉弄,有成人体。既就外傅,即笃学好问,闻见日益博。弘治初,献皇帝建国于兴,慎选护从,父往典郡牧所,公遂从如承天。居数年承荫,仍理所事,实勤慎有声。

辛巳,今上入继大统,周旋扈从,劳勋为多,荷特旨升锦衣卫指挥同知,世袭,仍赠父祖如其官,祖母、母暨配李,赠封皆淑人。且敕有司修其父母葬所,赐谕祭,宠赉甲于时。寻以廷荐,督理内外衢巷池隍诸务,遂查革兼并修理沟渠,氓恃以安。

癸未,升署都指挥使,视卫篆,奉玺书督缉事官校,屡有蟒服佩刀之赐。公乃叹曰:"予实武弁末流,幸以犬马微劳,受恩至此。自微秉慎持法,夙夜殚厥心力,其何以报称上者。"于是下令戒诸官校曰:"予罔敢纵愿,亦罔敢幸功,惟奸宄罔职惟尔辜,厥或戕于孱良亦为尔辜。惟公惟平,斯称任使。"胥曰:"诺。"自是强者敛,诡者遁,善者无恐,时称清肃。三载奏绩,加升实授一级。

公素峭直，好面折人过，或干以私，即诮让无已，用是群小丛怨，多口肆兴，遂以免。无何皇上追念旧劳，诏与指挥佥事致仕。公自解组，即闭门谢客，绝口不谈世事，自奉冲约，耳无丝竹之娱，目鲜珍异之玩。惟训子读书，时或咸党弹棋话旧，余二十年终。距其生成化八年（1472）某月某日，享年七十七。

公慷慨朴实，出于天性，事父母以孝闻。友爱二弟，终其身无间。处乡好义乐施，赴人之急有烈士风。遇事能断，虽纠棼必解，盘错必利，人以是服公，亦以为忌，卒滞大用，惜哉！李淑人无子，生女一，适杨通政子化。侧室高生男，曰椿，娶于宣。

铭曰：骆祖知兴，仗策归义。爰隶燕山，上备宿卫。有子孔武，翊卫文皇。汗马树勋，南北翱翔。再传羽林，爰及群牧。遂以生公，益笃厥祜。惟公雄杰，为国之防。勋庸卓荦，宠荣繁昌。矢心报国，群嫌罔避。用兹立名，用兹召忌。归田却扫，琴尊缔盟，履约茹淡，跻此遐龄。九原式归，厥德靡悔。庆来方隆，宜尔子孙。

为了便于理解，译文如下：

嘉靖己酉年（嘉靖二十八年，1549）十月十三日，明威将军（军事职官，正四品）、锦衣卫指挥佥事（军职，正四品）骆安去世，择定腊月二十日归葬在京都城南五里的祖坟地中。骆安的弟弟骆定和骆寅，拿着骆安的同事魏某撰写的《骆安状》生平简介，来拜见并希望我为骆安撰写墓志铭。我和骆安是好友，素来交往深厚，对他的高尚品行和处事能力深为了解，怎能不写呢？

骆安生平事略：骆安，字时泰，别号月崖，祖籍湖广布政司宁远县（今新田）人。骆安高祖父骆以诚在元朝末年，归顺投靠并跟随明朝

太祖高皇帝朱元璋南征北战，因有战功，后来定居在燕山中护卫并任千户（明朝军事制度，洪武二十六年定天下都司卫所，共都司十七，内外卫三百二十九，守御千户卫六十五，燕山中护卫属后军都督府北平都司。永乐十八年，燕山中护卫改升亲军上二十二卫，属亲军指挥使司，不属五军都督府，今北京）。生有两个儿子，一名骆寄保，一名骆寄善。骆寄保有勇有谋有战阵功，担任了济阳卫正千户（属后军都督府北平都司，永乐十八年，济阳卫改升亲军上二十二卫，属亲军指挥使司，不属五军都督府，今北京）。骆寄保没有儿子，死后弟弟骆寄善承袭了官职，后来骆寄善又传袭给了儿子骆广。骆广改调任羽林卫正千户（羽林卫洪武时属上十二卫，属亲军指挥使司。永乐十八年，改升亲军上二十二卫），后再承袭给了儿子骆胜。骆胜娶了胡姓女子为妻，生下了骆安。骆安小时候性情内向，寡言少语，似乎愚钝，也不喜欢嬉戏游玩，少年老成。但到十岁出外从师读书时，却特别勤学好问，博闻广见，知识日增。弘治初，朱祐杬受封为兴献王，就藩于湖广安陆州（今湖北省钟祥市），兴献王多方挑选府卫护从人员，骆安的父亲骆胜在选中之列，并且担任了安陆洲郡牧所千户，于是骆安也跟随父亲到了湖广安陆州（明嘉靖十年（1531）改为承天府）。属湖广布政司，承天府于清顺治三年（1646）改为安陆府）。几年后，骆胜去世，骆安承袭了父职，仍然负责掌管郡牧所事多，因勤慎有为，很有政声。

辛巳年（1521），当今皇帝朱厚熜入京都继承皇位，是为嘉靖皇帝。骆安侍从朱厚熜入京都，负责护卫等重要事项，上下应对，左右周旋，尽职尽责，劳苦功高。朱厚熜入京都继承皇位后，蒙嘉靖皇帝隆恩，特提拔骆安为锦衣卫指挥同知（从三品，掌卫印，管理锦衣卫），特赐世代世袭。并按照世袭规定，追赠封他的父亲、祖父与他同等官衔，赠封他的祖母、母亲和妻子李氏都为"淑人"。同时下旨命令给有关部门和地方官吏，按规制修建其父母坟墓，下诏安排高规格祭祀。如此恩宠赏赐，享誉当时，无人可比。不久，又受廷臣推荐，又兼掌管负责京城内外城池街巷的社会防治和沟渠整治修理事务，使京城社会环境和治理秩序大为改观，老百姓得以安居乐业。

癸未年（1523），骆安因政绩突出，被提拔担任锦衣卫都指挥使最高长官，掌握锦衣卫大印，奉皇帝谕旨督理掌管锦衣卫缉事官校，嘉靖皇帝多次赏赐骆安蟒袍、佩绣春刀的隆重奖赏。骆安常常感慨地说："我本一介武夫，侥幸只是以些小功劳，想不到却得到如此皇恩厚遇。自己唯有更应该时时刻刻谨小慎微处事，尽职尽责秉公守法执法，夙夜在公，殚精竭虑，否则又怎能报答皇上的大恩呢？"于是，骆安反复下令告诫部下大小官校说："我不敢放纵包庇，也不敢邀功护短，你们如果渎职妄为，那是咎由自取；或者戕害百姓，也是咎由自取。只有办事公正公平，这样才能履行职责，担当使命。"部下官校异口同声回答："谨遵牢记。"由于骆安从严整肃风纪，从此以后，京都一带一些强暴妄为者一时不敢胡作非为，一些欺诈流氓之徒也一时销声匿迹，而大多善良的老百姓也不用再担惊受怕，社会风气一时为之一变，被誉为"风清气正"。经过三年考绩，加升一级实职。

骆安性格率真，为人耿直，喜欢当面批评他人过失，对以公济私行为严厉指责，严肃惩处，毫不留情，因而招来众多小人的怨恨，遭到众多诬陷诽谤攻击，骆安终于被嘉靖皇帝免职。但不多久，嘉靖皇帝追念骆安过去的功劳和贡献，又下诏令赐予骆安锦衣卫指挥佥事官衔退休。骆安去职回家后，从此便闭门谢绝与官方宾客往来，绝口不谈朝廷官场事务，生活自律，淡泊俭约，既没有乱耳丝竹靡音，也没有奇珍异玩情趣。每日只是训导儿孙读书，或偶尔与亲朋好友下棋叙旧。这样又生活了二十年，去世时距离他出生于成化八年（1472）某月某日，享寿七十七岁。

骆安性情慷慨朴实，天性出于自然，他奉侍父母以孝顺闻名。他友爱两个弟弟，终身不改，没有间隙。他与乡里邻居和睦相处，好义乐施，人有急难，他乐于仗义解难，很有烈士遗风。他处事果断，虽错踪复杂，也能找出头绪。虽盘根错节，也能理顺脉络，因此人们都很敬佩他，但也招来忌恨，终于影响他才能作用的更大发挥，实在可惜。骆安妻子李淑人没有儿子，只生下一个女儿，后嫁给杨通政的儿子杨化。骆安侧室高氏生一子，名叫骆椿，骆椿娶了宣姓女子为妻。

骆安赞略：骆安的高祖父骆以诚预判朱元璋会取得天下，便当机立断归顺了朱元璋。朱元璋建立大明朝后，高祖父骆以诚不久定居并任职燕山中护卫千户。骆以诚有个儿子叫骆寄保，有武有勇，立下战功，深得成祖永乐皇帝朱棣的器重并担任了翊卫千户。骆寄保跟随永乐皇帝南征北奔伐，功勋卓著。再传至骆广，改调任羽林卫，又传至骆胜，又改任安陆洲郡牧所千户，骆胜生下骆安。一家代代深受皇朝恩宠，到骆安时承受皇恩更加深厚。骆安不愧为朝中雄杰，国家栋梁，劳苦功高，恩宠愈隆。骆安一生忠心报国，不避嫌疑，敢作敢为。骆安因此得名，也因此招人嫉恨。及至骆安免职告老回家，即闭门谢客，每日只与琴棋书酒乡邻为伴，严以自律，节衣俭食，闲情怡志，怡养天年，寿终正寝，安得善终。骆安魂归九泉，有如此功德，应无悔憾了。祈福骆安家族世代富贵荣华，骆安厚德惠及子孙万代。

锦衣卫指挥使骆安的家世渊源和承袭演变

《明故明威将军锦衣卫指挥佥事骆公墓志铭》，真实再现了骆铭孙骆氏锦衣卫世家的历史渊源和承袭演变，从中还原了一个真实的骆氏锦衣卫世家史实，也颠覆了过去我们对骆铭孙骆氏锦衣卫世家的一些历史认知。

《明故明威将军锦衣卫指挥佥事骆公墓志铭》记载了骆安的家世渊源和职官承袭演进。骆安，字时泰，号月崖，祖籍湖广宁远人，今湖南新田人。骆安的"高大父"（即祖父的祖父）骆以诚，在元末时，跟随太祖高皇帝打天下，随后定居燕山中护卫。"骆以诚生二子，曰寄保、曰寄善。保有战阵功，官济阳卫正千户，死无嗣，善承其官，而传其子广。广改羽林卫，而传其子胜。胜娶于胡，生公。"也就是说，骆以诚生有两个儿子，一名骆寄保，一名骆寄善（骆铭孙、厦源两村《骆氏宗谱》均记载骆以诚生二子：寄保、婆保，寄善或为婆保）。骆寄保死后没儿子继承职位，按照明制，"兄终弟及"，弟弟骆寄善（骆婆保）承袭了兄长官职，后又传给了儿子骆广。骆广改调羽林卫，再传给了儿子骆胜。骆胜娶胡姓女子为妻，生下了骆安。这样，就形成了骆以诚（一世）——骆寄保、骆寄善（二世）——（骆寄善儿子）骆广（三世）——骆胜（四世）——骆安、骆定、骆寅（五世），在自明朝洪武初至明中叶嘉靖初长达一百五十余年间，新田骆氏锦衣卫世家，历经了洪武、建文、永乐、洪熙、宣德、正统、景泰、天顺、成化、弘治、正德、嘉靖十二朝十一帝（因正统、天顺均为皇帝朱祁镇）。再结合前述省、府、县官志和族谱所载骆安后世的记载，骆安之后，又经历骆安（五世）——骆椿（六世）——骆思恭（七世）——骆养性（八世），又历经嘉靖、隆庆、万历、泰昌、天启、崇祯五朝五帝一百二十余年。这样，一个脉络清

晰、谱系完整、没有断代、贯穿有明一朝十六代帝王、历经二百七十多年的
骆氏锦衣卫世家，完整的展现在世人面前。

为便于明了，现将骆铭孙骆氏锦衣卫世家世系及职官承袭演变，列图
如下：

骆铭孙锦衣卫世家世系图（一）

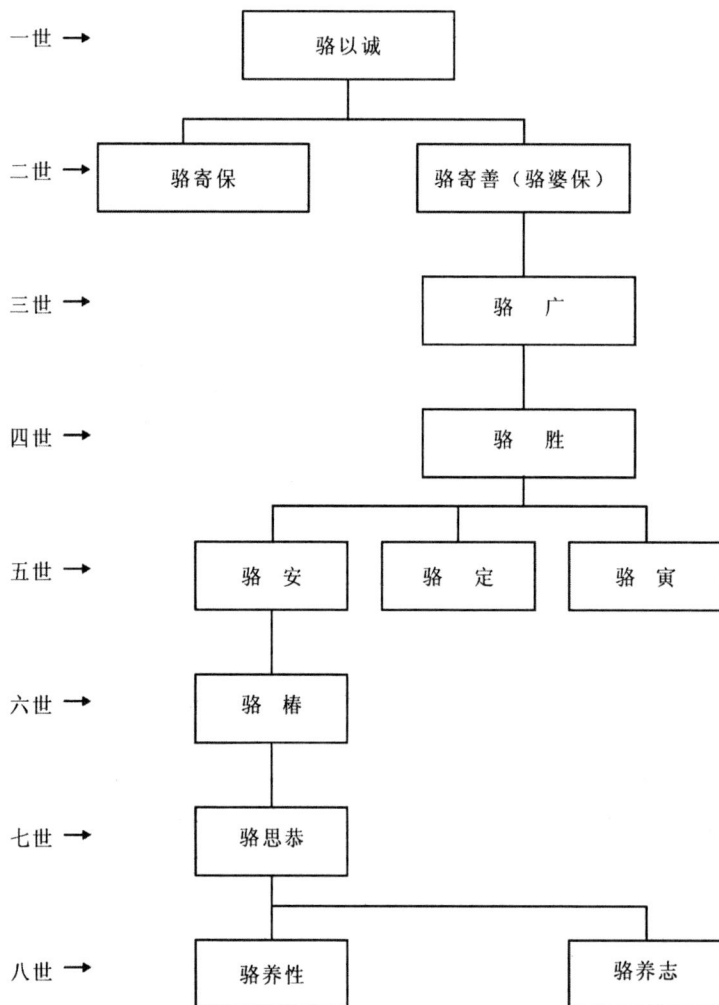

```
一世 → ┌──────────────┐
       │    骆以诚     │
       └──────────────┘
              │
       ┌──────┴──────────────┐
二世 → │ 骆寄保 │          │ 骆寄善（骆婆保）│
       └────────┘          └────────────────┘
                                  │
三世 →                      ┌──────────┐
                            │  骆  广  │
                            └──────────┘
                                  │
四世 →                      ┌──────────┐
                            │  骆  胜  │
                            └──────────┘
                                  │
              ┌──────────────────┼──────────────────┐
五世 →    ┌──────────┐      ┌──────────┐      ┌──────────┐
          │  骆  安  │      │  骆  定  │      │  骆  寅  │
          └──────────┘      └──────────┘      └──────────┘
              │
六世 →    ┌──────────┐
          │  骆  椿  │
          └──────────┘
              │
七世 →    ┌──────────┐
          │  骆思恭  │
          └──────────┘
              │
       ┌──────┴──────────────────────────┐
八世 → ┌──────────┐                  ┌──────────┐
       │  骆养性  │                  │  骆养志  │
       └──────────┘                  └──────────┘
```

骆铭孙骆氏锦衣卫世家职官承袭表（二）

姓　名	世系	朝　代	职　位	任职卫所
骆以诚	一	元末、洪武	指挥千户侯（正四品）	燕山中护卫
骆寄保	二	元末、永乐	正千户（正四品）	济阳卫
骆寄善（骆婆保）	二	洪熙、宣德正统	袭千户（正四品）	济阳卫
骆广	三	景泰、天顺成化	袭千户（正四品）	羽林卫
骆胜	四	成化、弘治正德	郡牧所千户（正四品）	承天府（湖广安陆州）
骆安	五	弘治、正德嘉靖	郡牧所千户（正四品），锦衣卫指挥同知（从三品），锦衣卫都指挥使（正三品），都指挥使指挥佥事（正四品）	锦衣卫
骆椿	六	嘉靖、隆庆万历	袭锦衣卫指挥佥事（正四品）	锦衣卫
骆思恭	七	万历十年至天启四年	左都督、太子太保、锦衣卫都指挥使（一品）	锦衣卫
骆养性	八	天启七年至崇祯十六年	左都督、太子太保、锦衣卫都指挥使（一品）	锦衣卫

锦衣卫指挥使骆安的宦海沉浮

《明故明威将军锦衣卫指挥佥事骆公墓志铭》，客观记载了新田骆氏锦衣卫世家首个都指挥使骆安的人生轨迹和宦海沉浮。《明故明威将军锦衣卫指挥佥事骆公墓志铭》载，骆安"嘉靖己酉（1549）十月十三日，明威将军（军职官名，明代为正四品初授）锦衣卫指挥佥事（正四品）骆公不禄"，"距其生成化八年（1472）某月某日，享年七十有七"。也就是说，"明威将军"骆安从明朝第八位皇帝明宪宗成化皇帝朱见深起，历经成化、弘治、正德、嘉靖四朝皇帝。弘治七年（1494），骆安于"弘治初，献皇帝建国于兴，慎选护从，父往典郡牧所，公遂从于承天"，其时骆安跟随父亲骆胜，护从兴献王到藩湖广安陆州，已是二十二岁。到正德十五年（1520）父骆胜去世，骆安"承荫，仍理所事"，骆安承袭父职担任安陆州"典郡牧所"千户，已是四十八岁。到正德辛巳年（1521）嘉靖皇帝"入继大统"，骆安因"周旋扈从，劳勋为多"，因护驾功，荷特旨升锦衣卫指挥同知，骆安四十九岁。到嘉靖癸未年（1523）升署都指挥使，骆安五十一岁。直到骆安因"公素峭直，好面折人过，或干以私，即诮让无已。用是群小丛怨，多口肆兴，遂以免。无奈皇上追念旧劳，诏与指挥佥事致仕"，即到嘉靖八年（1529）骆安被免职致仕，已是五十七岁。骆安免职后，以锦衣卫指挥佥事职务致仕解归，又活了二十年，"余二十年终，享年七十有七"。可以说，骆安的一生，从藩王护从到锦衣卫都指挥使最高长官，再到因群小丛怨被免，以指挥佥事致仕，经历了人生的大起大落和宦海沉浮。

（一）"勤慎有声"的郡牧所千户

《明故明威将军锦衣卫指挥佥事骆公墓志铭》载："弘治初，献皇帝建国于兴，慎选护从，父往典郡牧所，公遂从如承天，居数年，承荫，仍理所事，实勤慎有声。"这里需补充一段史实。明朝第八个皇帝朱见深第二个儿子朱祐杬，生于成化十二年（1476），成化二十三年（1487）封为兴王。成化皇帝朱见深去世后，其儿子朱祐樘继位，是为弘治皇帝。弘治七年（1494）兴王朱祐杬就藩湖广安陆州（今湖北省钟祥市），至正德十四年（1519）朱祐杬去世，葬于安陆州之东松山，是为明显陵（现为世界文化遗产）。正德皇帝朱厚照为其叔父赐番号"献"，史称"兴献王"。《明故明威将军锦衣卫指挥佥事骆公墓志铭》所称"献皇帝"，就是这位藩王朱祐杬。朱祐杬前往湖广安陆州就藩时，"慎选护从"，骆胜（承袭骆广羽林卫千户）及其儿子骆安有幸选为护从。周红梅著《明显陵探微》（中国素质教育出版社）在《朱祐杬生平及在藩国二十六年大事记》中，记载了藩王朱祐杬离开京都前往湖广安陆州就藩时的情形："弘治七年（1494）九月癸卯，帝含痛携王妃同启。从行官属承奉李稷、金畋，并典宝杨琇而下十人，内伴读张佐而下四十有二人，长史张景明、袁宗皋，审理刘敬、纪善、孙寿而下二十四人，仪卫李翔、张英而下九人，群牧所千户骆胜、陈政而下十有四人。帝舟至河西，孝宗敬皇帝遣太监苗逵馈御书、金宝、系腰及诸品甜食。帝又以恩赉隆重各为赋诗，在《恩纪》中。"大约正德十五年（1520），骆胜在湖广安陆州去世，骆安承父职，"承荫，仍理所事"，继续担任了群牧所千户。骆安因既勤奋有为，又谨慎从事，很有政绩，所以，"实勤慎有声"。也就是说，骆安从二十二岁时跟随父亲从北京到湖广安陆州，四十八岁时承父职担任群牧所千户，五十岁时护送嘉靖皇帝"入继大统"再回北京，先后在湖广安陆州生活了二十八年。由于朱厚熜的父亲兴献王朱祐杬早逝，作为群牧所千户的骆安，陪伴和辅佐当时年幼的世子朱厚熜，掌管承天府内外事务，因"实勤慎有声"，骆安的忠诚和勤慎有为，应该说给后来成为皇帝的朱厚熜留下了深刻的好印象。骆安的这段生活经历，既累积了基层经验，也为他今后成为嘉靖皇帝心腹重臣铺平了道路。

（二）"眷注独隆"的锦衣卫指挥同知

明正德十六年（1521），明武宗朱厚照皇帝暴毙，因没有儿子，明武宗的母亲张太后和内阁首辅杨廷和决定，远在湖广安陆州的堂弟朱厚熜"喜从天降"，继承了堂兄朱厚照的皇位，即为明世宗嘉靖皇帝，明朝第十一个皇帝。朱厚熜在从湖广安陆州赶赴京都登基的途中，骆安以兴王府护卫千户身份护驾，"周旋扈从、劳勤为多"、鞍前马后、尽心尽责、悉心周全。周红梅著《明显陵探微》（中国素质教育出版社）在《朱祐杬生平及在藩国二十六年大事记》中，同样记载了骆安护驾朱厚熜在从湖北安陆州赶赴京都登基的情形："正德十六年（1521）四月葵未（初二），上以遽离圣母，呜咽涕泣。献皇后慰止之，曰：吾儿此行负荷重任，宜取法尧舜。上对曰：谨受教。乃行扈从诸臣内则奉承张佐、戴永，外则右长史袁宗皋、仪卫司千户骆安等四十余人，朝夕供事。上以藩府旗校不隶有司沿途扰害，特命骆安、张佐约束"。侯书云、裴照宇主编的《世界文化遗产明显陵揭秘》（中国文化出版社）也同样载明，明武宗正德十五年四月初二日（1521年5月7日），朱厚熜在定国公徐光祚、寿宁侯张鹤龄、左柱国兼吏部尚书梁储等人的簇拥下登车起程，前往京都登基，旧邸扈从诸臣，内则太监张佐、戴永，外则右长史袁宗皋，仪卫司，群牧所，千户、百户护卫军官等四十余人随行。临行前，朱厚熜将王府的护卫千户骆安叫到面前，让他传谕随行的藩府旗校，沿途不许骚扰地方百姓，并命承奉止张佐约束。四月二十二日（5月27日）朱厚熜"入继大统"登基后，仪卫司千户兼群牧所千户骆安因朝夕供事，上下周旋，劳苦功高，"护卫称职，多称上意"，护驾有功，特旨升骆安为"锦衣卫指挥同知"（即擢升为锦衣卫指挥使副职），并赐封世袭的荣耀。按照世袭规定，他的祖父、父亲都得到了与他同样的官衔封赠，他的祖母、母亲和妻子也都封赠为淑人，并下旨给有关地方长官，修缮其父母陵墓，按照皇帝谕旨祭祀。这种殊荣，当时"宠赉甲于时"，独一无二。据湖北钟祥《兴都志》记载，"骆安，正千户，湖广宁远人（今新四人），以胜（骆胜）任卒，安（骆安）嗣，正德十六年（1521）从扈，升锦衣卫指挥使"，是为佐证。

（三）"时称清肃"的锦衣卫都指挥使

骆安在任职锦衣卫指挥同知期间，还受朝中同僚荐举，兼督理京城内外城池街巷的治理工作，使京城百姓"氓慎以安"，得到嘉靖皇帝赏识。1523 年，嘉靖皇帝特旨提拔骆安为锦衣卫都指挥使（最高长官），掌握锦衣卫大印，以皇帝的旨意，监督"缉事官校"，多次得到蟒袍、佩绣春刀的恩赐，自此，骆安成了嘉靖皇帝身边最信任的宠臣和心腹之一，也是骆安一生宦途达到了巅峰。骆安也自感叹："予实武弁末流，幸以犬马微劳，承恩至此，自微秉慎持法、夙夜殚厥心力，其何以报称上者。"骆安不仅自己"予罔敢纵慝，亦罔敢幸功"，还谆谆告诫他的部下，"惟奸宄罔职惟尔辜，厥或戕于孱良也为尔辜看，惟公惟平，斯称任职"。骆安不仅时刻告诫自己谨小慎微，秉公执法，尽职尽力，还时刻告诫部下不能渎职乱为，损害百姓，必须公平公正，才能尽责称职。因此，在他担任都指挥使期间，"强者敛，诡者遁，善者无怨，时称清肃"，强暴者不敢胡作非为，诡诈者也销声匿迹，百姓安居乐业，社会风气为之一变，一时被誉为风清气正。由于政绩突出，"三载奏绩"，经过三年一度考核，骆安被"加升实授一级"的奖赏。由于骆安秉慎持法，惟公惟平，所以，在省志、府志、县志及族谱中，均载骆安"凡奉诏狱，一切尊用朝廷宪典德音，无不合乎人情，合乎公论，及情有可矜，法有可悯，必曲为开警，务必允当，以弼成一代英明之治"。

（四）"矢心报国"却遭免职的锦衣卫指挥金事

骆安一生宦海沉浮，因为"素峭直，好面折人过，或干以私，即诮让无己"，因为为人直率，喜欢当面指责他人过失，憎恨以公徇私，于是

"群小纵怨、多口肆兴，遂以免"，招来众多小人的怨恨诽谤，终于被皇帝免职。《明世宗实录》（卷一百二十）嘉靖九年十二月载："兵部都给事中张润身言：锦衣卫堂上官以近侍故，优容不与考选，中间不职甚多，乞如文臣自陈例取自上裁，有幸免者听言官指名参奏。上令即指名参奏，不必令自陈。润身乃劾掌卫事署都指挥使骆安、指挥佥事刘宗武奸贪不职宜罢，诏降安指挥佥事，与宗武俱闲住。"但嘉靖皇帝"追念旧劳"，感念骆安多年的功劳，诏与指挥佥事致仕，最终下诏给予锦衣卫指挥佥事的官职解甲归田。解甲归田后，骆安闭门谢客，闭口不谈时事，既无丝竹乱耳，也无喜好珍异之玩，每日过着淡泊、俭朴的生活，训子课读，偶会亲友，走过了人生的七十七个春秋。明朝三朝首辅高拱这样评价骆安："惟公雄杰，为国之防。勋庸卓荦，宠荣繁昌。矢心报国，群嫌罔避。用兹立名，用兹召忌。"高度赞扬了骆安一生尽忠朝廷、矢心报国的雄才大略和卓著贡献，表达了对骆安刚正不阿，敢作敢为，以致遭人诽谤，最终被免，正当盛年却报国无门的痛恨和惋惜。同时对骆安解甲归田后"归田却扫，琴尊缔盟，履约茹淡，跻此遐龄"，依然能严以自律，节衣俭食，闲情怡志，最终怡养天年，寿终正寝，善得始终，表达了无比敬意，惟愿骆安"九原式归，厥德靡悔"，含笑九泉，应无悔憾；祈福骆安后人"庆来方隆，宜尔子孙"，世代富贵荣华，惠及子孙万代。

锦衣卫世家家世的历史拷问

《明故明威将军锦衣卫指挥佥事骆公墓志铭》的发现，揭开了新田骆氏锦衣卫世家的诸多迷雾，让锦衣卫世家的前世今生真相大白于世人。但是，对照几百年来朝野民间对锦衣卫世家形成的共识，对照骆铭孙村和厦源村的《骆氏宗谱》记载，对照近年来新田兴起的建文帝踪迹新田故事传说，仍有诸多历史疑问和现象，有待进一步考证和探讨。

其一，锦衣卫世家始祖骆以诚"亡于阵"究竟亡于何时？

骆安的始祖（高大父）骆以诚、二世祖骆寄保，均是大明洪武、永乐时期"有战阵功"的将领。始祖骆以诚，"元末时归附太祖高皇帝"，从征有功，洪武戊申（1368）朱元璋建国时任指挥千户，"后遂占籍燕山中护卫"，即后来落户京都顺天府，成为永乐时期朱棣的燕山中护卫指挥千户，因燕山中护卫为永乐时期增设。二世祖骆寄保，"保有战功，官济阳卫正千户"，成为永乐时期朱棣的济阳卫千户，济阳卫也为永乐时期增设。结合道光《永州府志》载"骆以诚，宁远人，明太祖起兵克敌，以诚从征有功，亡于阵。以骆寄保带领其职，成祖时千户侯，其后世隶羽林卫"来分析，锦衣卫世家的两位先祖，历经了元末起义，朱元璋南征北伐开创明朝定都南京，明初"四大案"（洪武十三年"胡惟庸案"、洪武十五年"空印案"、洪武十八年"郭恒案"、洪武二十六年"蓝玉案"）、朱棣发动"靖难之役"篡位后迁都北京等重大历史变迁，凭"战阵功"先后获得了朱元璋、朱棣父子的信任，成为两朝皇帝的有功之臣、亲信爱将和亲军心腹，其后代世隶羽林卫。从《明故明威将军锦衣卫指挥佥事骆公墓志铭》来看，始祖骆以诚"后遂占籍燕山中护卫"，说明骆以诚大明永乐时应仍是朱棣的亲军将领，这与府志、县志和村谱记载"随征明太祖战阵而亡"，有明显矛盾，有待进一步考证。

其二，骆以诚的二儿子骆寄善与骆婆保是同一人吗？

《明故明威将军锦衣卫指挥佥事骆公墓志铭》载，骆以诚"生二子，曰寄保，曰寄善。保有战阵功，官济阳卫正千户，死无嗣，善承其官，而传其子广"。而骆铭孙《骆氏宗谱》却载，骆以诚"妣邓氏，生二子，长

子寄保，次子婆保"，"以诚长子寄保公，卜居京都顺天府瓦窑头，妣■氏，生一子骆升，父子生殁俱在瓦窑头宗谱"，"以诚次子婆保公，开户石羊洞厦源，妣宋氏，生一子，法荣"。

这里，《明故明威将军锦衣卫指挥佥事骆公墓志铭》与骆铭孙《骆氏宗谱》的记载，虽然都记载了骆以诚生有两个儿子，但却有明显的矛盾和出入，最大的区别和疑问有二：一是大儿子骆寄保究竟有没有后代？谱载骆寄保有一儿子叫骆升，墓志铭却载骆寄保"死无嗣"，没有后代。二是二儿子骆寄善与骆婆保究竟是否是同一人？在这里，我们不妨假设以下两种情形作分析，以供史家探讨。

一种情形是，骆寄善与骆婆保是同一人，那么，骆以诚的儿子骆婆保为何落籍外婆家？锦衣卫世家的始祖骆以诚，"骆祖知兴，仗策归义"，明洪武建国时任指挥千户后，"爰隶燕山，上备宿卫"，其后一家"占籍燕山中护卫"，骆以诚应是朱棣皇帝的亲军将领了。二世祖骆寄保，"有子孔武、翊卫文皇、汗马树勋、南北翱翔"，后"官济阳卫正千户"，也成为了永乐皇帝朱棣的亲军护卫。父子两代先后成为永乐皇帝朱棣的亲军心腹。骆以诚"亡于阵"后，骆寄保代领其职，骆寄保死后无嗣，骆寄善即骆婆保"承其官"，"传其子广"后，又回到了新田，即应是"靖难之役"后，骆以诚的夫人邓三姑（即民间传说哺乳过太子的"独乳夫人"，卜葬地址骆铭孙看牛岭，其墓至今保存完好），携小儿子骆寄善（即骆婆保）回到了新田，但却没有回到祖籍骆铭孙，而是落籍到了赛武当山脚下的厦源村，并成为了厦源村骆姓始祖（厦源村现有骆姓二百余户一千余人，与邓姓、肖姓历来和谐相处，情同手足，距今六百多年，骆婆保卜葬厦源村葱头洞，其墓碑遗址至今尚保存完好），后代繁衍至今，而厦源村恰是邓三姑的娘家。

另一种情形是，骆寄善与骆婆保不是同一人，这意味着骆以诚是否又娶了侧室，并生了儿子？是否可推断以下这种情形：骆以诚"随征明太祖起兵克敌"以后，留下夫人邓氏及寄保、婆保两个儿子在新田，骆以诚在外带兵打战，明洪武元年朱元璋建国时官至指挥千户（骆以诚时年二十岁），后又随军北伐，"占籍燕山中护卫"，落籍京都顺天府瓦窑头，骆以诚又在京都娶了侧室，并生下了个儿子骆寄善。（《明故明威将军锦衣卫指挥佥事骆公墓志铭》也载，骆安"李淑人无子，生女一，适杨通政子化。侧室高生男，曰椿，娶于宣"。）后来，骆以诚大儿子骆寄保长大后，"邑武生，成祖时招募乡勇，扫荡元气"，也跟随父亲骆以诚来到了京都。骆以诚"亡于阵"后，骆寄保代领父职，官至济阳卫正千户。骆寄保死后无嗣，同父异母的弟弟骆寄善承袭了长兄的官职。这样，骆以诚其实就有三个儿子，两个在京都，一个在新田厦源。笔者认为，这种情形也应属正常的历史现象和合理推断。

其三，骆婆保开户的厦源村《骆氏宗谱》为何没有锦衣卫世家史实记载？

《明故明威将军锦衣卫指挥佥事骆公墓志铭》清楚表明，锦衣卫世家的二世祖骆寄保没有后代，按照明制，"兄终弟及"，其弟骆寄善（骆婆保）"善承其官，而传其子广，广改羽林卫，而传其子胜，胜娶于胡，而生公"。也就是说，如果骆寄善与骆婆保是同一人，骆安及其后代，真正来源于骆婆保一脉，照常理，骆婆保所落籍的厦源村也应是锦衣卫世家的故里。可是，厦源村《骆氏宗谱》只把骆婆保及另一个儿子骆法荣及其后代归入族谱，而把骆婆保"善承其官"的经历和另一个儿子骆广、孙子骆胜及其后代都没有记载，而把骆安及其世袭锦衣卫后代，全部记载在骆铭孙宗谱中去；且在骆铭孙村宗谱中，也没记载骆广、骆胜，倒是记载了骆寄保生一子骆升，骆安则是骆升之子，这与《明故明威将军锦衣卫指挥佥事骆公墓志铭》的记载，也有较大出入。当然，骆铭孙作为新田骆氏锦衣卫世家始祖的真正故里，把骆氏锦衣卫世家史实全归载在骆铭孙《骆氏宗谱》中，以正本清源，实属合情合理，无可厚非，但这些疑问和困惑，还有待进一步考证。

其四，骆安的先祖与明朝"靖难之役"和"建文帝失联"有关联吗？

研究明朝前期历史，绕不开"靖难之役"与"建文帝失联"这一明朝重大历史事件。"英武伟烈之主"朱元璋去世后，年轻文弱、优柔寡断的建文皇帝朱允炆继承大位后，为了坐稳皇帝宝座，干的第一件大事就是削藩，可历史开了个大玩笑，削藩最终竟削到了自己头上，叔父燕王朱棣以"清君侧"之名，发动"靖难之役"，经过四年战争夺取了建文帝皇位，"天子"朱允炆不知所踪，成为明朝乃至中国历史上"第一谜案"。朱棣发动"靖难之役"期间，正是骆安的二世祖骆寄保奋战沙场的盛年时期。道光《永州府志》载："明太祖起兵克敌，以诚从征有功，亡于阵。以骆寄保代领其职，成祖时千户侯。其后世隶羽林卫军。"《明故明威将军锦衣卫指挥佥事骆公墓志铭》载，"保有战阵功，官济阳卫正千户"，"有子孔武，翊卫文皇。汗马树勋，南北翱翔"。这里清楚表明，骆安的二世祖骆寄保有勇有谋，跟随燕王朱棣南征北战，战功赫赫，成为了成祖皇帝朱棣的心腹爱将，骆寄保参加了"靖难之役"应是题中应有之义。作为帮助"篡位之君"朱棣夺取皇位的有功之臣，骆寄保及其后代深得朱棣厚爱和赏赐，并效死尽忠永乐皇帝朱棣也是常理之中，绝不可能与朱棣有贰心。有人说，《明故明威将军锦衣卫指挥佥事骆公墓志铭》的发现，表明新田骆氏锦衣卫世家先祖与"建文帝踪迹新田"，有着千丝万缕的联系，是骆氏锦衣卫世家在朝中和民间唱双簧，构成一张保护建文帝避难新田的网，这种联想值得商榷。要知道朱棣是个好皇帝，但不是个好人。"篡位之君"朱棣夺取建文帝皇位后，为了臣服天下臣民，采取的第一个手段，就是对不服和反对他的建文帝旧臣实行了极为惨暴的血洗和屠戮，创下了诛灭"读书种子"方孝儒"十族"的前无古人、后无来者的历史记录。同时，锦衣卫创设于洪武十五年（1382），洪武二十年（13870已废止，直到永乐时期才又恢复。而新田骆氏锦衣卫世家的先祖骆以诚、骆寄保、骆寄善、骆广等均一直在北方京都亲军任事，与在南京在位四年的建文帝应无多大交接。因此，在笔者看来，新田骆氏锦衣卫世家作为贯穿有明一朝的独特历史现象，是一个实实在在的客观史实，不宜把客观史实与传说故事联系起来作过分解读，这不符合唯物史观，历史就是历史，传说就是传说。

其五，骆婆保开基的厦源村历史文物和遗存与建文帝是否有某种联系？

在研究新田骆氏锦衣卫世家史实的过程中，骆婆保开基的厦源村两件奇怪文物，一处遗址遗存，引起了笔者的注意。两件文物是，一个"象牙朝笏"和一幅道教神仙人物长卷画《通天桥》（这两件文物现收藏在县文物馆内）。捐献者宋某介绍，两件文物是他厦源村的外公骆呈相传给他的，象牙朝笏被鉴定为国家二级文物，疑似明代大臣上朝用的。象牙朝笏究竟从何而来？是否就是骆婆保承袭骆寄保职位后上朝用的，而后骆婆保随身带回了新田厦源？《通天桥》被鉴定为国家一级文物，为一幅古代的道教神仙人物长卷画，画中的第七组画，一位凶猛大汉左手高举玉玺过额，右手食指高翘指着玉玺，双眼凶狠狠地怒视被锁住的蛟龙，蛟龙以无可奈何的眼神向右上方紧盯着大汉高举的玉玺。这幅画的中心是玉玺，大汉手指的是它，蛟龙紧盯的也是它，大汉怒视蛟龙防着的也是它。这样一幅画，是否就是影射"靖难之役"朱棣篡位夺取朱允炆皇位这段历史？

一处遗址是，厦源村后山有个永安堡，由青条石砌筑，内有三件石凿遗存：两个高约 1.5 米，宽约 1.4 米的石凿椅座，一个长约 2 米，宽约 1.5 米的石槽。有人把石槽、石椅称之为"龙池、龙椅"，疑似为建文帝踪迹新田时所用。但是，笔者查骆铭孙《骆氏族谱》之《厦源村史》及厦源村《骆氏宗谱》都载明，"吾村之永安保，建于咸丰初年，群山环绕，峭壁悬崖，此乃天然险阻之石城。城周长里许，高丈余，中有房舍，应用俱全，为当时避难之所，也为古迹之一也"。这"为当时避难之所"的永安堡，始建于大清咸丰年间，此时距明朝"靖难之役"与建文帝失联，却已是二百多年以后的事了。

其实，查《宁远县志》《新田县志》以及绝大多数地方族谱，新田大多地方古寨古堡，都是建于大清嘉庆、道光、咸丰年间，都是为了防范太平天国"长毛"和地方土匪避难所用。

第五章　锦衣都督
——新田骆氏锦衣卫世家的鼎盛辉煌

赫奕锦衣都督骆思恭

　　骆思恭是新田骆铭孙锦衣卫世家第二个都指挥使，任职时间最长久，历经万历、泰昌、天启三朝，长达四十二年，地位也最显赫，史称明朝十大著名锦衣卫指挥使之一。但在省志、府志、县志官志和族谱记载中，记载简单，只载姓名和官职。如道光《永州府志》只载骆思恭"累官左都督，有能声"；嘉庆十七年《新田县志·武备》中，载骆思恭"南一都人，袭锦衣，明万历乙卯（即万历四十三年，1615）升左都督，掌卫事提督，西司房官旗办事，声名显赫一时，无出其右"；《骆氏族谱》中载骆思恭"明太子太保，袭锦衣卫，万历乙卯擢都督，西司房官旗办事，掌卫事，声名赫奕一时，无出其右。倡建京都上湖南会馆，今馆内有牌位"。

　　另据《明史》列传卷一百九十四载，"骆思恭万历十年（1582）刘守有倒台，以南镇抚司锦衣指挥佥事，升锦衣卫指挥使，万历二十年（1592）援朝抗日战争中，带队出征朝鲜，搜集军事情报，为明史以来锦衣卫第一次正式出国出征战场。万历二十一年（1593），在北京东草厂十条胡同，倡建湖南衡永郴桂四郡会馆"。如此"赫奕一时，无出其右"的骆思恭都指挥使，我们只知道以上简单信息，给世人留下了巨大的悬念和遗憾。

2018年6月，中国社会科学院历史研究所、中国明史学会张宪博副会长一行莅临新田，实地考察新田骆氏锦衣卫世家史实。返北京后，考察团成员秦博博士多方查找骆思恭有关史实资料，均未查到骆思恭传记或墓志铭，但有幸在《明神宗实录》《明熹宗实录》《明史·阉党传》《明史纪事本末》等历史典籍中，查找到了骆思恭任职情形等有关珍贵记载史实。幸蒙秦博士提供，现摘录如下：

"万历三十年（1602）十月，补骆思恭、王允廉为锦衣卫南镇抚司佥事，管事。（《明神宗实录》卷三七七）

万历四十年（1612）十二月，以佥事骆思恭管锦衣卫堂上事。（《明神宗实录》卷五零三）

万历四十四年（1616）七月，升锦衣卫指挥使骆思恭为都指挥佥事，掌理卫事。（《明神宗实录》卷五四七）

万历四十六年（1618）七月，骆思恭提督缉捕有功，并原办官较，候年终查敍。

泰昌元年（1620）十一月，以先帝东宫侍卫，加恩锦衣卫都指挥使骆思恭等四百余员名，俱加授职衔有差。（《明熹宗实录》卷三）

泰昌元年（1621）十二月，以三年累奏缉获功，升锦衣卫都督同知骆思恭左都督，仍掌卫事。（《明熹宗实录》卷四）

天启元年（1620）十月，以皇祖考妣、皇考妣襄柑礼成，加诸勋戚兼职，骆思恭加太子太保。（《明熹宗实录》卷一五）

天启二年（1622）正月，皇陵成，加升骆思恭少保兼太子太保。（《明熹宗实录》卷一八）

天启三年（1623）十二月，录锦衣卫二年缉获功，左都督骆思恭荫一子本卫百户，以皇子大庆，加恩骆思恭升少傅兼太子太傅。（《明熹宗实录》卷四二）

田尔耕，任丘人，兵部尚书乐孙也。用祖荫，积官至左都督。天启四年（1624）十月，代骆思恭掌锦衣卫事。（《明史·阉党传》）"

以上实录，记载了骆思恭从万历三十年（1602）十月，至天启四年（1624）十月，长达二十二年的宦途任职升降历程。骆思恭历经万历、泰昌、天启三个朝代，从万历四十四年（1616）十月，升锦衣卫都指挥佥事，掌理卫事，到泰昌元年（1620）二月，升锦衣卫都督同知、左都督、仍掌卫事，再到天启元年（1621）十月后，先后升勋戚兼职加太子太保、少保兼太子太保、左都督加升少傅兼太子太傅，骆思恭的宦海生涯达到了巅峰。直至天启四年（1624）十月，骆思恭被阉党魏忠贤排挤革职，其职位被魏忠贤党羽田尔耕代替。

骆思恭与万历朝鲜战争

前面载《明史》列传卷一百九十四："骆思恭万历十年（1582）刘守有倒台后，以南镇抚司锦衣卫指挥佥事，升锦衣卫指挥使，万历二十年（1592）援朝抗日战争中，带队出征朝鲜，搜集军事情报，为明史以来锦衣卫第一次正式出征战场。"又据胡杨著《锦衣卫》（哈尔滨出版社）之《锦衣卫指挥使简略》载："骆思恭，万历十年（1582）——天启四年（1624）任锦衣卫指挥使，刘守有倒台后升迁，被魏忠贤排挤离职，主要业绩是万历朝鲜战争和移宫案。"尽管史载骆思恭在万历朝鲜之战的征伐活动资料甚少，但结合《明神宗实录》、胡杨著《锦衣卫》记载及有关史实，骆思恭参与万历朝鲜战争活动的大致情形是这样的：

1. 关于万历朝鲜战争

明朝自嘉靖末年以来，邻国日本封建主丰臣秀吉战胜了四国、北国、奥羽、关东及九州各地诸侯，逐步统一了日本列岛。他于日本天正十三年，即明万历十三年（1585）出任关白，就是辅佐天皇、总理国政的最高行政长官，实际上就是日本最高统治者。他以强劲的军事实力作为后盾，萌发了吞并朝鲜、入侵中国，以建立一个庞大帝国的野心。为此他处心积虑，进行了周密的策划。他召问过去的倭寇余党，了解到明人畏惧矮人，于是气焰更加嚣张，"益大治兵甲，缮舟舰。与其下谋，入中国北京者，用朝鲜人为导；入浙、闽沿海郡县者，用唐（明）人为导"。他担心琉球汇露其侵略计划，不让琉球人前来入贡。然而琉球和朝鲜都曾向明朝通报过日本的军事动向，却没有引起明政府的重视。直到战争爆发前半年，万历十九年（1591）十一月四日，"朝鲜国王李昖具报，本年五月内，有倭人……称关白平秀吉（即丰臣秀吉）并吞（日本）六十余州，琉球、南蛮皆服。明年三月间，要来侵犯，必许和方解"。明神宗这才有所警觉，下令加强沿海防务。但是，无论中国方面还是朝鲜方面，备战工作都远未充分，以致在日军的突然进攻下措手不及。

万历二十年（1592）四月，丰臣秀吉发动了对朝侵略战争。史称为"壬辰倭祸"。日军由釜山登陆，迅速攻陷王京，占领平壤，朝鲜八道几乎全部沦丧。于是，朝鲜国王李昖向明朝告急求救。神宗起初犹疑不定，随着朝鲜战局的进一步恶化，日军大有渡过鸭绿江西进之势，他才感到"唇亡齿寒"，决定派兵援救。不过，在此期间，宁夏哱拜、播州杨应龙的叛乱相继爆发。兵部尚书石星是个无能之辈，面对两线作战的形势感到穷于应付。这种情况从根本上影响了神宗在对日决策方面时战时和，缺乏一贯性，造成援朝抗日的战局长期不能明朗。

在明军入朝作战的同时，石星委派浙江嘉兴人沈惟敬与日军交涉。八月二十九日，沈惟敬与倭将小西行长会于平壤。行长谎称希望明朝方面按兵不动，日军不久即将撤还，并提出以大同江为界，平壤以西为朝鲜。沈惟敬带着这个谈判结果回到北京。朝议普遍认为日方变诈莫测，应当集中兵力，以求速战速决。于是以兵部侍郎宋应昌为经略，都督李如松为提督，于十二月二十六日率师东渡鸭绿江，当时"天水一色，望朝鲜万峰，出没云海。监军刘黄裳慷慨誓曰：'此汝曹封侯地也'。"明军士气高昂，进军平壤。万历二十一年（1593）正月，攻克平壤。在这场战役中，李如松身先士卒，将士以一当百，奋勇杀敌，日军败逃王京。朝鲜郡县如黄海、平安、京畿、江原四道全部收复。史称"平壤大捷"。

但是明军连胜之后，产生了轻敌的情绪。神宗也希图一蹴而就，命令宋应昌尽快攻取王京，结束战事。李如松轻信了日军已经撤离王京的消息，只带领少数人马来到距王京三十里的碧蹄馆，与日军遭遇，苦战得脱，损兵折将，退回开城整休。李如松经此挫败.失去锐气，与宋应昌都开始转而支持议和。

二月，沈惟敬再度出使倭营。由于明军在朝鲜战场仍处于优势和主动地位，而日军将领意见不一，士气低落，丰臣秀吉也有意通过议和来缓和局势。双方于是开始了一场长达四年的讨价还价。然而，往还于明朝和日本之间的沈惟敬只是一个心无成算的市井无赖，他利用两方语言不通、赖他转译之便，上下欺瞒，左右讨好，使明朝方面不能及时取得可靠情报，而丰臣秀吉最终被他制造的骗局激怒了。万历二十五年（1597）初，丰臣秀吉增兵朝鲜，再一次挑起战端，史称"丁酉倭乱"。神宗了解到沈惟敬的欺骗行径后勃然大怒，下令将石星和沈惟敬下狱按问，改麻贵为备倭大将军，经理朝鲜，命金都御史杨镐驻守天津，加强军备。随后，升兵部左侍郎邢玠为兵部尚书兼都察院右副都御史，总督蓟辽、保定军务，负责援朝抗日。明军按照计划展开攻势。但是，万历二十六年（1598）正月，朝鲜大臣李德馨误报军情，贪生怕死的杨镐以为日军大部队来到，连夜仓皇逃走，致使全军无主，相继溃败，伤亡惨重。杨镐退至星州，撤兵回到王京。此时日军占据了朝鲜南海，东西亘八九百里，便于舟师活动。邢玠因之上疏神宗，强调巩固海防，加强水军力量。明神宗对邢玠充分信任，特赐尚方宝剑，使邢玠不受干扰，得以从容展布。

二月，从各地征调的军队相继抵达朝鲜，在邢玠的统一指挥下相互配合，伺机进剿。七月九日，丰臣秀吉病死，内部权力斗争加剧，在朝日军也无心恋战。九月，明军分兵四路，水陆并进，节节胜利。在十一月中旬的露梁海战中，明军副总兵邓子龙和朝鲜统制使李舜臣英勇作战，壮烈牺牲。日本水师几乎全军覆没，余者狼狈逃归日本。援朝抗日取得了最后的胜利。

万历二十七年（1599）春，明军凯旋回国。四月，明神宗在午门举行了盛大的献俘仪式。不过，回顾这场战争，正像后人评价的那样："自倭乱朝鲜七载，丧师数十万，糜饷数百万，中朝与属国迄无胜算，至关白死而祸始息。"战争的结果对神宗来说是非常幸运的。

2. 锦衣卫与骆思恭在万历朝鲜之战中的作为

其实就在日本入侵朝鲜前后，明朝就已经得到了紧急奏报。据史载，五月二十六日，辽东巡抚紧急奏报："急报！前日（二十四日倭贼自釜山登陆，进攻朝鲜。陆军五万余人，指挥官小西行长，水军一万余人，指挥官九鬼嘉隆、藤堂高虎，水陆并进，已攻克尚州，现向王京（首尔）挺进，余者待查。"六月十三日，辽东巡抚急报："急报！已探明，倭军此次进犯，分九军，人数共计十五万八七百余人，倾国而来。倭军第一军小西行长、第二军加藤清正、第三军黑田长政已于昨日（十二日）分三路进逼王京，朝军望风而逃，王京失陷。朝鲜国王乍李昖逃亡平壤，余者待查。"七月五日，辽东巡抚急报："十万火急！七月三日，倭军继续挺进，抵近平壤，朝军守将畏敌贪生，打开城门后逃之夭夭，平壤已失陷，朝鲜国王李昖逃往义州。"七月十六日，兵部尚书石星奏报："自倭贼入侵之日起，至今仅两月，朝鲜全境八道已失七进，仅有全罗道幸保。朝军守将无能，士兵毫无战力，一触即溃，四散而逃，现倭军已进抵江（鸭绿江）边，是否派军入朝作战，望尽早定夺。"

在日本侵犯朝鲜两个多月的危急时刻里，明朝的上上下下还在为是否要出征朝鲜争论不休。在丰臣秀吉要求菲律宾臣服朝贡的消息传来时，就已经激怒了明朝的君臣。明朝上下也实实在在地感受到了日本乱世枭雄的野心。可到了万历二十年（1592）六月，朝鲜的战事发展到明朝君臣始料未及的地步：朝鲜军队一溃千里，三都十八道相继失守，朝鲜国王派来请求援助的使臣也到了京都。这样战争的主动权已经不在明朝君臣的手里了，战或不战已经由不得他们选择了。兵部侍郎宋应昌上疏说，"关白之图朝鲜，意实在中国。我救朝鲜，非止为属国也。朝鲜固，则东保辽东，京师巩于泰山矣"，"而我兵之救朝鲜，实所以保中国"。

于是，明神宗正式宣布了赴朝鲜对日战争。但对日本军队的战斗能力估计不足。于是在七月，明朝只派山了一支偏军出征，由辽东游击将军史儒带领的骑兵两千，副总兵祖承训率领的骑兵三千继后。结果，这五千人马刚到朝鲜没多久，就被日军队歼灭了。

消息传到北京，震惊了朝廷，明神宗急忙把兵部侍郎宋应昌调为经略，总领抗倭事宜，又十万火急地调来驻守西陲的陕西总兵李如松为东征

提督，迅速从全国集结军队，准备正式发兵朝鲜对日作战。

可是，明朝在集结军队的同时，却对日本军队的底细不知道！宋应昌想起了锦衣卫这支精良的情报军队，于是上奏明神宗，请求派锦衣卫出征朝鲜搜集情报，明神宗当即批准了宋应昌的提议。锦衣卫指挥使骆思恭一接到明神宗的手谕，就赶紧叫上自己的几员得力干将赶到宋应昌的府上听候调遣。当时战事紧急，要让锦衣卫短时内调查清楚日军的行军路线、兵力布防恐怕比较困难。首先，就是要给大军出兵前提供可供参考的情报。锦衣卫领命后短短几天之内就摸清和提供了日本军方的基本情报，包括丰臣秀吉乃至几个主要大将的生平介绍和作战特点、日本军队的武器和组织结构都非常详细，让领军的李如松大吃一惊。

能够有如此高效的办事效率，得益于锦衣卫在全国所铺设的周密的特务网络，也得益于锦衣卫多年累积的情报工作经验。在经过对于日本军队的了解和对于部分战争情况的分析，整理出日本军队的武器样式和组织结构，对锦衣卫来说也不是很难。正是靠锦衣卫许多年来的职业素质，在搜集日军情报上立下了功劳。同时，锦衣卫当中有非常多的外语人才，由于当时明朝与朝鲜、日本等国，以及欧洲部分国家的贸易往来已经非常频繁，因此外语人才已经并不少见。锦衣卫中的外语人才，除了在国内搜集情报，很多锦衣卫经过乔装改扮，跨过国境线，秘密潜入了朝鲜、日本国境内。史载，福建巡抚许孚远在上书朝廷《请计处倭酋疏》中记载："臣于万历二十年十二内，钦奉简命巡抚福建地方，入境之初，据名色指挥沈秉懿、史世用先后见臣，俱称奉兵部石尚书密遣前往外国打探倭情。"正是依靠锦衣卫打探得来的倭情密保，当李如松的四万大军开抵朝鲜田境内的时候，锦衣卫早已经帮助明朝的军队编织起了一张巨大的特务网络。万历二十一年（1593）一月八日，李如松带兵攻破平壤，使日军被迫退向王

京，从而使整个朝鲜半岛的局势就此扭转。

而锦衣卫的情报工作最精彩最给力的，也出现在战况最胶着的持久战中。就在李如松平壤之役大捷后轻敌，进攻王京失败退守开城，因为兵力原因不能南进的时候，锦衣卫给李如松送来了一份机密的图纸，这张图纸上标明了一条从开城到龙山大仓的隐蔽路线。龙山大仓本是朝鲜的国仓，汉城被日军占领后，龙山大仓就成为汉城数万日军的军粮库，后来日军运来的粮食都存于此地。李如松密令查大受和李如梅（李如松之弟）率领一支敢死队深夜奇袭了龙山大仓，一夜间把数十万石粮食烧得干干净净，使朝鲜半岛的日军陷入前所未有的困境。在经过长达七年的战争之后，万历二十六年，明军取得了艰难的胜利。而在这一场明朝帝国最后的辉煌挽歌中，虽然使明朝取得了一场"万世大功"的辉煌胜利，同时也把明朝国力带进了日渐枯竭的泥潭。由于明政权此后日渐萎靡、混乱，执政者无法找到正确的改革措施，明朝再也无法支持大规模的战争。更为严重的是，明神宗初年张居正、戚继光等人累积下的财富和建立的国防力量，在这场战争中几乎消耗殆尽，此后明朝的统治日渐涣散，也没有积极地休养生息，恢复国力，为日后与后金作战埋下隐患，特别是明军主力之一的辽东军损失巨大，直接导致了对后金镇压能力的衰减。

锦衣卫在这场战争中发挥了重要的作用，帮助对日军缺少了解的明军在作战中从被动走向主动，尤其是在第二次战争的关键时期，锦衣卫为明军提供了一系列有价值的甚至是关系到战争走向的重要情报。指挥使骆思恭更是得到了明神宗及部分朝臣的赞许，因此得以一直任职到天启年间。但也正因如此，魏忠贤掌权后，路思恭成为魏忠贤的"眼中钉"，急欲除之而后快。

另外，在战争中发挥了重要作用的锦衣卫，在得到皇上嘉奖的同时，

也开始走向了衰弱，精英分子在朝鲜战场的表现使许多与明朝对抗的政权都开始对锦衣卫进行防范和监视，加之此后锦衣卫内部腐败行为愈演愈烈，作为特务机构的严密性和隐蔽性完全丧失，此后田尔耕、骆养性等人都没有恢复锦衣卫初建时高度严密的状态，使锦衣卫再也无法发挥出在朝鲜战争中那样的特殊作用了。

骆思恭与"移宫案"
和熹宗皇帝朱由校"就位风波"

"赫奕都督"骆思恭任事的时代，正值大明朱家王朝的多事之秋，从万历中后期起，明神宗朱翊钧怠于临政，廷臣党争，你争我夺，宫闱纠纷，无休无止，边乱频繁，封疆残破，内忧外患，社会动荡。尤其在这个大动荡的背景下，从万历十四年（1586）起，至天启初年，先后发生了长达十五年的册封太子朱常洛"争国本"事件，福王朱常洵长达十三年"就国之争"，万历四十二年（1614）太子朱常洛东宫"梃击案"，泰昌时期光宗皇帝朱常洛暴毙"红丸"药案，天启初"移宫"案及熹宗皇帝朱由校"就位风波"等，作为锦衣卫都指挥使兼左都督骆思恭，亲历了这一系列重大事件的全过程。上述《明熹宗实录》（传三）载，"泰昌元年十一月，以先帝东宫侍卫，加恩锦衣卫都指挥使骆思恭等四百余员名，俱加授职衔有差"，就是骆思恭因为亲自参与熹宗皇帝朱由校"就位风波"有功，而加恩授衔的。现将《明史纪事本末》有关"移宫"案记载，实录如下：

《移宫案始末》

光宗泰昌元年八月乙卯，上不豫，传谕礼部曰："选侍李氏侍朕勤劳，皇长子生母薨逝后奉先帝旨，委托抚育，视如亲子，厥功懋焉。其封为皇贵妃。"钦天监择九月初六日行。

乙丑，主事孙朝肃、徐世仪，御史郑宗周上书辅臣方从哲请册立皇太子，且移居慈庆宫。

庚午，上召阁部九卿至榻前，谕曰："选侍数产不育，止存一女。"随传皇长子出见。上又言："皇五子亦无母，亦是选侍抚育。"传皇五子出见。

辛未，上召诸臣于乾清宫，又谕速封选侍。礼臣孙如游奏："臣部前奉圣谕上孝端显皇后、孝靖皇太后尊谥，加封郭元妃、王才人为皇后，皆未告竣，宜俟四大礼举行之后。若论皇储保护功，则选侍之封惟恐不早，即从该监之请，未为不可。"上命如前期。

甲戌，上再召诸臣于干（乾）清宫，仍谕封皇贵妃。语未既，选侍披帏立，呼皇长子入，咄咄语，复趋之出。皇长子向上曰："要封皇后。"上不语。

九月乙亥朔，上崩。给事中杨涟语周嘉谟、李汝华曰："宗社事大，李选侍非可托少主者，急宜请见嗣主，呼万岁以定危疑，随拥出宫，移住慈庆为是。"二臣然之，以语方从哲。涟遂先诸臣排闼入，阍竖挺乱下。涟厉声曰："皇帝召我等至此，今晏驾，嗣主幼小，汝等阻门不容入临，意欲何为？"阍者却，诸臣乃入。哭临毕，请见皇长子，皇长子为选侍阻于暖阁，不得出。青宫旧侍王安绐选侍抱持以出，诸臣即叩头呼万岁。皇长子曰："不敢当！"群臣共请诣文华殿，王安拥之行，阁臣刘一景掖左，勋臣张维贤掖右。内侍李进忠传选侍命，召还皇长子者三，喝诸臣曰："汝辈挟之何往？"涟叱之，共拥皇长子登舆。至文华殿，皇长子西向坐，群臣礼见毕，请即日登极，不允，谕初六日即位。复拥入慈庆宫。

一景奏曰："今干（乾）清宫未净，殿下请暂居此。"嘉谟曰："今日殿下之身，是社稷神人托重之身，不可轻易。即诣干（乾）清宫哭临，须臣等到乃发。"皇长子首肯。涟语中官曰："外事缓急在诸大臣，调护圣躬在诸内臣，责有所归。"王安等踊跃称诺，诸臣退。诸臣有议即日正位者，令中官再传不允，众皆朝服待命。少卿徐养量、御史左光斗唾涟不宣阻今日即位。涟恐，语锦衣骆思恭提骑内外防护。

以上《明史纪事本末》，记载了明熹宗朱由校惊心动魄的"就位风波"，史称"移宫"案。为了再现当年这一重大历史事件，再现当年骆思恭在这一事件中的历史踪迹，结合有关史实，赘述如下：

熹宗朱由校，是光宗皇帝朱常洛长子，生于万历三十三年（1605）十一月，万历四十八年（1620）七月，神宗皇帝朱翊钧临终时立下遗嘱，册立为皇太孙。光宗八月一日即位，八月四日，礼部侍郎孙如游率先上疏，早日册立朱由校为太子。八月十四日，光宗病重，下诏九月九日册立皇太子。然而，九月一日，光宗病逝，史称"一月皇帝"。这样，朱由校做皇帝前还没有当太子。

光宗即位时，朱由校与李选侍（光宗宠妃）一起由慈庆宫（太子东宫）入住乾清宫。光宗死后，李选侍控制了乾清宫，并与心腹太监李进忠密谋挟持皇长子朱由校自重，以图谋在未来的朝廷中处于有利地位。朝臣们也十分明白，谁控制了皇长子，谁就取得了未来。当他们听说光宗皇帝死讯后，立即前往宫中，一是哭悼光宗，二是请见朱由校。但是，当他们急急忙忙赶到乾清宫门外时，却遭到守宫太监刀棍相阻拦，不得入内。兵部给事中杨涟走向前去，大声呵斥守门太监："奴才！皇上召我们来，今皇上崩逝，嗣立幼小，你们阻门不让入宫哀悼，居心何在？"太监被镇住了，加上理亏，这才打开宫门怯怯而去。大臣们蜂拥而入，举行哀悼仪式，哭完，内阁大学士刘一燝追问太监："皇长子应当枢前即位，今为什么不在？"太监们支支吾吾，不敢回答。其实此时，皇长子朱由校正被李选侍藏在乾清宫暖阁中。

朝臣见皇长子不出，议论纷纷，越发感到问题严重，内阁大学士刘一燝想到光宗去世前，李选侍急切邀封皇后的种种情形，大喊："谁敢藏住新天子？"并大声喧呼，惊动了乾清宫内老太监王安，王安对李选侍早就愤愤不平，听到刘一燝等朝臣的大声呼叫，于是急忙上前答道："皇长子正被李选侍藏着呢。"王安又对大臣们说，你们稍稍等待一下，千万不要离开，说完便对李选侍假装说：皇长子出去见见大臣以后，就马上回来。说完便扶着朱由校快快出来。大臣们见到皇长子朱由校，马上纷纷叩头，称呼万岁。但朱由校却说：不敢当，不敢当。清醒过来的李选侍急忙派太监追出来，请朱由校回宫里。给事中杨涟急忙上前阻止，并大声申斥，太监这才退了回去。于是刘一燝与英国公张惟贤又护持朱由校登上辇车，到文华殿接受群臣礼见，决定九月初六日即皇帝位。礼见完毕，李选侍又一次派太监来让朱由校回宫，大臣们认为文华殿不是久留之地，决定把朱由校转移到安全的地方。于是，朱由校在群臣的簇拥下住进慈庆宫，刘一燝对王安、骆思恭说，一定严加保卫皇长子。王安、骆思恭等说，一定尽职尽责，群臣这才退出去。

第二天一早，李选侍为了控制朱由校，再一次派太监对皇长子朱由校传话说，大臣章奏，必须先经过李选侍过目，然后再交给朱由校。为了使朱由校摆脱李选侍的控制，当天礼部尚书周嘉谟等急忙临时联名上疏，请李选侍立即移居哕鸾宫（宫妃养老之所）。李选侍见了疏状，气急败坏。她自从入居乾清宫来，梦寐以求登上皇后宝座。光宗去世后，便想挟持皇长子，迫令朝臣册封自己为皇太后，然后再令朱由校即位。现在不仅朱由校被王安、骆思恭和朝臣夺去保护，而且还迫令自己移宫，于是决不肯搬出乾清宫。御史大夫左光斗得知李选侍拒绝移宫后，便再次愤然上疏："内廷有乾清宫，就像外廷有皇极殿一样，只有皇上登上皇帝大位才能居在乾清宫，与皇后共同居住，其他妃嫔，虽以次侍御，也不得经常居住，不但避嫌，也是有别尊卑。现在李选侍既不是嫡母，又不是生母，仍然占住正宫，而殿下仍然退住慈庆宫，不得守儿宴，行大礼，名分倒置，十分不妥。况且殿下年纪已经十六岁，内廷有忠直老成大臣辅助，外廷有公孤卿贰辅佐，还有什么不放心呢？现在如果不及时作出决断，李选侍将会借抚养的名义，施行垂帘专制的口实，恐怕招来武则天乱政的祸害又再次重演，这正是我们所担心的，乞求殿下迅速裁断，不再拖延！"

疏状呈上后，李选侍知道了，更加气急败坏，多次传唤左光斗进宫谢罪，都被左光斗严辞拒绝。李选侍仍然不死心，又派太监李进忠邀皇长子入乾清宫议事，被杨涟、骆思恭在慈庆宫门外挡回。

九月初五日，杨涟见李选侍仍居乾清宫，就去催促内阁首辅方从哲，方从哲慢悠悠地回话："少缓几日，也没关系。"杨涟急忙说："天子明天登大位，不应再住慈庆宫，这事岂可慢来？"阁臣刘一燝等也从旁说道："我们不如同去请旨。"方从哲不得已，便一同前往慈庆宫。朱由校这几天由老太监王安陪伴，宫外由骆思恭护卫。王安这时有机会向朱由校禀报当年李选侍逼死朱由校生母王才人的悲惨遭遇。朱由校知道后，不禁失声痛哭。于是把移宫之事托付给王安决断施行。王安以皇长子名义颁布特旨，命令李选侍移居仁寿殿，改日再迁到哕鸾宫，又叫骆思恭派锦衣卫人马，以私盗宝藏罪名，逮捕李选侍心腹太监李进忠等人。刘一燝等人听到王安宣布的这一系列举措欣喜若狂，互相转告，准备第二天参加新皇帝登极大典。

九月六日，朱由校顺利登极，即皇帝位。

以上就是"移宫案"和朱由校"就位风波"始末。在这场风波中，骆思恭以东宫侍卫，"提缉内外防护"，尽职保护"新天子"的人身安全，为熹宗皇帝朱由校顺利登基，立下了汗马功劳。所以，熹宗朱由校皇帝登位后，连年加封骆思恭官至左都督，加升少傅至太子太傅，权倾显赫一朝。无奈，熹宗朱由校皇帝日后昏庸至极，不理朝政，专事造设，朝中大权任由阉党魏忠贤独揽。魏忠贤大肆打压、排挤、屠杀东林党及与东林党有牵连的朝廷大臣，天启四年（1624）十月，左都督、少傅兼太子太傅、锦衣卫都指挥使骆思恭，因与东林党有牵连，被魏忠贤排挤革职，声名赫奕一时的骆思恭无奈致仕。致仕后的骆思恭，卒殁于崇祯九年（1636）。骆思恭配妻赵氏，系明万历锦衣卫管卫事都指挥使赵梦祐长女（《皇明诰封昭勇将军武进士第锦衣卫管事都指挥使赵公墓志铭》），生三子，长子骆养性，次子骆养心，季子骆养志。

骆思恭与"京都上湖南会馆"

京都上湖南会馆，也称湖南衡永郴桂四郡会馆，为左都督骆思恭倡建，一说始建于万历二十一年（1593），一说始建于万历四十三年乙卯（1615），地址在北京东草厂十条胡同，东草厂为北京古老的街道之一，一共有十条胡同，位于今北京市崇文区，是专门为湖南衡永郴桂籍学子进京赶学会考停歇住宿之所。《明史》列传卷一百九十四载："骆思恭万历十年（1582）刘守有倒台，以南镇抚司锦衣卫指挥金事，升锦衣卫指挥使，万历二十年（1592）援朝抗日战争中，带队出征朝鲜，搜集军事情报，为明史以来锦衣卫第一次正式出征战场。万历二十一年（1593），在北京东草

厂十条胡同，倡建湖南衡永郴桂四郡会馆。"《骆氏族谱》中载骆思恭"明
太子太保，袭锦衣卫，万历四十三年乙卯（1615）擢都督，西司房官旗办
事，掌卫事，声名赫奕一时，无出其右。倡建京都上湖南会馆，今馆内有
牌位"。会馆建成后，骆思恭儿子骆养性又专门修缮，作为湖南学子会客
停歇之用。

明朝灭亡后，骆思恭儿子骆养性归顺清朝外放浙江，清朝顺治六年
（1649）死于浙江，以后会馆为他人侵占。骆养性儿子骆祚昌为清康熙元
年壬寅（1662）任顺天府儒学正堂，为争取会馆祖产，诉诸朝廷，其骆祚
昌《呈王宦占上湖南会馆词》诉讼原文摘录如下：

《呈王宦占上湖南会馆词》

"会馆已经李熙明讼回，复被王宦占据，将长班人等驱逐，图谋为己
业，蒙交公断复湖南在案，祚昌自南来都，值王宦掌印孟兵马司票押租住
馆人等退房，祚昌因呈诉交公，求审断给原任天津总督太子太师今已民故
骆养性男顺天府儒学生员骆祚昌谨呈，为批给会馆以复居住修理事。昌
祖，籍湖广永州宁远县人，有先祖名思恭，于明季锦衣卫掌印时，捐银同
诸乡绅置得上湖南衡永郴二府一州会馆，坐落草厂十条街胡同房一连两
处，以为到京乡绅停骖之所。先父复捐俸重修，掌管两辈。只因先父赴任
浙江，曾委阮魁看守。今魁已故，见有伊子阮某并小馆居住人等可证。不
意历年以来，上湖南并无一人到京，小馆被旗下人取讨房钱，大馆又为翰
林王泽宏占住。昌今回京正欲修理，而王宦将希图驱逐众人，通连一处据
为私宅。幸蒙宪电，察王翰林系湖北人，住不得湖南会馆，旗下人不许取
讨房钱，待湖南人来交付与他，宪断炳若烛照，三属八项戴万代。讵王宦
不遵宪断，乃倚势属令本城掌印孟兵马差人押租，小房人等移房，见有牌

票差可据。窃思王泽宏以黄岗人占住上湖南之馆，又起不良之心图谋霸占。殊属不合此馆先贤费无限之金银留遗至今，九年来占住者不修，讨租者肥己，将大小馆俱已颓废不堪。伏乞大宗师严提究审，押催退馆，以便修理，庶几后三属人有停骖之处矣。为此具呈。"

关于京都上湖南会馆，《嘉庆郴州总志·袁子让传》卷三十载："袁子让，郴州人，万历乙酉举于乡，辛丑成进士，授嘉定知州，课士爱民，振兴文教，词章题咏传为古迹。州南有香海棠亭碑，刻子让《香海棠赋》。擢兵部员外郎，入都，民攀辕泣留，入嘉定名吉祠。又题京都上湖南会馆柱联云：岣嵝坐衡宗，揖五盖九疑，青紫千层朝蓟北；潇湘汇郴水，带三江七泽，风云万顷壮湖南。国朝，馆为王内翰所据，郡人控之，当事执此板联为左证，仍断为上湖南会馆。至今入祀会馆先贤祠。州祀乡贤祠。入《通志》。"

至于上述骆祚昌《呈王宦占上湖南会馆词》所载史实，在《中国社会科学院近代史研究所青年学术论坛（2007 年卷）》中，记载更为详实：湖南人骆思恭在明朝当锦衣卫掌印时，与同乡诸乡绅创设了上湖南衡永郴二府一州会馆，坐落于北京草厂十条胡同。不意历年以来，上湖南并无一人到京。初被一个叫王肇庆的官员占住。顺治九年（1653）湖南举人李熙明等讼争断回。李熙明为打官司，曾借镶黄旗蒋某银两，遂将旁馆交付旗人收租，致使黄冈王泽宏翰林于顺治十三年（1656）正月强据正馆。王泽宏以守馆长班勾引旗人霸占会馆等情向南城察院呈控，希图驱逐赁住旁馆之人。官府审断称王翰林是湖北人，不应该住上湖南会馆；旗人不许取讨房钱，等上湖南的人来时交付与他们。后来，骆思恭的后代骆祚昌自南回京具呈领馆未果。湖南中试举人王家珏等到京后，于顺治十五年（1658）三月二十三日当堂力争，将会馆退回衡永郴三属。王翰林不得已而同意退馆。后又几经交涉，该年冬天上湖南会馆才回到上湖南人手中。自顺治九年倡议鸣官，至顺治十五年冬，相持七年之久，始复故业。(《上湖南会馆传书》(近代史所藏) 卷二，呈约书札，第1–3页。)

关于京都上湖南会馆的变迁，在《湖南人文会馆》中记载尤为甚详：上京都湖南会馆，位于崇文区奋章胡同11号，民国时称外一区草厂十条2，创建于明代万历癸巳 (1593)。清唐崇勋《重修上湖南会馆定议岁修记》云："会馆创于明万历癸巳。"上湖南即指衡州府、永州府、郴州府，明代至清初有上湖南道。会馆创办人曾朝节，临武人，明嘉靖三十七年 (1558) 举人，万历五年 (1577) 进士，入仕不及六载，就提升为礼部尚书，卒谥文恪。曾朝节在京期间，利用清俸所得在京城购地修盖瑞春堂，作为衡、永、郴三府会馆，即后来的上湖南会馆。《上湖南会馆传书》中有曾朝节《上湖南会馆瑞春堂记》，取"以春为吾里人之瑞"之义。上湖南会馆在清代康熙五十二年 (1713) 进行过维修。上湖南会馆原有小馆一所，亦位于草厂十条胡同，在大馆之西南百余步，乾隆三年 (1738)，上湖南会馆将小馆置换出来，在草厂九条胡同另建新馆。《上湖南会馆传书》有祁阳籍官员陈大绶《上湖南会馆新馆记》一文，记之甚详。清嘉庆十八年 (1813)，由永州府道县籍官员何凌汉对上湖南会馆作了一次全面的维修。道光己丑、壬辰间，上湖南会馆"迭加修葺"。咸丰二年 (1852)，衡阳籍官员文岳英对上湖南会馆再次重修，新建了魁星阁，并为之作《记》。清乾隆十六年 (1751)，曾编辑了《上湖南会馆传书》，嘉庆二十年 (1815)，安仁籍京官欧阳厚均又主持编纂了《重修上湖南会馆传书》。光绪八年 (1882) 制定的《上湖南会馆新议章程》，对会馆的管理作出了详细的规定。通过该《上湖南会馆新议章程》还可以了解到会馆的一些其他情况，如会馆的主要建筑有宴会厅、晖照堂、魁星阁、陈公祠、瑞春堂以及住房和厨房等。又如，《上湖南会馆新议章程》规定"工商医卜星相并入都京控之人，概不准居住"。1948 年 11 月 18 日再次制定了《上湖南会馆章》，会馆的管理由"值年制"改为"理事会制"，理事会由上湖南所辖二十四县同乡会选举产生。李金龙等主编的《北京会馆资料集成》（中）所收《上湖南会馆传书》文献数篇，可略知此馆发展的大概。此会馆今仅存其门头。

骆铭孙村后人，为了纪念骆思恭创建"京都上湖南会馆"善举，也把骆铭孙重建于乾隆三十六年（1771）的骆铭孙公祠至今仍称之为"孙铭孙会馆"，或称"京都上湖南会馆"。

第六章　锦衣末代
——新田骆氏锦衣卫世家的历史终结

"贰臣"骆养性

2017 年 11 月，笔者有幸参加了浙江大学培训学习。因骆铭孙锦衣卫世家最后一个都指挥使骆养性归顺清朝后，外放到浙江任掌印都司并死于任所。特趁学习之机，专赴浙江省社科院、浙江省地方志办查询，在省地方志办查到了清雍正《浙江通志》有关骆养性的简介资料。

《浙江通志》载："骆养性（万历年间——顺治六年即 1649），字太和、号泰如（《池北偶谈》5 卷，97 页），嘉鱼人（因万历时生于湖广承宣布政使司武昌府嘉鱼县，现武昌市嘉鱼县）。锦衣卫指挥使骆思恭之子，世袭父位，历任锦衣卫都督同知（《明实录附录：痘痛史本崇祯长篇》1 卷，25 页），锦衣卫都指挥使（国立故宫博物院图书文献处《清史馆》传稿，701006363 号：养性，崇祯时官锦衣卫都指挥使，颇用事，大学士吴甡戌，周延儒死，皆有力。来降，授总督。寻坐事罢，仍加太子太傅，左都督，进太子太师。求自救，授浙江掌印都司，卒），提督西司房官，锦衣卫提督东司，降清后授左都督加太子太傅，总督天津等处军务（《清史馆》传稿，701006363 号，《清世祖章皇帝实录》9 卷，342 页），顺治三年（1646）

左都督，太子太保衔，总督天津军务，进太子太师，銮仪卫官（《清世祖章皇帝实录》9 卷 342 页：顺治二年（1645）清锦衣卫改銮仪卫），顺治六年（1649）授浙江掌印都司。锦衣卫在崇祯年间尚无太大劣迹（《清史稿·党崇雅传》载，骆养性被控贪婪通贼，辞牵崇雅，谳不实，免议），官至左都督。"

民国《浙江通志》还载："崇祯十六年（1643）揭发周延儒督师出京与清军交战，一矢未发，竟谎报大捷。李自成陷北京，与中宫负起守卫京城之责，城陷后投降，被迫出赃银叁万两，多尔衮入京后，降清，多尔衮派他巡抚天津。骆养性任天津总督时请豁免明季加派钱粮，只征正额和火耗。多尔衮说，著严行禁革，如违禁加耗，即以犯赃论。顺治元年九月十五日，因擅自迎接南明弘光帝使臣左懋第革职。仍加太子太傅、左都督。后授浙江掌印都司。不久卒。"

又据《明史北略卷二十二崇祯十七年甲申（续）》载："骆养性，字太和，系湖广永州籍，顺天大兴人，世袭都指挥使，养性官金吾，坐赃数万。弟养心、养志，皆受酷刑。"

以上记载表明，骆养性是骆铭孙锦衣卫世家最后一个锦衣卫都指挥使，也是有明一朝末任左都督兼锦衣卫都指挥使。骆养性以崇祯时官至锦衣卫都指挥使高位，当明朝大厦将倾之际，先后分别投降李自成、多尔衮，多尔衮率领清军攻陷北京后，又以左都督兼太子太傅身份担任了天津短期的首任总督，亲身参与了大清帝国的初创。清朝乾隆皇帝以"忠君"为标准，把归顺清朝的明亡故臣都称为"贰臣"，所以，骆养性被归入了"贰臣"之列。一百多年后，骆养性被莫名地戴上了"贰臣"的帽子。

《骆养性列传》，就收集在清代传记丛刊·名人传类《贰臣传》中。《贰臣传》由台湾大学周骏富主辑，1985 年台北明文书局刊印，富有珍贵的史料价值（《骆养性列传》于 2018 年 4 月，又是幸蒙中国社会科学院明史研究所研究员张金奎先生帮助提供）。现全文摘录如下：

《骆养性列传》

骆养性，湖广嘉鱼人，明崇祯时官至锦衣卫都指挥使，洊迁左都督加太子太傅。当周延儒与吴甡同秉政，欲引用养性，甡持不可，且因召对，言厂卫入阁必害，延儒附和之。养性怨甡，并怨延儒。行人司副熊开元，养性乡人也，劾延儒罪状。庄烈帝怒其诛谕辅臣，令锦农卫逮至厂讯，时给事中姜埰以邀玩诏旨，亦下锦衣卫。养性告同官以奉密旨令毙两人于狱。同官举天启时掌卫事最炼残酷崇祯初伏诛之田尔耕、许显纯为戒，养性惧，漏语于同乡给事中廖国遴，国遴以语同官曹良直。良直疏劾养性归过于君，而自以示恩，若无此旨不宜诬谤，即有之不宜泄，请诛养性，谏疏入留中。会吴甡以出征襄阳延缓罢任，养性构昭之，谪戍金齿。延儒督师通州饮酒娱乐，而日腾奏捷。养性险刺其军中事以闻，延儒罢归。养性复与中官结腾蜚语，庄烈帝乃尽削延儒职，遣缇骑逮入京，令自尽。开元、埰并出狱遣戍，养性任职如故。流贼李自成陷京师，养性从贼。

至本朝顺治元年，睿亲王多尔衮定京师，养性与御监太监张泽民迎降于城外，旋与锦衣卫都指挥使同知王鹏冲等率旂尉陈设仪仗，道引入武英殿，王令养性仍原官。六月令总督天津军务。七月，疏言盐课一节："诚今日兵饷急需，然盐课出自南户部，一时路阻难以胶柱。应权刻盐粟以当正引。即令商人赴户部按引纳课，发盐运使制盐。至征课旧列，每引征银六钱五分七厘有零，加征辽东等饷，在各商苦于上纳，食盐之民又苦价高。病商病民，莫此为甚。现在津兵待饷，请节以长芦盐课抵兵饷，庶为商民两便。"从之。又疏请"征纳钱粮，照旧例，每两加火耗三分，其余停免"。得旨："钱粮征纳每两火耗三分，正是贪婪积弊，何云旧例？况正赋尚宜酌蠲，额外岂容多取？着严行禁革。"先后疏荐明尚书张忻、侍郎党崇雅、李化熙、副都御使房可壮，通政使王可弼，并得旨征用。十月，以擅迎明福王朱由崧所遣使臣左懋第等，部议革职为民。上念养性有迎降功，革总督任，仍留太子太傅、左都督衔，赏貂裘。十二月，赐鞍马。

二年正月，奏言："漕粮为国计所关，明旧额四百余万，皆取于江南北。今大兵业已渡河，当以总漕大臣前往相度料理，随收随解，庶京庚有储。又两淮盐务，国计所赖，招商裕课，亦宜及时图度。"疏下部知之。五月，叙迎顺功，加太子太师。六月，百户安启懋讦奏："养性贪婪通贼事，下法司讯谳。"安启懋不实，褫启懋职。十月，疏言："守候期年，未蒙委任，今陛太子太师，何敢坐糜廪而不思报效？伏恩敕谕吏部。"得旨："静候简用"。五年八月，吏部以养性原系武职出身，前已禄事，不应再补文职，请敕兵部降用。六年二月，授浙江掌印都司。寻死。

为便于理解，译文如下：

骆养性，湖广嘉鱼（因骆养性生于万历时期武昌府嘉鱼县）人，明朝崇祯时任锦衣卫都指挥使，不久再升左都督加太子太傅。当首辅周延儒和大学士吴甡主政内阁时，周延儒想推荐骆养性入内阁，吴甡反对，并且在应对崇祯帝征询时，说，凡在东西厂和锦衣卫任职的进入内阁祸害无穷，周延儒也随声附和。因此，骆养性怨恨吴甡，也怨恨周延儒。行人司副熊开元（号鱼山，湖北嘉鱼人），骆养性同乡，疏劾周延儒罪状，崇祯皇帝对熊开元的控告十分恼怒，指令锦衣卫抓捕厂牢里审问。同时给事中姜埰也因邀玩皇帝诏旨，被锦衣卫抓捕关进牢里。骆养性告诉同僚，接皇帝密旨，命令锦衣卫将熊开元、姜埰杀死在狱中。同僚列举天启朱由校皇帝

朝时，执掌锦衣卫时手段残忍的指挥使田尔耕、许显纯被崇祯皇帝清算正法，以此告诫骆养性，骆养性害怕了，偷偷把皇帝欲杀熊开元、姜埰的消息告诉了同乡给事中廖国遴，廖国遴又告诉了同僚曹良直。曹良直向崇祯皇帝状告骆养性，把过错归皇帝，把功归自己，如没有皇帝密旨就不应该乱说，即使有皇帝密旨更不应该泄露，请求皇帝诛杀骆养性。曹良直的疏状没被崇祯皇帝采纳。恰巧，这时吴甡因崇祯皇帝派他督师湖广襄阳，征剿农民起义军李自成迟迟不予离京出征，被崇祯皇帝免职，骆养性向崇祯帝告发了吴甡，吴甡被发配到云南金齿戍边。首辅周延儒被派往通州督战清军，整天饮酒作乐，天天谎报取得胜利。骆养性动用锦衣卫力量刺探军中情报，把周延儒天天饮酒作乐，谎报奏捷军情密告了崇祯皇帝。崇祯帝愤怒了，把周延儒诏回，撤掉了周延儒的一切职务，并派遣锦衣卫缇骑抓捕周延儒回北京，命令周延儒自尽。早被关在锦衣卫牢中的熊开元、姜埰释放出来并发配戍边，骆养性也因此任职如故。当明末李自成起义军攻进北京时，骆养性投降了农民起义军。

到清朝顺治元年（1644），睿亲王多尔衮占领北京时，骆养性和御监太监张泽民亲自到城外投降迎接，马上又与锦衣卫指挥同知王鹏冲等，率领组织锦衣卫旗尉队人马，举行隆重的仪仗，引入皇宫武英殿，睿亲王多尔衮仍指令骆养性官复原职。六月，又任命骆养性为天津总督，署理军务。七月，骆养性上疏奏征缴盐税一事："现天津兵饷紧缺，但盐税均由南京户部征收，路途遥远，一时难以变通抵达，应权衡盐粟征收，作为正引凭证，即指令盐商到户部凭证引数额交纳盐税，发给盐运使生产销售返运管理食盐，每引按银六钱五分七厘有零征税。加征辽东等地军饷，盐商们苦于上纳，老百姓苦于价高，痛苦不堪的盐商百姓负担沉重。现在天津兵饷告急，请求以征收长芦盐场税来筹措抵扣，可实现盐商、百姓两利好。"顺治帝采纳了骆养性意见。骆养性又上疏请求"征纳粮税时，按明朝旧例，每两银子加征火耗三分，其他税赋停收免征"。顺治帝批示："钱粮征税每两银加征火耗三分，这是明代贪婪旧弊，怎么是旧例？何况正税尚且还要酌情减征，额外怎能允许多征？请严格禁止执行。"骆养性又先后上疏推荐明末刑部上书张忻、户部侍郎党崇雅、工部侍郎李化熙、副督御使房可壮、通政使王可弼等，都得旨擢用。十月，因擅自迎接南明王朱由崧派遣的使臣左懋弟等，部议骆养性革职为民。顺治帝追念骆养性在投降并迎接清军入京时有功，免去骆养性天津总督职务，保留太子太傅、左都督官衔，并赏赐貂裘。十二月，又赏赐鞍马。

顺治二年（1645）正月，骆养性上疏奏报："漕粮关乎国计民生，明代时定额四百余万，都取自长江南北。今清军以渡过长江，应尽快派遣漕粮大臣前往调度署理，即收即调，保障京城储备。又两淮盐务，是国家税收依靠，应尽快组织盐商扩大生产充裕盐税，也应及时谋划调度。"骆养性的奏疏，皇帝批示有关部门重视办理。五月，皇帝又追叙骆养性迎清军入京归顺功劳，又加太子太师官衔。六月，百户安启懋讦奏上疏，状告骆养性贪婪通贼旧事，皇帝将安启懋奏疏批示司法部门调查，经审定举报不实，安启懋被革除百户职务。十月，骆养性上疏："等候备用经年，未获朝廷任用，现承蒙获太子太师衔，享受高官俸禄不敢不报效国家，恳求皇帝交谕吏部议奏。"皇帝批示："等候提用。"

顺治五年（1648）八月，吏部以骆养性系武职出身，前以录用，不应再补文职任用，建议转呈兵部降用。

顺治六年（1649）二月，皇帝授骆养性任浙江掌印都司。不久卒。

"贰臣"骆养性功过

"贰臣",即所谓"变节"之臣,他们没有遵循"忠臣不事二主"的理念,改朝换代时投奔了新朝。大清乾隆皇帝以忠君为标准,认为"遭遇时艰,不能为其主临危受命",是"大节有亏",把归顺清朝又立下赫赫功勋的明故大臣列为了"贰臣甲编",把归顺清朝后或毫无功业或做过两次贰臣的明故大臣,列为了"贰臣乙编"。因此,新田骆氏锦衣卫世家锦衣末代都指挥使骆养性,因做过两次"贰臣",被列为了"贰臣乙编",《骆养性列传》就收录在《贰臣传》乙编中,也就不足为奇了。

锦衣卫世家末代骆养性,处在明末"逮及纷出、危机四伏、大厦将倾"的大变局时期,作为有明一朝末世锦衣卫都指挥使、左都督加太子太傅,骆养性亲历了李自成农民起义、清军入关、崇祯帝治国绝望吊死梅山等最为动乱的历史大事件,骆养性以观时变,明哲保身,当闯王李自成起义军攻陷北京时,他投靠了李自成。当睿亲王多尔衮率领清军攻破北京赶跑李自成时,他又归顺了多尔衮,"养性与御使太监张泽民迎降于城外,旋与锦衣卫指挥同知王鹏冲等,率旗尉陈设仪仗,道引入武英殿"。骆养性作为崇祯皇帝倚重近臣,在国难时艰的危难关头,先后两次"变节",从封建忠君道德标准和传统儒家政治理论看,确属"大节有亏",列为"贰臣",实不为过。

但是,"贰臣"骆养性,尽心王事,尽忠职守,庇护谏臣,举荐贤良,也不容置否,是非功过,后人评说。

其一,尽忠朝事。

《骆养性列传》记载,当明末李自成起义军席卷全国,北塞清军大兵压境，朝中文武大臣明哲自保，明朝大厦将倾之际，骆养性以锦衣卫都指挥使身份履行军政情报搜集职责，先后弹劾周延儒"督师通州，饮酒作乐，日腾奏捷"的谎报军情的渎职瞒上欺君行径，弹劾吴甡"出军襄阳延缓"的畏战拖延行为。最后，周延儒被赐自尽，吴甡被谪戍边。骆养性归顺清朝以后，凭着多年侍奉明朝治国理事的经历经验，先后向刚刚建国的大清王朝，上疏"盐课""征纳钱粮""漕粮""两淮盐务"等事关国计民生的大事建言献策，均为朝廷所重视和采纳。

清顺治二年（1645）十一月，骆养性在《为申明臣功以明心迹疏》中再次表明他尽忠朝廷的心志。奏疏原文如下：

《为申明臣功以明心迹疏》

"原任总督天津等处军务太子太傅左都督今闲住臣骆养性谨奏为申明臣功以明心迹事：

臣于四月三十日流贼起身之后，臣率领义兵保守城池，缉拿余贼，围护仓廒，城内得安。五月初一日，闻清军大兵至，臣于初二日早即传官旗百姓，开门献城，出郊迎接叔父摄政王驾。臣率领锦衣卫官校齐备驾仪，伺候叔父摄政王陛殿，臣当即投诚面见。彼时百官俱危疑潜避，臣再四招徕，始行云集。凡朝仪政事，及收张民心之道，无不与满洲内院细心讲明。迺时天津人心不安，盗贼蜂起，叔父摄政王委臣总督。

臣赴任之后，收集海舟，招抚土居，安神流寓，惠通商贾，肆月以来，心力竭尽，臣之此心，不过意欲附名■■诸臣之末耳。臣托为清朝首功之臣，即为南中深罪之人。昨陈洪范南来，臣该兵部咨文到，臣奉内院得令旨，将南来跟随人役截留静海，此臣之责任也。臣奉法惟谨，小心太过，恐有疎虞，臣罪滋大。臣亲往静海县，大破情面，遵旨截留，南来各官不许住察院，地方官不许谒见，将瞭望人役安置县外大寺之中，仍发官兵关防，跟随人役皆去其弓矢，始教前行，此臣一片为国奉法之苦心。

蒙皇上撤臣回京，责臣迎接之罪，又蒙皇上浩荡鸿恩，宽臣斧钺，令臣闲住，随朝臣犬马余生，惟有涕泣感恩而已。在臣后投诚各官皆得宣猷劾力，有事圣朝，臣首先投诚献都之臣，闲住无事，不得尽忠皇上，臣真愧死无地矣。

皇上至圣至明，臣有此不白之苦情，不敢缄默，谨泣血剖陈，伏乞皇上鉴察施行，臣无任惶悚待命之至。为此具本，谨具奏闻。

顺治二年十一月，太子太傅左都督今闲住臣骆养性。"

其二，庇护谏臣。

《骆养性列传》关于姜埰、熊开元因直谏而下狱事件，《明史·姜埰述传》（卷二五八）记载："帝怒两人甚，密旨下卫帅骆养性，令潜毙之狱。养性惧，以语同官。同宦曰：不见田尔耕许显述纯事乎？养性乃不敢奉命。"

这件事，王士禛在《池北偶谈》之《骆金吾》（卷五）中记载较为详细："骆养性，字泰如，京师人，崇祯朝大金吾，熊鱼山开元、姜如农埰二公，俱以直言得罪，下锦衣狱。一日漏下二鼓，一小中官持怀中御笔至云：谕骆某，即取熊姜二犯绝命缴。骆附缴奏旨，略云：言官虽有罪，常明正典刑，与天下共弃之，今昏夜以片纸付臣杀二谏官，臣不敢奉诏。帝怒为之霁。"

而熊开元在《三朝野记》自己所记更为详细："二十九日召对，既罪刘宗周等，独谕金吾骆养性曰：熊开元必有主使，不行拷问，是汝不忠。骆方出，沉吟道上，中使忽以手敕至，则令：取开元、埰毕命，以命闻。密诏也。骆失色，语同列，同列曰：是何可杀？珰党乱政时，田尔耕毙诸言者足鉴也。明十二取开元百端拷掠，求主者，但举一腔义愤，及姻朋辈私相感叹，俛开元勿语者以对。先一杴一百敲，又一夹打五十棍，掠至垂毙，始还狱。初二日，又一夹打五十棍，复去衣，打四十棍，自分死矣。金吾法已穷，思之三日，似有鬼神之通，乃以所谳无大碍于首辅者，为一纸，开元所供娓媚千言为一纸同进。并缴书密谕曰：诚如圣谕，天下只畏臣衙门之刑，不畏朝廷之法，合无将开元发部拟罪，肆诸市朝，始可诏垂后世。初四日，上以谳词发阁，延儒叩首曰：熊开元南人不任刑，今已至矣，愿付刑曹。上用其言，下部，且手诏答金吾曰：开元、埰前诏不必行。始惊且喜，呼圣明也。"

骆养性敢于抗旨不杀直言谏臣，是崇祯末年朝廷纷争的一个重要历史事件，在这个历史事件过程中，骆养性巧妙应对，保住了熊开元、姜埰两位直谏大臣的性命，实属难能可贵。这件事的经过是这样的：

熊开元，字玄年，号鱼山，湖北嘉鱼人，天启五年（1625）进士，天启七年（1627）授崇明县知县，崇祯四年（1624）授吏科给事中。

姜埰，字如农，又字卿墅，崇祯四年进士。崇祯十四年（1641），擢礼科给事中。拜官不到半年，即上疏三十余次，以"敢言"称于朝。

崇祯末年朝廷首辅周延儒不顾国家处在危难关头，权倾朝野，结党营私，贪婪至极。都御史刘宗周上疏弹劾，却被周延儒反咬一口，说这是有些人别有企图。对周延儒言听计从的崇祯皇帝，此时正被李自成、张献忠等农民起义军弄得焦头烂额，怀疑有人乘机捣乱，以图不谋，于是下旨训斥言官，告诫以后不要再"比周结党，壅蔽耳目"。看到如此黑白颠倒，心直口快的熊开元、姜埰，立即联名上疏，为言官们申辩。看到熊开元、姜埰公然顶撞自己，崇祯皇帝火冒三丈，下诏锦衣卫将熊开元、姜埰拿下，羁送北镇抚司审讯严办。

要知道，北镇抚司是锦衣卫专门审理皇帝钦定大案、要案的地方。大凡被送到这里来的人，很少有能活着出去的。当时锦衣卫们把熊开元、姜埰严刑拷打，务必审出背后指使者。就这样，熊开元、姜埰被折磨得死去活来，在气息将绝之时，颤抖着手指蘸着口中鲜血写了个"死"字，仍然死不招认。崇祯皇帝见实在没法子撬开熊开元、姜埰的嘴，就对骆养性下了一道密旨，让锦衣卫立即处死熊开元、姜埰。骆养性接到密旨，犯了愁。如果自己处死他们，那无异于与全天下的人作对，自己也将承担"残害忠良"的恶名。骆养性反复权衡，于是向崇祯上疏奏道："如果熊开元、姜埰当死，陛下就该明正典刑。如若由臣秘密处死，天下后世将谓陛下为何？"崇祯皇帝听后，也不想以后被人比作桀纣一样的昏君，加之满朝重臣也在为熊开元、姜埰说情，于是只好收回密旨，把熊开元、姜埰移送刑部待审。

当时的刑部尚书徐石麒非常同情姜埰的遭遇，打算把熊开元、姜埰充军边塞。崇祯皇帝得知要从轻处理后勃然大怒，亲自改为廷杖一百。廷杖是明王朝一种残酷的刑罚。当时，廷杖六十者，当场被杖死者即不乏其人。廷杖一百，除非个人的运气极好，否则即意味着去鬼门关。施刑这天，崇祯皇帝让他信任的大太监曹化淳、王德化监刑，文武百官穿红色官服陪列午门外，左边太监、右边锦衣卫各三十人，下边站着百名手执棍棒的旗校官。这架势，分明就是怕行刑时有人手下留情，非要把熊开元、姜埰往死里整。还没行刑，围观的大臣都早已看得胆战心惊。就这样，熊开元、姜埰被打得皮开肉绽、血肉横飞，当场昏死过去。后在名医吕邦相的抢救之下，终于死里逃生。崇祯十六年（1643），周延儒东窗事发，被赐死。有人向崇祯皇帝上奏，请求释放熊开元、姜埰，最终在群臣压力之下，熊开元、姜埰终获自由，但仍谪戍宣州卫。

其三，举荐贤良。

《明史》（卷五）记载："天津总督骆养性启荐故明户部侍郎党崇雅、兵部侍郎李化熙、通政使王公弼品望素著。乞赐徵用从之。"也就是说，骆养性在大清建国百废待兴、人才匮乏的初期，出以公心，唯才是举，他所推荐的人才，后来都成了清朝的重臣。如他先后疏荐的明朝尚书张忻（1590—1658），成为了清朝著名的伊斯兰史专家、军事专家，被授予昭勇大将军；明朝户部侍郎党崇雅（1584—1666），顺治六年（1649）擢为刑部尚书、太子太保，顺治十一年（1654）特授翰林国史院大学士加太保兼太子太傅；明朝兵部侍郎李化熙（1594—1669），顺治时由工部右侍郎转工部左侍郎，又升刑部尚书加太子太傅；明朝副都御使房可壮（1578—1653），顺治时任大理寺卿、刑部右侍郎，顺治九年（1652）升左都御使，顺治十年（1653）病逝赠少保；明朝通政使王公弼（1585—1655），顺治二年（1645）擢为户部右侍郎，不久又任明朝户部左侍郎。所以，道光《永州府志》、骆铭孙《骆氏宗谱》都同样记载，"养性当明末逮及纷出，独护持善类士君子，咸感之"，是以为证。

"锦衣末世"骆养性一生历经明朝崇祯、大顺李自成、清朝顺治"三朝"更替，经历了大风大浪的人生风云际会和宦海沉浮。明朝崇祯时，骆养性官至左都督兼锦衣卫都指挥使；大顺李自成短暂攻陷北京时，投降了李自成；清朝入京后又归顺了清朝，做过短期的天津总督，领"太子太师"衔食厚禄五年，最后降授"浙江掌印都司"，顺治六年（1649）二月卒于浙江。一个终有明一朝、横跨明清两朝的新田骆氏锦衣卫世家，就此终结。

第七章　附录

附录一　新田骆氏锦衣卫世家传略记

　　骆以诚（1349—?），湖广（今新田）人，生于元至正（1349）己丑四月二十日戌时，元朝末年随从明太祖朱元璋参加推翻元朝起义军，从征有功，明洪武元年（1368）一月朱元璋在南京建立明朝帝国时，任指挥千户侯，后占籍燕山中护卫，落籍京都顺天府瓦窑头。朱元璋建国后，先后七次北伐扫荡元朝残余势力，骆以诚在领军北伐中战阵而亡，殁葬失考。娶邓氏，闺名三姑，生于元朝至正十一年（1351）辛卯十二月十四日巳时，殁于大明宣德三年（1428）戊申二月初二日，卜葬地名看牛岭坤山艮向（今骆铭孙看牛岭），生二子，长子骆寄保，次子骆婆保。

　　骆寄保（?—?），湖广（今新田）人，随父骆以诚落籍京都顺天府瓦窑头，约生于元朝末年。骆以诚阵亡后，骆寄保代领父职，有武有勇，有战阵功，官至济阳卫正千户。建文二年（1400）朱棣发动"靖难之役"夺取帝位后，骆寄保翊卫文皇，随从成祖皇帝朱棣南北翱翔，战功赫赫，其后代世隶羽林卫。骆寄保死无嗣，其弟骆寄善（骆婆保）承袭了兄长官职，其生殁俱在京都顺天府瓦窑头宗谱，已失考。

骆婆保（骆寄善）（1368—1440），湖广（今新田）人，居京都顺天府瓦窑头，生于大明洪武元年（1368）戊申一月初九日寅时，随父骆以诚卜居京都顺天府瓦窑头。骆婆保承兄职致仕后，随母邓氏返里新田，卜居古洞石羊厦源坊，成为厦源村骆氏始祖，殁于大明正统五年（1440）庚申九月九日未时，卜葬地名葱头洞庚山甲向。娶宋氏，闺名子姑，生于大明洪武五年（1372）壬子八月十八日戌时，殁于大明正统十二年（1447）丁卯九月初九日未时，卜葬地名老屋坪乾山巽向。生二子，长子骆广，次子法荣。

骆广（？—？），湖广（今新田）人，居京都顺天府瓦窑头，承父骆婆保职，后改任羽林卫千户，生子骆胜，配偶及生殁失考。

骆胜（？—1520），湖广（今新田）人，居京都顺天府瓦窑头，袭父骆广羽林卫千户职。弘治七年（1494），弘治皇帝（执政时间1488—1505）朱祐樘之弟朱祐杬就藩湖广安陆州（后改为承天府，今湖北省钟祥市），是为兴献王。兴献王慎选护从，骆胜有幸选护从行。兴献王就藩湖广安陆州后，骆胜担任郡牧所千户官职。正德十五年（1520），骆胜在湖广安陆州去世。娶配胡氏，生子骆安，生殁失考。

骆安（1472—1549），字时泰，别号月崖，湖广（今新田）人，居京都顺天府瓦窑头，生于大明成化八年（1472），弘治七年（1494），骆安跟随父亲骆胜，护从兴献王朱祐杬就藩湖广安陆州。正德十五年（1520），骆胜在湖广安陆州去世。骆安承袭父职担任安陆州郡牧所千户，勤慎有为，很有政声。正德十六年（1521），正德皇帝朱厚照去世，朱厚照无嗣，兴献王朱祐杬之子朱厚熜继承大位，是为嘉靖皇帝。骆安以兴王府郡牧所千户职，护驾朱厚熜入京都承继大统，鞍前马后，悉心周全，劳苦功高。嘉靖元年壬午（1522），特升锦衣卫指挥同知，赐世袭并诰封三代，并赐谕祭，恩宠甲于当时。嘉靖二年（1523）癸未，加升锦衣卫都指挥使，掌锦衣卫大印，督理锦衣卫缉事官校，多次得到嘉靖皇帝蟒服和绣春刀的隆重裳赐。骆安感恩为怀，忠心王事，秉公持法，夙夜在公，凡奉诏狱，惟公惟平，严敕官校，整肃风纪，风气为之一振，时称"清肃"，以弼成一代英明之治，三载奏绩，加升实授一级。骆安性格率真，为人耿直，忠心报国，敢作敢为，不避嫌疑，因此得名，也因此招人诽谤，终被免职。嘉靖皇帝追念骆安昔日功劳，下诏以锦衣卫指挥佥事官职，致仕解甲归里。致仕后骆安闭门谢客，避谈世事，淡泊俭约，终得善终，享年七十七岁。骆安娶配李氏，谕赐淑人，生一女，配杨通政儿子杨化，侧室高氏生一子名骆椿，骆椿娶宣氏女子为妻。

骆定（？—？），湖广（今新田）人，居京都顺天府瓦窑头，骆安之弟，恩授锦衣卫百户，其在本县与骆安同祖叔侄，如骆运昌、骆启，皆授以冠带奉祀，其生殁俱在京都顺天府瓦窑头宗谱，已失考。

骆椿（？—？），湖广（今新田）人，居京都顺天府瓦窑头，袭父骆安爵，锦衣卫指挥佥事，其生殁俱在京都顺天府瓦窑头宗谱，已失考。

骆思恭（？—1636），湖广（今新田）人，居京都顺天府瓦窑头。万历十年（1582）刘守有倒台，骆思恭以南镇抚司锦衣卫指挥佥事，升锦衣卫指挥使，万历二十年（1592）援朝抗日战争中，带队出征朝鲜，搜集军事情报，为明史以来锦衣卫第一次正式出征战场。万历二十一年（1593），在北京东草厂十条胡同，倡建湖南衡永郴桂四郡会馆。万历三十年（1602）十月，补骆思恭、王允廉为锦衣卫南镇抚司佥事，管事。万历四十年（1612）十二月，以佥事骆思恭管锦衣卫堂上事。万历四十四年（1616）七月，升锦衣卫指挥使骆思恭为都指挥佥事，掌理卫事。万历四十六年（1618）七月，骆思恭提督缉捕有功，并原办官较，候年终查叙。泰昌元年（1620）十一月，以先帝东宫侍卫，加恩锦衣卫都指挥使骆思恭等四百余员名，俱加授职衔有差。泰昌元年十二月，以三年累奏缉获功，升锦衣卫都督同知骆思恭左都督，仍掌卫事。天启元年（1620）十月，以皇祖考妣、皇考妣襄柑礼成，加诸勋戚兼职，骆思恭加太子太保。天启二年（1622）正月，皇陵成，加升骆思恭少保兼太子太保。天启三年（1623）十二月，录锦衣卫二年缉获功，左都督骆思恭荫一子本卫百户，以皇子大庆，加恩骆思恭升少傅兼太子太傅。天启四年（1624）十月，骆思恭被"阉党"魏忠贤排挤革职，其职位被魏忠贤党羽田尔耕代替。从万历中后期至天启初，明朝处在走向衰落的"多事之秋"，明神宗朱翊钧怠于临政，廷臣党争，你争我夺，宫闱纠纷，无休无止，边乱频繁，封疆残破，内忧外患，社会动荡，先后发生了长达七年的抗日援朝战争，长达十五年的册封太子朱常洛"争国本"事件，福王朱常洵长达十三年"就国之争"，万历四十二年（1614）太子朱常洛东宫"梃击案"，泰昌时期光宗皇帝朱常洛暴毙"红丸"药案，天启初"移宫"案和熹宗皇帝朱由校"就位案风波"等重大事件，骆思恭亲历了这一系列重大事件的全过程，尤其在万历朝鲜战争、"移宫"案和熹宗皇帝朱由校"就位案风波"中声名显赫一时，无出其右，史称明朝十大锦衣卫都指挥使之一。骆思恭在京都东草厂十条胡同倡建京都上湖南衡永郴桂会馆，崇祯九年（1636）骆思恭去世后，馆内立有其牌位。骆思恭配妻赵氏，生三子骆养性、骆养心、骆养志。

骆养性（？—1649），字太和，号泰如，籍贯新田，生于万历年间湖广武昌府嘉鱼县，锦衣卫指挥使骆思恭之子，世袭父位，历任锦衣卫都督同知，锦衣卫都指挥使，提督西司房官，锦衣卫提督东司。降清后任左都督加太子太傅，总督天津等处军务，顺治一年左都督，太子太保衔，总督天津军务，进太子太师，銮仪卫官（顺治二年，清锦衣卫改銮仪卫），顺治六年授浙江掌印都司。锦衣卫在崇祯年间尚无太大劣迹，官至左都督。崇祯十六年（1643）揭发周延儒督师出京与清军交战，一矢未发，竟谎报大捷。李自成陷北京，与中宫负起守卫京城之责，城陷后投降，被迫出赃银叁万两，多尔衮入京后，降清，多尔衮派他巡抚天津。骆养性任天津总督时请豁免明季加派钱粮，只征正额和火耗。多尔衮说："著严行禁革，如违禁加耗，即以犯赃论。"顺治元年九月十五日，因擅自迎接南明弘光帝使臣左懋第革职。仍加太子太傅、左都督。后授浙江掌印都司。不久卒。骆养性生二子：祚久、祚昌，祚久由科举出身，康熙六年（1667）丁未任广东从化县正堂。祚昌清康熙元年（1662）壬寅任顺天府儒学正堂，祖父骆思恭在京都东草厂十条街胡同上，倡建湖南衡永郴桂道会馆，后被湖北王官侵权占旗下收租，祚昌控上，后断归四郡管业。

骆养心（？—1644），锦衣卫都指挥使骆思恭次子，明崇祯时锦衣卫任职。崇祯十七年，流贼李自成陷京师，受夹刑殉难。

骆养志（？—1644），锦衣卫指挥使骆思恭三子，明崇祯丁丑（1637），任内阁中书，崇祯十七年（1644），流贼李自成陷京师，受夹刑殉难。

附录二　明朝历年大事记

1368 年（洪武元年）：正月初四，太祖朱元璋在南京登基，建国大明，年号洪武。八月初二，明军攻克大都，元亡。

1369 年（洪武二年）：二月，诏修《元史》。

1370 年（洪武三年）：（1）正月至十一月，第一次北伐蒙古。四月，元顺帝尔崩于应昌，元臣上上庙号惠宗。太祖以其"知顺天命，退避而去"，特谥曰"顺帝"。（2）八月，始开科取士。

1371 年（洪武四年）：六月，灭重庆明夏政权。

1372 年（洪武五年）：正月至十一月，第二次北伐蒙古。

1373 年（洪武六年）：（1）二月，诏置乌斯藏卫指挥使司、朵甘卫指挥使司及二宣慰使司、四招诏司等。次年七月，升为乌斯藏行都指使司和朵甘行都指使司。（2）闰十一月，命刑部尚书刘惟谦详定《大明律》，洪武七年（1374）二月编成。

1375 年（洪武八年）：（1）是年，在今西藏阿里地区设置俄力思军民元帅府。（2）十月，改在外各处所设都卫为都指挥使司（简称都司）。

1376 年（洪武九年）：（1）六月，设立承宣布政使司。诏改各行中书省为承宣布政使司。罢行省平章政事，左、右丞等官，改参知政事为布政使。（2）"明初四大案"之"空印案"发生。

1380 年（洪武十三年）：（1）二月至三月，第三次北伐蒙古。（2）"明初四大案"之"胡惟庸案"发生。胡惟庸被杀，朱元璋废除丞相之职，取消中书省。

1381 年（洪武十四年）：（1）正月至八月，第四次北伐蒙古。（2）复置各道按察使司。（3）行里甲制。（4）傅友德、沐英征云南，平，沐氏自此世守云南。

1382年（洪武十五年）：（1）四月，置锦衣卫。（2）十月，置都察院，设鉴察都御史、监察御史。

1385年（洪武十八年）："明初四大案"之"郭桓案"发生。

1387年（洪武二十年）：（1）正月至闰六月，第五次北伐蒙古。北元太尉纳哈出兵败势穷而降。（2）九月至洪武二十一年四月，第六次北伐蒙古。蓝玉取得"捕鱼儿海战役"大捷；北元后主脱古思帖木儿逃跑途中被也速迭兒所杀，自是北元再无年号。

1390年（洪武二十三年）：（1）正月至三月：第七次北伐蒙古。（2）五月，朱元璋清除胡惟庸逆党，颁《昭示奸党录》。列二十人，李善长、唐胜宗等皆在列，全家被杀。

1392年（洪武二十五年）：四月，太子朱标逝世。九月，立朱允炆为皇太孙。

1393年（洪武二十六年）："明初四大案"之"蓝玉案"发生。

1395年（洪武二十八年）：九月，《皇明祖训》颁行。

1396年（洪武二十九年）：三月，第八次北伐蒙古。

1397年（洪武三十年）："南北榜案"发生。此事件开明朝分南北取士之先例，至洪熙以后遂成定制。

1398年（洪武三十一年）：闰五月初十，太祖崩，年七十一。十六日，皇太孙朱允炆继位。

1399年（建文元年）：（1）七月，"靖难之役"爆发。（2）北元额勒伯克汗为部下所杀，坤帖木儿被立为王。

1402年（建文四年）：（1）六月十三日，燕军占领南京，建文帝朱允炆下落不明;十七日,燕王朱棣即皇帝位;二十日,诏葬"朱允炆"。(2)诛方孝孺十族。(3)创立内阁。(4)十月九日,诏令重修《太祖实录》。(5)鬼力赤杀坤帖木儿,去大元国号。

1403 年(永乐元年):(1)诏以北平为北京,改北平府为顺天府。(2)建立建州卫。

1404 年(永乐二年):二月,设立奴儿干卫。永乐七年闰四月,升为奴儿干都司。

1405 年(永乐三年):六月十五日,郑和与王景弘奉命第一次出使西洋。

1407 年(永乐五年):(1)二月,乌斯藏哈立麻入朝封大宝法王,这是明廷所封的第一位法王。(2)五月,开建北京新都宫殿。(3)六月,设立交阯承宣布政使司。(4)十一月,《永乐大典》修成。(5)十二月,郑和第二次下西洋。

1409 年(永乐七年):(1)再征安南简定。(2)八月,丘富征本雅失里全军覆没。(3)九月,郑和第三次出使西洋。

1410 年(永乐八年):成祖朱棣第一次北伐蒙古(鞑靼)。

1411 年(永乐九年):(1)张辅沐晟会兵讨交阯。(2)十月,再修《太祖实录》,永乐十六年五月修成。

1413 年(永乐十一年):(1)二月,设立贵州布政使司。(2)冬,郑和第四次出使西洋。

1414 年(永乐十二年):成都朱棣第二次北伐蒙古(瓦剌)。

1417 年(永乐十五年):(1)五月,郑和第五次出使西洋。(2)八月,苏禄酋长来朝,成祖封其为王。

1418 年(永乐十六年):交阯黎利起事。

1420 年（永乐十八年）：八月，在北京设立东厂。

1421 年（永乐十九年）：正月，郑和第六次出使西洋。

1422 年（永乐二十年）：三月，成祖朱棣第三次北伐蒙古。

1423 年（永乐二十一年）：七月，成祖朱棣第四次北伐蒙古。

1424 年（永乐二十二年）：（1）成祖第五次北伐蒙古（鞑靼）。（2）八月，成祖崩，朱高炽即位。

1425 年（洪熙元年）：（1）四月，诏定北京为行在，准备还都南京。（2）五月，诏修《太宗实录》，于宣德五年正月修成。（3）五月二十九日，仁宗崩，六月十二日朱瞻基即位。（4）闰七月，宣宗敕修《仁宗实录》，于宣德五年正月修成。

1426 年（宣德元年）：八月，汉王朱高煦在乐安谋反，宣宗亲征，朱高煦投降。

1428 年（宣德三年）：是年，正式废除交趾承宣布政使司。

1430 年（宣德五年）：（1）六月，开平卫内迁。从此，弃地三百里，使边防更加空虚。（2）闰十二月，郑和等从南京龙湾第七次起航下西洋。

1431 年（宣德六年）：六月，宣宗派徐琦持诏命黎利权署安南国事。其时，黎利实际上已自立为帝。

1435 年（宣德十年）：（1）正月三日，宣宗崩，朱祁镇即位。（2）七月，敕修《宣宗实录》。于正统三年四月修成。

1436 年（正统元年）：二月，定经筵进讲之制。

1440 年（正统五年）：十一月，《大藏经》刊成。

1441 年（正统六年）：十一月，正式定北京为京师。

1442 年（正统七年）：1、二月，设建州右卫，自此乃有"建州三卫"统治女真地区。2、十月，太皇太后张氏逝世，太监王振自此益肆矫横，并毁太祖所立铸有"内臣不得干预政事"的铁碑。

1444 年（正统九年）：复开浙江福建银矿，拉开了以叶宗留、陈鉴胡等为首的历时六年的矿工起义。

1449 年（正统十四年）：（1）八月，土木堡之变。（2）九月初六日，郕王朱祁钰即皇帝位，以明年为景泰元年，遥尊英宗为太上皇。同月，诏诛王振党羽。（3）十月，也先大军犯京师，北京保卫战打响。于谦组织军民大败也先，也先挟英宗溃逃。京师之围遂解。

1450 年（景泰元年）：（1）春，也先犯宁夏、大同，明军败之于沙窝，史称沙窝之役。（2）八月，也先送英宗还京，景帝置英宗于南宫。（3）吴敬于本年撰成《九章演算法比类大全》，珠算已广泛应用。

1452 年（景泰三年）：五月，废皇太子朱见深为沂王，立皇子朱见济为皇太子。

1453 年（景泰四年）：八月，也先自立为可汗，称"大元田盛大可汗"，建年号添元（或作天元）。

1454 年（景泰五年）：也先被其部下阿剌知院所杀。

1457 年（景泰八年/天顺元年）：（1）正月，夺门之变发生，十七日，英宗复位。二十一日，诏改景泰八年为天顺元年。二月初一，废景泰帝仍为郕王，迁之西内。二月十九日，葬之西山，谥曰"戾"。（2）于谦、王文被杀，人称其冤。

1461 年（天顺五年）：（1《大明一统志》编成。（2）曹吉祥谋反被诛，石曹之乱乃定。

1464 年（天顺八年）：正月十七日，英宗崩于乾清宫，年三十八，遗诏罢宫妃殉葬制度。二十一日，朱见深即皇帝位。

1467 年（成化三年）：八月，《英宗实录》修成，并附景泰帝事迹于中。

1477 年（成化十三年）：二月，宪宗诏令御马监太监汪直提督锦衣卫校官百余人另立西厂。五月，汪直遭内阁大臣商洛等弹劾，罢设西厂。六月十五日，诏复设西厂。

1482 年（成化十八年）：三月，宪宗复诏罢西厂，汪直失宠，次年被贬南京，从此退出历史舞台。

1487 年（成化二十三年）：正月初十，万贵妃逝世，八月二十二日宪宗崩。九月初六，朱祐樘即位。

1488 年（弘治元年）：《宪宗实录》修成。

1492 年（弘治五年）：广西壮族、贵州苗民起义。

1497 年（弘治十年）：诏修《大明会典》。

1505 年（弘治十八年）：（1）五月初七日，帝崩。十八日，朱厚照即位。（2）十二月，诏修《孝宗实录》，正德四年四月修成。

1506 年（正德元年）：重开西厂。

1508 年（正德三年）：八月，设立内行厂。

1510 年（正德五年）：（1）刘瑾下狱凌迟处死，并诛其党。（2）废西厂、内行厂。

1511 年（正德六年）：四川、江西、广东等地爆发农民起义。

1516 年（正德十一年）：佛郎机（葡萄牙）使臣斐罗特首次来华。

1519 年（正德十四年）：（1）六月，宁王朱宸濠在南昌起兵反，建元顺德；七月，在鄱阳湖为王守仁所败，被擒。（2）武宗借"亲征"南下江南，次年闰八月十二日，始由南京出发返回北京。

1521 年（正德十六年）：（1）三月帝崩，四月朱厚熜即位。（2）大礼仪之争初起。（3）八月，中葡屯门海战，战争以明朝胜利结束。（4）十一月，诏修《武宗实录》。

1523 年（嘉靖二年）：（1）三月，中葡（佛朗机）新会西草湾海战发生，战争以明朝的胜利结束。（2）六月，日本贡使争贡之役（宁波之乱、宗设之乱）发生。事后，朝廷废除了浙江市舶提举司和福建市舶提举司，仅留广东市舶提举司。

1524 年（嘉靖三年）：（1）是年，大礼仪之争发生。历时三年半之久。（2）仿造佛朗机炮。

1525 年（嘉靖四年）：三月十五日，诏修《献皇帝实录》。于五年六月二十九日修成。

1528 年（嘉靖七年）：三月初七日，诏令儒臣重订《大明会典》。

1536 年（嘉靖十五年）：（1）二月，四川建昌卫发生 7.25 级地震。（2）刘天和请修双轮战车，世宗允准。

1537 年（嘉靖十六年）：安南后黎朝黎庄宗遣使北京陈述莫氏篡位夺权，请求明朝讨伐莫氏。先是，嘉靖六年，前黎朝权臣安兴王莫登庸协迫黎恭皇禅让，改元明德，仍以升龙为都，建立莫朝。嘉靖十一年，黎朝旧臣阮淦在哀牢寻获黎昭宗的幼子黎维宁并拥立为帝，是为黎庄宗，在南方与北方的莫朝对抗，是为越南的南北朝时期，越南大乱。

1538 年（嘉靖十七年）：（1）三月，命仇鸾征讨安南莫登庸。（2）九月，改太宗庙号为"成祖"，尊献皇帝宗庙号"睿宗"。

1540 年（嘉靖十九年）：十一月，莫登庸与大臣数十人自缚跪拜，入镇南关向明朝官员纳地请降。

1541 年（嘉靖二十年）：（1）四月初三，诏降安南国为安南都统使司，授莫登庸都统使，从二品，世袭。改十三道为十三宣抚司，各设同知、副使、佥事。名义上安南再入中国版图。（2）四月初五，九庙火灾。

1542 年（嘉靖二十一年）：十月二十一日，壬寅宫变发生。

1550年（嘉靖二十九年）：是年，俺答入犯京师，史称"庚戌之变"。

1552年（嘉靖三十一年）：（1）四月，海盗王直勾结倭寇进犯浙江，劫掠州县。倭患自此日甚。（2）八月十二日，仇鸾病死。仇鸾死后，严嵩即与锦衣卫都督陆炳尽发仇鸾厚赂俺答之罪。二十五日世宗下诏暴仇鸾罪状，追戮其毙，传首九边，抄家没产。（3）是年，俺答犯边，先后四犯大同，三犯辽阳，一犯宁夏。

1553年（嘉靖三十二年）：佛郎机（葡萄牙）人始入澳门。

1555年（嘉靖三十四年）：（1）十月，抗倭有功的南京兵部尚书张经、浙江巡抚李天龙与弹劾严嵩的兵部武选员外郎杨继盛被处斩，天下咸称其冤。（2）陕西华县发生八大地震。

1557年（嘉靖三十六年）：十一月，胡宗宪诱去擒海盗头目王直。

1559年（嘉靖三十八年）：（1）辽东大灾。（2）戚继光组织、训练新军抗倭，人称"戚家军"。

1562年（嘉靖四十一年）：（1）倭寇犯福建，陷兴化府，劫掠一空。（2）严嵩被罢，严世蕃等人下狱。（3）八月，诏重录《永乐大典》。

1563年（嘉靖四十二年）：四月，戚家军取得兴化大捷，兴化收复。

1564年（嘉靖四十三年）：是年，戚继光、俞大猷先后大败倭寇，倭患自此稍靖。

1565年（嘉靖四十四年）：十月，胡宗宪再次被逮下狱，病死狱中。

1566年（嘉靖四十五年）：（1）二月，海瑞上疏极论时弊，直刺君过。世宗怒，下狱论罪。（2）十二月十四日，世宗崩。二十六日，穆宗继位，改元隆庆。

1567年（隆庆元年）：（1）三月，诏修《世宗实录》。万历五年（1577）八月编成。（2）朝廷宣布解除海禁，允许民间私人远贩东西二洋，史称"隆庆开关"。（3）俺答屠石州。

1570年（隆庆四年）：俺答封贡，为患百年的"北虏"问题至此告一段落。

1572年（隆庆六年）：（1）五月二十六日穆宗崩，六月初十日朱翊钧即皇帝位。（2）诏修《穆宗实录》，万历二年（1574）七月修成。

1573年（万历元年）：张居正改革。

1574年（万历二年）：李成梁大败建州女真首领王杲。

1576年（万历四年）：重修《大明会典》。

1577年（万历五年）：（1）张居正清丈土地，历时三年。（2）张居正夺情。

1578年（万历六年）：李时珍编成《本草纲目》。

1581年（万历九年）：（1）张居正在全国推广"一条鞭法"，国库日益充裕。（2）《万历会计录》编成。

1582年（万历十年）：张居正逝世。

1584年（万历十二年）：查抄张居正家。

1585年（万历十三年）：廷臣党争渐兴。

1586年（万历十四年）：福王朱常洵生，历时十六年的国本之争开始。

1587年（万历十五年）：海瑞、戚继光逝世。

1592年（万历二十年）：（1）二月，宁夏哱拜起兵反叛，九月，李如松平之（万历三大征之一宁夏之役）。（2）五月，日军进攻朝鲜，朝鲜之役（万历三大征之一）爆发。（3）七月，明军首援朝鲜失败。

1593年（万历二十一年）：（1）正月，明军取得平壤大捷。（2）神宗下诏李如松从朝鲜撤军。

1594年（万历二十二年）：（1）东林党争之始。（2）中日议和，神宗封丰臣秀吉为日本国王。

1595 年（万历二十三年）：1 诏复建文年号。（2）军政之狱。

1597 年（万历二十五年）：（1）年初，日本从釜山再度入侵朝鲜。明军再援。（2）十月，诏授黎惟潭为安南都统使，自是安南复为黎氏所有。先是，黎惟潭请求明廷恢复"安南国王"的册封，不允。

1598 年（万历二十六年）：明军在朝鲜大败日军，历时七年的万历朝鲜战争宣告结束。

1599 年（万历二十七年）：二月，朝廷调军征剿播州土司杨应龙，次年六月平（万历三大征之播州之役）。先是，杨应龙于万历十七年反，后又时降时叛。

1601 年（万历二十九年）：立朱常洛为太子，国本之争结束。

1603 年（万历三十一年）：（1）八月，荷兰占领澎湖，十一月被迫退出。（2）福建发生八级地震。

1606 年（万历三十四年）：徐光啟译成《几何原本》。

1610 年（万历三十八年）：（1）齐、楚、浙三党攻击"东林"。（2）《金瓶梅》问世。（3）西洋历法始入中国。

1615 年（万历四十三年）：（1）五月，明末宫廷三大案之梃击案发生。（2）努尔哈赤建"八旗制度"。

1616 年（万历四十四年）：正月，努尔哈赤在赫图阿拉即大汗位，国号大金，史称后金。

1617 年（万历四十五年）：南北各地持续天灾。

1618 年（万历四十六年）：（1）后金军攻陷抚顺等地。（2）九月，始在全国加派"辽饷"。

1619 年（万历四十七年）：（1）萨尔浒之战，明军战败。（2）开原、铁岭等地失陷。（3）熊廷弼经略辽东。

1620 年（万历四十八年／泰昌元年）：（1）七月二十一日，神宗崩。八月光宗即位，九月初一，光宗崩。九月六日，熹宗即位。（2）明末宫廷三大案之红丸案、移宫案发生。（3）袁应泰出任辽东经略。

1621 年（天启元年）：（1）沈阳、辽阳先后失陷，袁应泰兵败自杀。（2）诏修《神宗实录》《光宗实录》。（3）毛文龙入据皮岛。（4）熊廷弼再次出任辽东经略。（5）九月，奢崇明叛乱，占据重庆，建国号大梁，天启三年，乱平。

1622 年（天启二年）：（1）广宁失陷。（2）孙承宗督师辽东。（3）荷兰侵占澎湖。天启四年，明军收复。

1624 年（天启四年）：魏忠贤提督东厂。

1625 年（天启五年）：（1）七月，杨涟、左光门等下狱。（2）八月，熊廷弼被斩，传首九边。

1626 年（天启六年）：（1）宁远大战，袁崇焕大败后金。（2）五月，王恭厂大爆炸。（3）八月，努尔哈赤死，皇太极即位。

1627 年（天启七年）：（1）后金攻朝鲜（丁卯胡乱）。（2）五月，宁锦大战，袁崇焕大败后金。（3）八月二十二日，熹宗崩。二十四日朱由检即皇帝位。（4）诏定逆案，清查阉党。（5）魏忠贤畏罪自杀s。

1628 年（崇祯元年）：（1）五月，焚毁《三朝要典》。（2）七月，袁崇焕提出五年复辽。（3）诏修《熹宗实录》。（4）是年陕西等地大灾，此后灾害频仍，出现全国性大饥馑。各地相继爆发农民起义。

1629 年（崇祯二年）：（1）二月，批准裁整驿站。（2）三月，定立"逆案"，入案者 255 人，分别惩处。（3）六月，袁崇焕擅杀东江总兵毛文龙。（4）十月，后金军第一次入塞，威胁北京（己巳之变）。袁崇焕入卫京师，

被逮，明年被杀。

1630 年（崇祯三年）：（1）四月，行保甲制度。（2）五月，孙承宗收复京东四城。（3）六月，张献忠自号"八大王"。（4）是年，东林党人同反对派为争夺权力纷争不已。

1631 年（崇祯四年）：（1）正月，赈济陕西灾民，定议对农民军实行以抚为主的政策。（2）八月，后金军围攻辽东前线重镇大凌河，十月城降。（3）九月，杨鹤以召抚不效被逮下狱，召抚政策失败，陕西、山西农民起义更炽。（4）孔有德在登州叛乱。

1632 年（崇祯五年）：农民军群聚山西。

1633 年（崇祯六年）：（1）七月，旅顺失陷。（2）十一月，农民军进入河北。（3）孔有德、尚可喜降后金。

1634 年（崇祯七年）：（1）正月，以陈奇瑜为五省总督，主持围剿河南、陕西等处民军。（2）七月，后金军第二次入塞，蹂躏宣府、大同一带。（3）八月，撤内监监军、监部，此后旋撤旋复。（4）十一月，陈奇瑜以剿抚无效罢职逮治，改任洪承畴为五省总督。（5）《崇祯历书》问世。

1635 年（崇祯八年）：（1）农民军荥阳大会。（2）八月，以卢象升、洪承畴分责东南、西北的剿除农民军战事。（3）十月，下诏罪己。

1636 年（崇祯九年）：（1）年初，农民军主力高迎祥等部纵横于豫、皖、川、陕各省。（2）四月，皇太极即皇帝位，建国号大清，改元崇德。（3）七月，清军第三次入塞，攻掠京都地区。九月返回。（4）七月二十日，孙传庭生擒高迎祥。

1637 年（崇祯十年）：（1）年初，相继发生訐告复社"败坏风俗""以乱天下"的事件。（2）二月，朝鲜降清。（3）三月，杨嗣昌出任兵部尚书，提出"十面张纲"的对农民军作战计划。（4）十月，李自成部入川。（5）《天工开物》问世。

1638 年（崇祯十一年）：（1）九月，清军第四次入塞，扫荡畿南、山东。卢象升于十二月在贾庄战死。（2）是年，农民军张献忠等部相继受抚；李自成部在陕西接连失利，农民起义陷入低潮。（3《皇明经世文编》编成。

1639 年（崇祯十二年）：（1）正月，命洪承畴总督蓟辽。（2）清军克济南，掳德王。三月，清军班师。（3）五月，张献忠、罗汝才在谷城、房县再度起义。

1640 年（崇祯十三年）：农民军入川，杨嗣昌出师入蜀。

1641 年（崇祯十四年）：（1）正月，李自成克洛阳，杀福王。张献忠部出川，二月克襄杨，杀襄王。（2）二月，李自成围开封。（3）三月，杨嗣昌，丁启睿继任督师。（4）春，清军对锦州实行包围，明廷调集 13 万大军出山海关救援。八月，明清松锦决战，明军大败。（5）十二月，李自成再图开封。

1642 年（崇祯十五年）：（1）正月，以马绍愉为特使，同清朝清行谈判。（2）三月、四月，松山等城相继破，洪承畴被俘，降清。（3）五月，李自成部三围开封。（4）七月，对清和谈机密泄露，兵部尚书陈新甲为此被杀。和谈彻底中断。（5）九月，黄河堤溃，开封被水冲毁。（6）十月，李自成在郏县大败明陕西总督孙传庭部。（7）十一月，清军第五次入塞，深入山东，俘获人口 36 万多。（8）闰十一月，第二次下诏罪己。

1643 年（崇祯十六年）：（1）年初，李自成在襄阳建立政权。（2）五月，张献忠部克武昌，杀楚王，正式建立"大西"政权。（3）六月，第三次下诏罪己。（4）八月，清太宗皇太极病故，幼子福临即位，改明年为顺治元年。（5）十月，李自成攻克潼关，孙传庭战死。

1644 年（崇祯十七年）（1）正月初一日，李自成在西安称帝，建国号

"大顺"。(2)第四次下诏罪己。(3)三月,李自成部兵临北京城下。十八日,下诏罪己,下诏"亲征"。当夜在宫中屠杀妻妾、女儿。十九日凌晨,自缢于禁苑煤山。(4)四月,吴三桂降清。李自成和吴三桂在山海关激战,李自成战败,二十七日狼狈退回北京。二十九日,李自成在武英殿内即皇帝位,接受群臣的朝贺,随即仓皇退出北京。(5)五月初二,清军入住北京。(6)五月十五日,福王朱由崧在南京称帝,年号弘光。(7)九月,顺治帝至北京,清廷自此定都于此。(8)十一月十六日,张献忠在成都建国称帝,国号大西,建元大顺,改成都为西京。(9)是年,弘光朝廷发生"南渡三疑案"(大悲狱案、皇妃童氏案、伪太子案)。(10)清军占领北京后,各地先后掀起抗清起义。

1645年(弘光元年/隆武元年):(1)四月:扬州失陷,史可法殉国,清军屠城,史称"扬州十日"。(2)左良玉"清君侧",中途病逝。(3)五月,李自成兵败被杀,时年三十九岁。(4)南京城陷,弘光帝被俘,押至北京,次年被杀。(5)闰六月,初一,江阴爆发反清斗争,在阎应元的统率下坚持八十余日。八月二十一日,城破,清军展开屠城。(6)闰六月:二十七日,朱聿键在福州称帝,改福州为天兴府,建元隆武。二十八日,鲁王朱以海监国绍兴。(7)七月,嘉定三屠。(8)九月,夔东十三家兴起。(9)全国各地相继爆发反清起义,抗清斗争愈演愈烈。

1646年(隆武二年):(1)五月,弘光帝与秦王朱存极、晋王朱审烜、潞王朱常淓、荆王朱慈焕、德王朱由栎、衡王朱由棷等十七人被斩首于北京菜市口。(2)八月,隆武帝在汀州被俘,绝食而死。(3)十一月初五,朱聿鐭在广州即大明皇帝位。十八日,朱由榔在肇庆即大明皇帝位。(4)十一月二十七日,张献忠在与清军交战时被射杀。后其部孙可望、李定国投明。(5)十二月十五日,广州失陷,绍武帝自缢。(6)各地持续爆发反清斗争。

1647 年（永历元年）：（1）郑成功起兵抗清。（2）金声桓、李成栋倒戈抗清。

1648 年（永历二年）：（1）三月，甘肃回民发动反清起义。（2）十二月，故明大同总兵兰瓖据大同反清。

1650 年（永历四年）：郑成功在厦门建立抗清基地。

1654 年（永历八年）：李定国与郑成功会师攻粤。

1656 年（永历十年）：三月初一日，永历帝入云南，奠都昆明，改云南府为滇都。

1658 年（永历十二年）：十一月，孙可望叛明降清，并呈云南地图。

1659 年（永历十三年）：二月，李定国与汉奸吴三桂在磨盘山血战，两败俱伤。

1660 年（永历十四年）：郑成功和张煌言联兵进攻江南。

1661 年（永历十五年）：（1）正月，满清顺治帝驾崩，康熙帝继位。（2）七月，"咒水之难"。（3）十二月十三日，荷兰殖民者向郑成功投降，台湾收复。

1662 年（永历十六年）：（1）四月，永历帝在昆明被吴三桂所杀。（2）五月，郑成功病逝。六月，李定国病逝。

1663 年（永历十七年）：清军攻取金门厦门。

1664 年（永历十八年）：郑经退归台湾。

1665 年（永历十九年）：清军屠四川。

1673 年（永历二十七年）：十一月，清平西王吴三桂在云南起兵反清。

1674 年（永历二十八年）：（1）三月，清靖南王耿精忠在福建起兵反清。（2）五月，郑经亲率大军渡海协助吴三桂、耿精忠反清。

1676 年（永历三十年）：（1）二月，清平南王尚之信在广东起兵反清。（2）九月，耿精忠降清，后被清廷处斩。十二月，尚之信降清。四年后被处死。

1678 年（永历三十二年）：（1）三月初一，吴三桂在衡州称帝，建国大周，建元周昭武。（2）八月十七日，吴三桂逝世。其孙吴世璠继位，改元洪化。

1681 年（永历三十五年）：（1）二月，郑经逝世，郑克塽继承延平郡王位。（2）十月二十八日，吴世璠自杀。不久，余部出降，大周政权灭亡，清军抄吴氏家眷。

1683 年（永历三十七年）：逆臣施琅率清军与刘国轩在澎湖激战，郑军大败。明廷平郡王郑克塽剃发降清，明宁靖王朱术桂自杀殉国，大明王朝就此终结。

附录三　新田骆氏锦衣卫世家史实外调日记

挖掘新田骆氏锦衣卫世家史实，一直是我多年念兹在兹的心愿。

2017年10月下旬至11月上旬，我有幸参加了县委组织的浙江大学"农村基层党支部书记党建标准化建设研究培训班"学习。趁此机会，经事先请假和准备，我顺道赴杭州、北京、天津等地，进行了新田骆氏锦衣卫世家史实调查，开启了首次赴外地进行实质性专题考察之旅。

现将外调考察情况，实录如下：

2017 年 10 月 31 日

杭州·西湖区

今天，是培训的第四天。培训班自28日开课以来，安排紧凑，纪律严格，白天、晚上"大满贯"，晚上课后还得写心得体会，学习十分紧张。"泥腿子"出生的农村支部书记们，早晚进出在百年学府浙江大学的校门前，兴奋地不时拍照留念。支书们每天穿行在古树成荫、宁静而又热闹的校园路上，静坐在宽敞明亮的多媒体教室里，个个俨然成为了安静好学的"莘莘学子"。大多数支书深深的皱纹刻在脸上，歪歪扭扭的字认认真真地写在本子上。

接学校培训方通知，下午自由学习活动。来杭州之前，我就计划利用学习之余，乘机找有关部门，调查了解一下骆铭孙锦衣卫世家最后一位指挥使骆养性的情况，因骆养性明朝灭亡后归顺了清朝，最后被外放到了浙江，任过掌印都司，并终老在此。于是，我决定利用下午难得的自由学习时间，独自去看看、找找。

为了体验杭州智慧城市的便捷，我用手机导航目的地——浙江省社会科学院历史文化研究所，显示距离我们住处——杭州玉泉宾馆，仅有五公里之遥，于是决定踩共享单车出行，来一次零距离车游杭州之旅。车游半个多小时，手机竟然导航到了西湖老城区孔庙，大门旁挂着浙江省历史文化博物馆牌子，问值勤门卫，门卫说，浙江省社科院在省委、省政府附近呢，离这还有四公里左右车程。于是，我又骑车折回。半个多小时后，好不容易找到了省社科院历史研究所。当时，一位满头银发、高大个子、精神矍铄的长者，热情接待了我。他叫王永太，是历史研究所副所长。我把介绍信给他，说明来意后，王所长很耐心地说，骆养性这个人，他知道，他看过骆养性的材料。他还纠正了我先前写的《锦衣世家与建文帝之谜》一文中，有关骆养性在浙江任职的不妥提法。但是，他那里没有骆养性的有关史实资料。他推荐我到浙江省地方志委员会办公室，找他的学生、行政处处长叫做汪敏华的（面后才知道是个挺热情、精干的女处长），那里可能找得到我所找的东西。于是，万分感激王所长后，我又马不停蹄地赶往下一站——浙江省地方志委员会办公室。

找到省地方志办公室时，已经是下午接近五点，我慕名找到了汪敏华处长的办公室，刚好汪处长正在处理公务。我又递上介绍信，说明来意后，热情的汪处长停下手中的文案，马上叫来一位年轻人。交代清楚后，年轻人带我到他的办公室，办公室不大，约二十平方米，六个人挤在一起办公，年轻人打开电脑，点开清朝雍正版《浙江通志》数据库，马上跳出了"骆养性"词条栏目及相关书籍目录，年轻人很快地将骆养性词条打印一份出来，并扼要做了索引介绍。我如获至宝。在高兴之余、万分感谢之中，我零距离地感受到了浙江干部的热情和素质，也零距离地体会到了习近平总书记主政浙江时，首倡"马上就办"的工作作风和工作效率。

我高高兴兴辞别出来，又踩上共享单车返回。赶回住地时，已是下午七点十分，天已经完全黑了。

2017 年 11 月 2 日
杭州至北京

清晨六点多，天还蒙蒙亮。我经过事先请假，未等培训班结业典礼，提早离开了学习的"大部队"，打上"滴滴"出租车，独自赶往杭州东高铁站，身后支书们，还睡意正酣呢。

约七点四十分，我到达杭州东高铁站，取票，安检，早餐，候车。九点五十分，检票，我准时乘上了 G46 次杭州至北京南和谐号直达高铁。从杭州东站出发，途经浙江省的长兴县、湖州市，江苏省的南京西、宜兴市，安徽省的蚌埠市、滁州市，山东省的泰安市、济南西，河北省的沧州市，最后顺利到达北京高铁南站。我再打"滴滴"出租车赶往天安门广场，与事先约好先期到达的湖南省文物局退休老同志谢武经先生（下面简称谢老）会合，已经是下午四点多钟了。这是我第一次从祖国的东线进北京，也算是车游华东"一日游"了。

六点多，到达我事先预定的国家旅游局招待所（这是我进京出差常去的"老地方"，在长安街东，北京国际大饭店后）安顿下来。稍事休息后，我们在招待所旁一个老胡同路边小店，各自吃了一碗北京涮羊肉面。

我们吃完出来，天已黑，风刺骨。北京的深秋已经很凉了。

2017 年 11 月 3 日

北京 · 海淀区

早上五点整，长安街依然灯火通明。我冒着北京深秋清晨刺骨的寒风，兴冲冲地跑向天安门广场，观看五星红旗升旗仪式。这是我每次来北京必做的功课。五点半左右赶到时，偌大一个天安门广场，已是人山人海，人墙里三层外三层。数不清的大人、老人、小孩，戴着风帽、手套，举着手机，在寒风中热切地等待着庄严的升旗仪式时刻到来。来自祖国四面八方的游客，在警察的引导下秩序井然。不同地方，不同民族，不同语言，不同年龄，此刻，都表达着一个共同的信仰、一个共同的心情：五星红旗在我心中，祖国在我心中！我真真切切地感受到：人民有信仰，民族有希望，国家就有力量。

上午九点多，事先约好的中国社会科学院明史研究所研究员张金奎先生（明史锦衣卫课题是他研究的主攻方向，曾于 2012 年陪同中国明史学会商传会长，来过新田实地考察），如约来到了我们的住处（中国社会科学院就在北京国际大饭店旁，距我们住处较近）。张金奎老师向我们介绍了明朝锦衣卫的一些史实，为我们提供了"骆安有墓志铭，他曾经看过"的重要信息。这引起了我们的极大兴趣，这是我们原来从没听说过的。张老师答应回去后尽量找找，等下周（今天是周五）找到骆安墓志铭资料后再约谈。上午十点左右，我们愉快地分手告别。

十点多，我们根据张金奎老师提供的信息，赶往海淀区"北京市石刻艺术博物馆"。该馆位于海淀区西直门外白石桥五塔寺村 24 号，是一座陈列北京地区历代石刻文物的专题性露天博物馆，展出了北京地区历代石刻法帖铭文。于是，我们决定去看一下，或许能看到骆安墓志铭石碑于万一呢。打"滴滴"出租赶到时，已是中午下班时间。我们就去附近找家小店午餐。附近是一个小村庄，住着许多来京打工的民工。我们找了一大圈，才找到一个小店，快快用完午餐。

饭后，我们买票进入石刻博物馆。馆内按内容功能，分八个露天展区，展出历代石刻五百多种，加上库藏的历代石刻，共计千余种。我们逐个展区细细查看，目之所及，林林总总，见所未见，闻所未闻。最后，虽然未能找到有关骆安墓志铭碑刻，但也收获不小。我在馆内购书处，买全了五十年代出版的一套九本《全国文物普及丛书》，也算是不虚此行了吧。

2017 年 11 月 4 日
北京·房山区

我平时约六点准时起床，今天睡过了头，早上七点多才醒。我昨晚睡前，想趁早上锻炼时间，晨走东长安街，到北京标志性建筑国贸大厦、央视"大裤衩"看看，只好泡汤了。兴许是昨天赶得有些累了，加上没了午睡。

抓紧洗漱，早餐。七点半我们再出发，前往房山区窦店镇瓦窑头村。嘉庆《新田县志》《骆氏族谱》《骆铭孙宗谱》均记载，新田骆氏锦衣卫世家的始祖骆以诚随征明太祖后，大儿子骆寄保，"卜居京都顺天府瓦窑头，其谱俱在瓦窑头村宗谱内"。瓦窑头到底在哪里，能不能找到骆寄保一脉后代及其族谱资料，是我们此次北京之行的一个重点。

搜索百度，房山区窦店镇瓦窑头村，距我们住的地方，相距六十多公里，位于北京西南方向。去之前，我就初步判断，此行希望不大。但按照谢老的说法，搞历史调查，不能放过一丝蛛丝马迹，结果固然重要，但调查过程更重要。谢老的严谨治学，值得尊重。于是，我们决定，还是前往。

　　因路况不熟悉，只好打"滴滴"出行。车子出了六环，上了京珠高速，原来往回湖南方向去了。大约十点二十分，下了高速不久，司机导航到了一个独立院落，一幢漂亮的三层办公楼，大门口赫然挂着房山区窦店镇瓦窑头村党支部、村委会两块牌子，原来我们到达了目的地。进入办公楼大厅，我们碰上一个刘姓高大个子，碰巧他是管村户籍的治保主任。我们来意说明后，刘姓干部先是怔了会儿，然后他明确地表达了这么几层意思：他们村祖先，是从山西来的，开村时间，大约在清代中晚期；祖先是烧砖瓦的，主要是供老京城建设使用，估计村名就是这么来的；最早的是杨姓开村，至今村里面大部分杨姓最多；但没有姓骆的，他管户籍很清楚；至于我们提出要找的情况，他从来没有听说过，村里老人也没有讲过。听了刘姓干部反复肯定的情况介绍，我心里一沉，也证明我来时的判断是吻合的。见没有情况再可问，我们只好离开了村部大楼。

　　为了再次求证刚才刘姓干部讲的情况，我们又走进村里，找了个董姓老人，六十多岁，他正坐在家门口晒太阳。他也讲了与刘姓干部大致相同的话。我们又碰上一个开破旧农用车的"老把式"，他也说，村里面没有姓骆的，尤其是没听说过在京城当过大官的骆姓人，定居过瓦窑头村，还说方圆十多里地，也没有听说过有姓骆的。这样，大约十一点半，我们离开了瓦窑头村，来到了村边大马路旁，一个公交车路边停靠点，坐上了353公交快巴返城了。

　　返程路上，我在想，明朝锦衣卫，是皇帝的私人卫队，直接听命与服务于皇帝。锦衣卫指挥使，更是皇帝的心腹，需要召之即来。其住处，应在离故宫不远的地方，这才符合常理和历史逻辑。手机百度，查顺天府词条："顺天府，明清设于京师（今北京）之府属建制，掌京畿之刑名钱谷，并司迎春、祭先衣之神，奉天子耕猎，监临乡试，供应考试用具等事。明永乐元年（1403）置，所辖有宛平、大兴两县。清顺治元年（1644），设置如明制。康熙十五年（1676），划入昌平十九州县。乾隆八年（1743）定为二十四州县。"也就是说，当时北京顺天府的核心辖区，在现在的宛平、大兴两区，"顺天府瓦窑头"，应在现在的宛平、大兴区域。最后，我和谢老商定，下一周再往宛平、大兴去找。

2017 年 11 月 5 日
天津·南开区

今天是周末。晴。

清晨六点，我们洗漱完毕，直奔北京高铁南站，赶往天津。天津之行，是为了进一步查找骆养性任职天津的史实。因新田骆氏锦衣卫世家最后一个锦衣卫都指挥使骆养性归顺清朝以后，担任过短期的天津直隶总督，成为大清一朝天津的首任总督。

因北京南站离我们住的地方较远，我们选择搭乘地铁，从东长安街建国门地铁站入口，搭乘一号线至西单站，再换乘四号线至高铁南站，仅用八元约二十多分钟就到了，真切感受到了搭乘地铁出行的快捷和实惠。我们出地铁口，零乘换上二楼候车室，选择在"庆丰包子铺"用早餐，第一次品尝习近平总书记视察北京胡同时曾经用过的午餐，享受了一把"习大大午餐"口福。北京庆丰包子，现在已成为北京名吃，北京各大胡同里弄都可以吃到。

九点二十五分，我们准点上高铁，至天津西站，仅用了半个多小时就到了。我们又搭乘地铁，从三号线换乘六号线，十多分钟就到达了我们的目的地——天津市社会科学院。因为是双休日，我们选择在附近的汉庭连锁酒店住下来，待明天办事情方便。

　　刚刚安顿下来，我就收到了中国社会科学院张金奎老师的微信，说他已经帮我们找到了《骆安墓志铭》原文，收集在《高拱文集》中，因《骆安墓志铭》为首辅高拱所撰。收到这个利好消息，我们为之一振，高兴极了。因为《骆安墓志铭》的发现，骆铭孙锦衣卫世家的前世今生有可能将从此揭开。我赶紧给张金奎老师回信，深表感谢，并约定返回北京后尽快面谈，聆听指导。

　　首次来天津，知道我们的好总理周恩来青少年时代在天津南开学校求学，1917年南开学校毕业后远赴日本留学，开始接受马克思主义，1919年返回天津南开大学，在五四运动中成为天津学生界领袖，并与运动中的其他人员组织起了进步团体觉悟社。还知道有个百年名校，叫南开大学。问了酒店大堂服务员，说周恩来邓颖超革命纪念馆、南开大学就在附近。来了天津，不到这两处地方去看看会留下遗憾，今天刚好周末，决定下午去看看。

　　下午三点多，我们赶往周恩来、邓颖超革命纪念馆，只有一公里的路程，步行十来分钟就到了。远远看去，纪念馆大门口售票处游人如织。右边排着好几条长长的游龙，导游们举着各色各样的小旗子，正在对着话筒，向各自的游客团队宣讲游览注意事项。我们赶紧排队购票，又排队安检，一共用了半个多小时。进入纪念馆内，到处是人流，大多是中老年团队，来自四面八方，表达一个共同心愿：敬爱的周总理，我们永远怀念您。我们进入纪念大厅，周恩来、邓颖超大型汉白玉塑像塑立在大厅中央，四周摆满盆景鲜花。面对周总理、邓颖超慈祥微笑的脸庞，我顿时肃然起敬，心存敬仰。随着游览队伍缓缓前行，周总理一生献身革命、鞠躬尽瘁的光辉事迹一件件、一幅幅、一幕幕呈现在眼前，记在脑里。当听讲到周总理从1974年病重，到1976年去世五百多天时间里，周总理仍然带着病痛处理国家内政外交大事，只剩下六十多斤；当看到屏幕上播放周总理去世时，北京天安门十里长街哭送总理的情景，我禁不住眼含热泪，敬爱的周总理，真不愧是人民的好总理，周总理永远活在人民心中！

2017 年 11 月 6 日

天津·南开区

六点钟起床，交代好谢老早餐，我又急着骑共享单车，赶赴百年学府——南开大学，了却心愿。

骑车二十多分钟，过了一座桥，我终于找到了南开大学的南大门。说是南大门，其实就是在约七米宽的马路中间，用混凝土浇铸了一个不足八十公分高约二米长的墩牌，铃印上"南开大学"四个字，背后站着两个协警，两边人行车流混行。进入校区，古树林荫，仿佛进入一个老村庄，都是五六十年代红砖瓦顶，砖墙裸露，白色勾缝线条分明；校内道路狭窄老旧。再穿行进入主校区，三栋高层主体教学楼，呈"品"字形排列，中间一个较大的荷花池，四周绿草茵茵，古树参天，幽静怡然，不愧是个求学的好地方。其他，如图书馆、食堂、宿舍都显得古朴而老旧。也许，这就是百年学府的沉淀厚重吧。

上午九点多，我们来到天津市社会科学院，在主体办公楼二楼，找到了历史研究所，仅一间房，门紧锁着。问院里办公室一位年轻的女同志，说历史研究所老师一般周二、周五上午坐班，其他时间以自由调研为主，如没有预约，难以碰到。我心里一沉，这里人生地不熟，此行估计白来。就在失望之际，一个精练的中年女性进了历史研究所，我们赶紧跟进去，呈上介绍信，说明来意，接待我们的中年女性叫任云兰，听我们的口音，她主动说，我们是半个老乡，她爱人就是湖南的，一下子拉近了距离。她说，今天凑巧，院里开会，否则碰不上，她知晓我们的来意后，当场打电话给院里图书馆，安排一位何姓年轻人在图书馆等候，叮嘱接待好我们。事后我们才知道，任云兰老师，不仅是历史研究所所长，还是天津社会科学院学术委员会委员呢。

感谢辞别任云兰所长出来，我们找到图书馆，何姓年轻人早已在门口等候。图书馆共七层，挺大，我们进入第一层古籍图书室内，历朝历代、古今中外古籍图书琳琅满目，真是个学习查阅的好地方。我们分头查找，仅仅一个上午，最后从《天津县志》《天津府志》《天津通志》中，找到了骆养性的简单记载，寥寥数语。如《天津府志》载，"骆养性，锦衣卫世袭指挥使，顺治六年任督饷，五月以明左都督，仍任总督天津等处军务，东华录"。因骆养性任天津总督时间，仅仅四个多月，要继续深查下去，估计收获不大。将近中午，我们离开了图书馆。吃完午饭，我们决定返回北京。

在返回北京的动车上，我又收到了中国社会科学院张金奎老师手机上发来的《骆安墓志铭》原文，张老师真是一个热心肠人！我们返回北京，回到国家旅游局招待所住地，已是下午四点多。我马上约张老师晚上面谈，张老师却因事先有约，只好改明天。

稍作休息，我和谢老开始研读《骆安墓志铭》原文。通过初步译读原文，我们豁然开朗，初步破解了大量我们原来没有掌握的史实，包括骆安世系的由来、出生年月、籍贯、职官世袭演变、骆安的任职情形和人生轨迹等等。可以说，《骆安墓志铭》的发现，是新田锦衣卫世家研究课题的重大突破，也是我们这次北京之行的最大收获。

晚饭后，张金奎老师来电，说晚上见面聊聊，因明天他得去外地公差，我们赶紧约定在附近胡同的一家夜店见面。张老师态度谦和，轻言细语，就我们正在调研的课题，提出了他独到的意见和建议，我们深受启发，也深受感动，为张老师的执着帮助和专业指导点赞！

2017 年 11 月 7 日
北京·丰台区

为了进一步弄清骆铭孙锦衣卫世家"卜居顺天府瓦窑头"的族谱记载，今天，我们决定去丰台区，继续寻找"瓦窑头"之旅。

早上七点五十分，我们又在建国门地铁站，乘 2 号线至长椿站出站，又换乘 339 路公交车，经过 9 站路，到达卢沟新桥口，再步行约 800 米，不经意来到了卢沟桥和宛平古城。这可是著名的卢沟桥"七七事变"发生地，不看遗憾。买好门票进去，只见一条锃光发亮、马蹄印深凹的古道，直通向卢沟桥。

卢沟桥因横跨卢沟河而得名，全长 226.5 米，桥面宽约 7 米，石板铺就，坡度平缓，中间微微隆起。桥上两边约七八十根望柱上，安放着大大小小形态各异、栩栩如生的精美石狮，静静地相互守望。桥东西两头高高竖立着两块巨大石碑，那是康熙、乾隆两帝视察卢沟桥重修时的御笔石刻。整座卢沟桥犹如一座巨大的露天石刻艺术宝殿，吸引着古往今来的中外游客，流连忘返。

常说卢沟桥的狮子数也数不清，我不信，来回数了个够，共 480 个。谢老却说，不对，应 501 个，因为有些石母狮还抱着小狮呢。仔细一看，恍然大悟。卢沟桥，作为一座历史桥、文化桥、艺术桥、英雄桥，承载了中华民族太多的历史沧桑和风云际会，深深地印在了我的脑海里。

从卢沟桥穿入古城墙拱门，就是宛平古城了。古典气派的拱门楼，高高厚厚的城墙，飞檐斗拱的守望楼，走在青砖铺就的古街道上，两个重大

历史画面涌上我的心头：一个是明末农民起义领袖李自成攻陷北京，就从此进入。但李自成仅仅做了几个月大顺"皇帝"，就土崩瓦解，被清军赶出北京，昙花一现。而 1948 年，毛泽东主席率领中央机关和解放军进京赶考，也是从此迈入，却建立起了伟大的中华人民共和国，中国人民从此站立起来了，中华名族从此屹立于世界的东方！

　　进入宛平古城几分钟，雄伟庄严的抗日战争纪念馆又呈现在眼前，这里就是 2013 年习近平总书记首创设立抗日战争胜利纪念日（9 月 3 日）的地方。我们临时决定进去看看。进入纪念馆大厅，一幅幅、一幕幕全党全国各族人民英勇抗日、浴血奋战的历史长卷，真真切切地呈现在游客面前。我看着一幅幅战斗照片原件，一件件抗战珍贵文物，放映大厅反复播放卢沟桥"七七事变"爆发实景惨烈场面、联想到今天，一个简单不过的道理涌上心头：落后就要挨打，国强才能安民。

　　到达宛平办事处，已是接近中午下班时分。我们只好就近快餐。稍事休息，下午一点半，我们来到办事处民政科，民政科大门紧闭，问办事处办公室一名年轻女性，说宛平县现已改为宛平办事处，行政职能已划归丰台区政府，宛平办事处无法提供我们查找的东西。在她的介绍下，我们打出租车赶往丰台区民政局，上七楼查询，说户籍科的同志出差，建议我们去丰台区地方志办公室。我们又打出租车，赶到丰台区人民政府，经过一番严格的登记、审查，找到了一栋办公楼的四层，找到地方志办公室，却被告知去区档案馆查询。好在档案馆就在下面三层，到了档案馆，我们又被告知，馆里只有解放后的历史记载档案，解放以前的档案记载，需要到北京市档案局查找，并为我们提供了市档案局的联络号码。我们及时又与市档案局办公室联系，市局又告知，市局只有民国以来的档案，民国以前的历史档案，需要到中国第一历史档案馆查找。

转了大半天，寻找瓦窑头有关历史资料，我们一无所获，只好悻悻离开，回到住地时，已是下午六点多了。

2017 年 11 月 8 日
北京·丰台区

清晨六点钟，我骑车去长安街东，车游看北京的地标性建筑国贸大厦、央视"大裤衩"、双子座，几年没来北京了，了却一下心愿。

骑车回宾馆过程中，我突然想起昨天下午从丰台区政府返回住地过程中，在车上看到有"顺天府超市""大瓦窑村"指示路牌，族谱记载"顺天府瓦窑头"，是否就是在这一带？回到酒店，我马上手机百度，果然还真有大瓦窑、小瓦窑两个村，都属卢沟桥乡人民政府所辖。这一重要信息，我们临时决定，改变既定上午去中国第一历史档案博物馆的安排，先再重返丰台区卢沟桥乡，到大、小瓦窑村看看，下午再赴第一历史档案馆。

还是从建国门地铁口进站，乘地铁一号线，至军事博物馆站，换乘九号线，经过十四个站，到长椿地铁口出，步行两百米，到达卢沟桥乡人民政府，可惜大门紧锁，一打听，乡政府已搬到西局。我们就直奔大瓦窑村去，打的十几分钟就到了大瓦窑村的办公大楼。进入大楼，我们找到了村主任办公室，姓赵，赵主任听说我们的来意后，他说，他们村从来就叫大瓦窑村，不叫瓦窑头，也没有听说过明朝当过大官的骆姓人定居在村里，现有一户骆姓的，却是河北来的，倒插门过来的。又告知我们离他们村三里地，还有一个叫小瓦窑村，可去哪里问问。于是，我们又赶往小瓦窑村，到达小瓦窑村村部办公楼，是一栋四合院式的仿古建筑，门楼古典气派，两个协警怎么说也不让我们进去。恰在这时，一个五十多岁中年男子过来，原来是村主任，他介绍的与大瓦窑村主任如出一辙。联想到这两天奔波劳累，寻找瓦窑头村的情形，再这样找下去意义不大，毕竟时隔几百年了，时过境迁，希望渺茫。于是，我们决定不找了，返赴第一历史档案博物馆去。

打的经过四十多分钟，我们来到了故宫新华东门，离第一历史档案博物馆还有 1.3 公里了，却被告知封路，只好下车。满地都是交警、路警、特警，"一"字排开。一问，才知有重大国事活动。问什么活动，警察闭口不说。只说第一历史档案博物馆也是闭馆的。再问下午可否开馆，警察说不知道。无奈，我们只好返回驻地。返回驻地时，已是一点半左右了。

晚上看新闻，才知道白天的重大国事活动，是美国总统特朗普来了中国，上午在故宫参观，所以特级戒备。

2017 年 11 月 9 日
北京·第一历史档案博物馆

清晨六点，送谢老乘地铁去北京西站，回长沙。在北京的七八天时间里，谢老不辞辛劳，以七十多岁高龄，天天奔波劳顿，令晚辈我学习和感动。他因郴州市临武县政府多次催促，不得不提前先行离京，留下我把最后一站——中国第一历史档案博物馆去查找，不知能否有所收获。

送走谢老返回驻地，已是八点半钟，想到今天是美国总统特朗普访华，在人民大会堂举行盛大欢迎仪式，机会难得，决定先去看看，再顺路到中国第一历史档案博物馆去。我骑车急急赶往天安门去，骑到半途时，被路警拦住，说不能骑车进天安门，只好步行。进入天安门安检口，比平时增设了两个，安检比平时更严格一些，但没有影响游客的正常流动。进入天安门，偌大一个天安门广场中央，全部戒严封闭。九点二十几分，一排排摩托警车牵引队，闪着警灯从长安街东呼啸而来。接着一辆辆超大型豪华越野车队也风驰电掣般呼啸而过。不久，远远看到三军仪仗队整齐的队影，远远传来一阵阵悦耳锣鼓声、礼炮声、国歌声，估计习近平总书记欢迎特朗普仪式正式开始了。

然后，我直奔中国第一历史档案馆。好不容易找到时，被告知上午已闭馆，下午两点半可来。无奈，我只好在附近找了个路边店，边吃午饭边等待。下午两点半，我准时来到中国第一历史档案博物馆。经过一番严格的安检、登记，进入历史档案馆大楼。又办理一套严格的查阅档案登记手续，穿过一条长长的、窄窄的走廊，才进入图书检阅室。

进入检阅室，图书馆工作人员接我所需查阅的书单后，很专业地告诉我，我所需要查询的东西，要到国家图书馆。因为历史档案馆只管档案目录，具体内容资料，国家档案馆才详细。但给我提供了《明朝档案汇总》（共88册）查询索引目录。我按图索骥，找到了《明朝档案汇总》，装满了两大书柜，我从中拿出前十大本细看起来，只有条目索引，具体内容确实不详细。看了两个多小时，我感到犹如大海捞针，要看完88册，没有十天半月，拿不下来。于是，我只好离开中国第一历史档案馆，今后再寻找机会，下次到国家图书馆去查找。

至此，历时十天的赴京等地考察骆铭孙锦衣卫世家史实之旅，行程基本结束，订好明天高铁票，返回新田。

下篇

新田骆氏锦衣卫世家
史料辑录

第一章　新田县沿革

湖南布政使司

　　湖南布政使司，禹（公元前2314—公元前2198）贡荆州之域。周（公元前1046—公元前256）为荆州南境。春秋战国（公元前700—公元前221）属楚。秦（公元前221—公元前207）置长沙郡。汉高帝（公元前256—公元前195）置桂阳、武陵二郡，建长沙国（《汉书·吴芮传》：吴芮从长沙王都临湘）。武帝时（公元前156—公元前87）俱属荆州，又增置零陵郡。后汉（974—950）因之（废长沙国为郡）。建安（196—220）中，零陵、武陵属刘先主，长沙、桂阳属孙权，后俱属吴，增置天门、衡阳、湘东、邵陵、营阳五郡。晋（265—420）平吴（222—280），废营阳郡，增置南平郡，俱属荆州。惠帝（290—307）以桂阳郡属江州。怀帝（307—311）又分置湘州（治临湘领长沙、衡阳、湘东、零陵等郡，永嘉元年（307）置，咸和三年（328）省，义熙八年（412）复置。义熙十二年（416）又省。武帝永初三年（422）复立湘州，领郡十：长沙、衡阳、桂阳、零陵、营阳、湘东、邵陵，在今司境内，始兴今属广东，临庆、始安今属广西。穆帝时（439—543）复置营阳郡。南北朝（420—589）宋（420—479）亦为湘州，又增置巴陵郡，初属湘州，后属郢州，武陵郡也属郢州，惟南平、天门二郡仍属荆州。齐（479—502）竝因之。

梁（502—557）又置罗巴二州（罗州治岳阳，巴州治巴陵）。陈（557—589）治沅州（治沅陵）。隋大业初（605—618），废诸洲改为沅陵、武陵、澧阳、巴陵、长沙、衡山、桂阳、零陵等郡，俱属荆州。唐武德（618—626）初，复改诸郡为州，四年（622）置潭州总管府，七年（625）改都督府，开元二十一年（733）又分属江南西及山南东、黔中道（江南西道领鄂、岳、潭、衡、永、道、郴、邵八州，山南东道领澧、朗二州，黔中道领晨、锦、叙、业、溪五洲）。广德二年（764），置湖南观察使（《唐书方镇表》：广德二年载，置衡州防御使，领衡、澧、岳、潭、郴、邵、永、道八州，治衡州，上元二年（761）废，广德二年，置湖南观察使，领衡、潭、邵、永、道五州，治衡州。大历四年（769），徒治潭州。中和二年（882），升钦化军节度，光启元年（885），改武安郡节度）。五代时，为马殷所据（殷所据潭、衡、澧、朗、岳、道、永、邵、辰、郴、溪、锦、奖十三州，为今司境，余属广东、广西）。周广顺初，地入南唐，既而刘言取之，寻又为周行逢所据（在今司境者，惟郴州属南汉，溪、锦、奖三州，仍为蛮地）。宋平湖南，分置湖南北路。元末中改荆湖南北路（鼎、澧、岳、辰、沅、靖属湖北路，潭、衡、道、永、郴、邵、桂阳监属湖南路，后湖南路又增置武岗、茶陵二军）。元为湖广行省地（岳州、常德、澧州、辰州、沅州、靖州六路属江南湖北道，天临、衡州、道州、永州、郴州、宝庆、武岗、桂阳八路，茶陵、莱阳、常宁三州属岭北湖南道）。本（清）朝康熙三年（1664），分治湖南布政使司，康熙四年（1665）移偏沅巡抚驻长沙府，雍正二年（1724）改为湖南巡抚，领府八州：（长沙府、衡州府、永州府、宝庆府、岳州府、常德府、辰州府、永顺府，澧州、郴州、靖州、桂阳州）

（清朝李韩章、裕禄等编撰《光绪湖南通志》P358）。

永州府

禹贡荆州之域。春秋为楚南境。秦为长沙郡地。汉为零陵郡地。后汉移郡治泉陵。三国、吴、晋以后因之。隋平陈郡废置永州，兼置总管府，寻废。大历初复曰零陵郡。唐武德四年（621），复置永州。天宝元年（742）复曰零陵郡。乾元元年（758）复曰永州，属江南西道。五代属湖南，宋亦曰永州零陵郡，属荆湖南路。元为永州路。至元十三年（1276）置安抚司，至元十四年（1277）改置总管府，属湖广行省。明洪武初改永州府，属湖广布政使司。本朝因之。康熙三年（1664）属湖南布政使司，领州一县七。

零陵县附郭，汉置泉陵侯国，属零陵郡。后汉移郡来治。晋以后因之。隋改县曰零陵，仍为郡治。唐为永州治。宋朝、元朝、明朝不改。本朝因之。

祁阳县，汉泉陵县地。三国吴析置祁阳县，属零陵郡。晋因之。南宋泰始元年（465），属湘东郡，泰始五年（469）复故。齐以后因之。隋省入零陵县。唐武德四年（622）复置，属永州。贞观元年（627）省，贞观四年（630）又置。宋朝、元朝、明朝不改。本朝因之。

东安县，汉泉陵县地。晋分置应阳县，属零陵郡。宋以后因之。隋省入零陵县。宋雍熙元年（984）始升东安场置县，属永州。元朝、明朝不改。本朝因之。

道州，汉置营浦县，属零陵郡。后汉因之。三国吴分置营阳郡。晋初省，仍属零陵。东晋又分置营阳郡。宋齐因之。梁初置永州郡，后兼置营州，寻废。隋平陈郡废为永阳县，仍属零陵郡。唐武德四年（622）改县曰营道，复置营州，武德五年（623）改为南营州。贞观八年（634）改为道州，贞观十七年（643）废，入永州。上元二年（675）复置。天宝元年

（742）改为江华郡。乾元元年（758），复为道州，属江南西道。五代属湖南。宋亦曰道州江华郡，属荆湖南路。元至元十三年（1276）置安抚司，十四年（1277）改道州路总管府，属湖广行省。明洪武初曰道州府，洪武九年（1376）曰道州，以州治，营道省入，属永州府。

宁远县，汉置冷道、营道二县，属零陵郡。后汉及晋因之。东晋改属营阳郡。宋齐以后因之。隋省冷道入营道，仍属零陵郡。唐武德四年（622）改置唐兴县，属道州。长寿二年（693）改曰武盛。神龙元年（705）复故。天宝元年（742）改曰延唐。五代时属楚改曰延昌。后唐同光元年（923）复故。天福七年（942）改曰延喜。宋乾德三年（965）始曰宁远，属道州。元朝、明朝不改。本朝属永州府。

永明县，汉置谢沐县，属苍梧郡。后汉因之。晋属临贺郡。宋属临庆国。齐仍属临贺郡。梁陈因之。隋省入永阳。唐武德四年徒置永阳县，属营州。贞观八年（634）省入营道。天授二年（691）复置，属道州。天宝元年（742）始曰永明。宋熙宁五年（1072）省镇入营道。元佑元年（1086）复置。元朝、明朝不改。本朝属永州府。

江华县，汉置冯乘县，属苍梧郡，后汉因之。晋属临贺郡。宋属临庆国。齐仍属临贺郡，梁齐因之。隋改属零陵郡。唐武德初（618）析置江华县，属道州。贞观十七年（644）改属永州。上元二年（761）还属道州。文明元年（684）改曰云溪。神龙元年（705）复故。宋朝、元朝、明朝因之。本朝属永州府。

新田县，汉冷道县及桂阳郡耒阳县地。隋为营道县地。唐大历二年（767），析延唐置大历县，属道州。宋乾德三年（965）省入宁远。明崇祯十二年（1639）复析置新田县，属永州府。

（清朝李韩章、裕禄等编撰《光绪湖南通志》P358）

新田开设原委

县地原系宁远北乡，即唐时延唐所析大历县之故墟也。禹贡荆州地。春秋属楚。战国为楚、越交境。秦汉初属长沙国。武帝元鼎元年析长沙南地为零陵郡，始置县名泠道。三国属蜀，先主殁，并于吴。晋平吴，改春陵县。至宋、齐复名泠道。隋并于营道。萧铣改梁兴。及唐高祖武德四年（622）改唐兴，天宝元年（747）改延唐。因地广遥，析西北为大历县，即今南关之地名大历是也。至宋乾德三年（965）并延唐、大历改为宁远，明因之。其地山峦层复，民染瑶习，凶悍难治，而田赋又倍于他邑。明末乙卯年（1639）当路乃从士民之请，具详院道，及出师阁部杨公嗣昌汇题，剖宁远之辽阔者建新田焉，旧系新田营，因立县即以名县。其时主建者太守晏公也，讳日曙，江西新喻人。摄篆监造详书经营者，衡州司马张公也，讳恂，广东东莞人。定义首事殚厥艰辛者，邑庠生黄光宙也。望景观卜以规万全者，江右堪舆即长庚危应鳌也。督工宣力，则邑民黄元朗、黄仁远、黄福、黄寿、乐辅汉、刘福生六户也。共造草昧，例得并书。

（清朝嘉庆十七年黄应培等编撰《新田县志》）

新田形势辩

一邑之中画地分疆，山崎水流有其形，高低远近有其势。论形势必先定县治之所，以察地脉之由来。阅新邑旧志谓县基自衡岳来，非也。天下地势止三大干，北干、中干、南干也，湖南自南干分也，地脉由两粤（粤东、粤西）而来。试观水之源流，而即知册之起止。盖水者，地之血脉，非气不行，气来则水来，水来则山来。永郡之水莫如潇湘，潇水发源于宁远之九嶷山三分石，湘水发源于广西桂林府之海阳山，皆自南而北，经永郡而潇湘，合流为大江矣。大江既北去，则山也北去，从无山水相反者。衡岳在潇水之北岸，永州在潇湘之南岸，大江阻隔衡岳之脉，从何逆水渡江而来也？此由不识天下地势，并不知山随水走，见县脉入首自北来，则以为地脉自衡岳而来，且借衡岳名山为附会，实则无稽之谈耳。

夫山水须论大势，大山大水既去，则小山小水这来，不过大山大水之支脚，忽东忽西，忽南忽北，初无一定，乃支脚之绕掉也。地理家有回龙顾祖之说，所谓形如挂钩者，非即支脚之绕掉乎？宁远地脉由九嶷山来，新邑分自宁远，地脉由宁远后脉大富山之东角分支，因而北行数十余里，顿起春陵山，为一方巨镇。从春陵山分支，迤逦又数十余里，复起高山如屏，从中抽出一支回转南向，即地理家之挂钩形也，到头结太极岭，岭下连起三珠，贯穿入首，而县治丽焉。治后屏山又分数支为左护关拦，随龙水到治前，右护即来脉龙身亦关拦，随龙水到治前。左为东河，右为西河，两水夹送会合于城之南，即从南方委折而去，自是由南转东北，出常宁之白沙河而入于大河乎。水口直出似乎大顺，而高山遮护不见其顺去之迹，故真气内藏实为灵秀所钟，且后有翠屏前有天马相为拱照，登高一望，从山包裹无少久缺，足经久远。然设险守固必有城池。前明开创之始，立城开壕，固如金汤。至国朝康熙年间，邑令钟运泰捐奉修理，自是无修继者，遂倾塌而难兴更始矣。然莅斯土者果能教养有方训练有素，则有形之固，不如无形之固也。

东河：邑东城下一水，土人名东河。来自东岗白水，经蛮子岭，过千马坪，至上流源满田廊下洞曲折以至城下，由东而南，与西河会。

西河：西城下一水，土人名西河。从乌江源至金鸡山、肥源、夫人山，会骥村龙王庙下潭水，出柏家洞委蛇至城西，复折而南与东河会。二水合流回绕里许，即有朱砂岩，峭石峻壁，关锁最紧，流于长富、道塘，出麻窝窑至于十八滩，会松柏大河而注入衡江。

按：二水虽有河名，实则山谷之涧也。地高势泻水不能潴，山涨偶狂洪涛拍岸，不移时而流远波消，即褰裳可涉，故仅可涉可渔，不可以通舟楫。毋论富商大舶咿哑声绝，即欲泛一叶之扁舟亦不能也。兼以地偏岭叠鸟道羊肠，非四达之冲，行旅不出其途，商贾不经其地，即无行户经纪以讦物值，遂不通易事以补不足。耕者胼胝穷年未少而价不高。织者篝灯夜作力劳而售又贱。土著之众聚族山村，寓居治内者不及用都人邑地耳。景色萧条，城烟书冷，昔固如是，今幸。

（清朝嘉庆十七年黄应培等编撰《新田县志》）

新田名胜志

县治居城北高阜面当群峭，而后倚一峰如翠屏，旧称翠屏峰，山容岩竦有居中驭外之象，四山环响若拱若俯，似九嶷之脉自南趋北，特于此一停者，国朝乾隆中邑令赵宗文效岳麓之意，定其名曰"嶷麓山"，良有识也。山之前旧有（宋）乐雷发、黄弼书楼，今存古址。又城内有"香城山"，在县志■■（甘志稿）。其东境诸山则"鹧鸪山"最近，距城东门仅里许。（明）邑令张恂初立县志时，改名"凤凰山"。又东门外有"羊脚洞"，相去■有"大涧洞"。又县东迤北五里有"秀岗"。又县东十里有"挂膀山"，木石森列苍翠清幽，望之若张膀然，故名。东门内设榜山书院，以此国朝教谕梅峰有歌："膀山之高佳气多，列山浓翠青嵯峨。青山黛抹芙蓉镜，千秋瑞气徽巍科，借问此山谁仰止，自有春陵记前美。乐状元黄太

史，郭家三俊应到此。官教仙人淡墨题，高箫云霞腾万里。万里扶摇天路
通，讲坛秀蔚石城东。濂溪石鼓相鼎峙，年年板陡追雄风。嗟我远道悲迟
暮，十年飘落接寒暑。嵩洛燕山涉历空，一坛借此完儒素。对山思膀乞山
灵，愿借逢赢近翠屏。满园莫道花开晚，寒梅老去发晚馨。"

挂膀山之东有"青云山"，弥望苍翠常有青云护。又县东■里，有
"平头岭"。又县正东十五里有鹿山，与桂阳州福塘接壤。又县东北三里
有朝阳山，古名玉峰山，崖门有龙神祠，山足出泉潭，其下为潭田村。邑
人常登此山，观旭日倒影潭中，称胜景之冠云，国朝沈惟垣、黄应培、徐
荣封皆有诗。又县东北二十里有满田峰，自舂陵分支屹然耸秀，上有神女
祠，祈祷甚应。又县东北■里上流洞罗井塘之左有太平山，上有寺，即里
人相传明初见大士真容处也。又县东北五里有召雷岭，元朝刘闲云生时手
有肉印，少习玄学，能召风雷，其坛址尚存。又二里为廊下洞，上流洞以
北有衣架山，以形似衣架名，上有泉水流溢不竭，东河春水径其下，其距
城二十五里，按宁远志县北二十里丽袍山，或即指此地。又县东北四十里
有东岗岭，其南■里为蛮子岭，其下也春水所经也。又县东北■里有天堂
山，崇岭岳立，俯临春水，上有大坪可容千人，盖即千马坪也。

又县东迤南■里有山源洞。又南■里为粟山，山以■里为大雾山，相
连为小雾山，■里为历尾岗，相近邓家村接壤桂阳。又县东南■里有陶
岭，危谶峻崖，迢递连云，穷岩突襜，松竹蔚苍，其石可为砺上有伏龙
洞，中流香泉，相传昔有潜虬蟠伏，一日飞出，香泉陡涌，洞中有石，人
呼龙床，上有爪印存焉。山麓多古刹，相近有上峰。又■里有石鼓峰，其
间又有石门。又县东南■里有斑紫峰（在南六都），又一统志谓县南有竹
紫峰，其上皆生竹剑，疑一山而两乡连比，唬言异名。竹峰之南有峰拔地
而起，下有岩洞中石乳凝结，如仙人状，名石仙峰。又县东南■里有凤规

岭，相近有金山岭。又郑家村后有东山岭，上植古樟大数围，树巅有寓生兰，其色红，人以为郑氏瑞，国朝宁远杨登颂有诗。又甘庆增志稿载南乡有仙人岩极宽广，有仙人迹。

县南之近山则丹砂岩最胜，岩在南门外里许，翰林山之麓，相传岩内产丹砂，每雨后有丹砂流出，岩顶有石门，中为蝉房，岩下有印月潭，水涨时岩内俱溢，国朝沈惟垣、钟运泰、黄之岗皆有诗。城南逾河丹砂岩之东石崖耸立，有石马岗，山石高耸如骏马骧首，北向嘶鸣之状，一统志及旧志皆作马头山，国朝沈惟垣、黄应培皆有诗。省志县南门有桃尾洞，郡县志皆佚，按县志丹砂岩左有淘宝洞，南门石桥外有唐家洞。又县南■里有岛馆洞，■里有龙水洞。又县南五里有鳌鱼山其行如龙，上有清泉甘冽可饮。相近又有云龙山俗称龙柤，其间又有南华山，又迤西十里有七贤山，山巅有七贤祠宇，岁久佚其名，待考，是有三岭，上有岩。又■里为夏陂洞。又县南■里有下源山，其■里有下漕洞，其村万华山，宋乾道元年赐名也，相传何嵩兄弟修真处（距县三十里），其上多松柏，也产丹砂，常为山鸡所啄食，下有天蚁坪，其遗迹也。又■里为罗家坪。又下漕洞有白面司，明初设巡检，今改为芹溪书院。又县南十五里有太阳山，下有岩泉清冽，五六月入游令人忘暑。又南十里有望峰山。又东南■里有新安洞上有寨，又县南四十里有三门寨。

又县东南三十里近白面峰，有赛武当峰高数里，上祠真武，宁远志所谓距城九十里之真武岭，旁有二小山，俗称龟山、蛇山者，迨及此也。按宋李长庚龙会寺记云，巇南九十余里马培江之上接龟山，是新田有龟山之证，国朝邑人徐荣封，陈有爵有诗。其右为石羊洞，崖石如羊屹立首尾宛然。又有羊塘岭，有井曰石羊泉，水注下漕，其间有相公岩，岩内源泉不竭，上有相公祠，国朝沈惟垣、黄应培、乐之祁、刘敦仁皆有诗。又县南三十里有芥子山，平原旷涅特起一峰，望如浮图，中有空谷可以行坐，为山僧所栖，其上有景仙寺，去芥子山■里有清水洞，有■里有龙岩。

又县东南五里有平山，平山■里有大历县，盖唐时故县址也。又县■南■里有砂石岩极高广，有泉水灌田千亩，在■村。又县西南■里（三都地）有小山，其下有村，相近有芳萝洞，有萝谷。■里为安塘洞。又县西南■里（八都地）有天柱岭，岭背为宋龙会寺（宋李长庚记），是有龙会潭。其■里有牯牛岗。又县西南■里有吼天狮岭高数十丈，石有狮吼形，岩深数里，其口出云，土人恒以占雨云。相近有凤石，又甘庆增志稿载县南乡有太平岩极清旷，上祠女仙，是在距城■里之■村，国朝邑人乐明绍有诗。在县南■里之■村有■水潭，又有通石岩，在县南■里之■村，其石如弓桥形，通辟可出入。又县东南境，康熙间萧山陈来揖新，开都里以其近桂阳者，为桂一桂二两乡，其间有芝东岭。距县■里相连有云梯岭，又■里为黄家峰，相近有崇岭。又■里有大富岗。又县西■里有石佛崖，石人耸立故名，上有古寨。又县西南二十里有大光岭，县西数十里，跨宁远境。又十里为春头山，上有大井二出泉清冽，一方赖之，见一统志，盖春陵之支山也。

县西城外半里有寒烟峰，又名龙凤山，其巅有迎恩寺，国朝钱塘、黄应培有诗。又西门外溪口崖上有新田洞，明万历初置新田营，明末置县名新田。以此相近有寿富洞，洞侧流冲桥之上，有溪栖岭，有隔西二里许为茂田洞。又西三里为凤华山，相连为武陵山。又五里为经山（甘志稿），又有迁官岭石峰峻异，近迁官岭为张衍寨，上为龙泉山，峭壁鳞迳，泉流石梁，巉岩之中深藏古寺，国朝邑令沈惟垣、黄应培、邑人刘向阳皆有诗。龙泉以西五里上庄有清风岩，岩形如旋螺，湾环而上为精庐，下有黑塘出黑气，即雨口，按邑人邓华佐山水记，有瓶砠岩燃藜而入。又县西■里（陈来楫开右三都）有潇浦岭，俗称小步岭，又■里有虎砠山，山具虎形，又■里有平头岭，其■为三派洞，■水所经凡分三派，故云。

县境山势多平，独县西数峰特起如玉笋，与九嶷诸峰极相似，邑人统称之曰西峰，下为西山坡，近人多为之诗，惟刘向阳诗可禄。峰之载西而有名者，曰羊角峰，最峭拔，岳岳如角，学官响之。其距城■里为潮水洞，潮水坡出其下，相近有阴洞，其南有云溪洞。又县西北十五里为夫人山，是在同坡村口，又五里为凤形岭，陡峭巉崿，只一小经可盘旋而上，其下为骥村，村之后有石增山。又西南接宁远界曰庄下洞。又县西北十三里有刘西岩，岩右有穴，穴口仅容一人，其内宽敞可坐千人。又县西北三十里独立高牵，竹树迷离苍翠欲滴，是在上英源。

县西北之山其名最古，而今志皆佚者为潭山，水经注所谓营阳春陵县西北潭山是也。按其地当即今零陵、宁远、新田、三邑连跨之阳明山，在春陵山西北者，其上有龙潭凡七，也称七星潭，相传群龙所居，绝顶一潭时出云气，见怪物以修炼，探其底不可极。下与诸潭皆通，以潭名山理或然也。盖春陵一山悬亘辽阔，从其阳谓仰山，从其阴谓潭山，皆取其至高者名之。其余峰岭竦立殆以百数，县志谓西河出乌江源九十九峰，而山川门惟载确石洞之九峰山，宁远志云阳明山后为确石洞。新田北乡居其东，出水曰春水，则乌江源当接近确石，而九峰者或乡语省简及九十九峰也。山之西北为黄溪为分水岭，梓江黄江东，春水分流处，领地属零陵，山之东为白水岭地属宁远，而旧志谓原隶宁远，今析于新田，盖近分水岭有分水洞，近白水岭为白石岗，皆指错壤连界处言之山。又东接黄檗岭下有瑶岗，也壤接零宁之交，旧志谓析入新田，则较前二岭为近也。山又北接常宁界为阳山板角洞，西抵祁阳界为三斗岭，近落山洞落山，盖即洛阳山之伪。又西抵宁远界为刘家山，是皆春陵诸支山。明史地理志载县有春陵山，以此也。按衡州府志常宁县南塔山，东跨大小猛峒，西连犄石（即确石字异）。今宁远有猛江源，土音呼猛如茗大猛大茗，盖即柳宗元文所谓大冥之川者。然则在新田曰乌江，在零陵曰芜江，在宁远曰巫江，在祁阳曰吴水，音之为字异岐出，复见可推而知矣。

县北门外■里为蓝田洞，又有观音坪，其上石罅中七井如连珠，名石珠井，灌田甚薄。又县北■里有乌背山，又县北■里有大爪岭近秀峰。又县北■里有猫砠岭，又县北也有白云峰，高峻入云，上有岩，深广若室，中有巨人踩，石乳下垂击之中音律，山顶山泉久雨不溢久旱不干。又县北二十里有五龙山，烟峦环结天半极秀，上有镜石可鉴，白水经其下以出祁阳。又县北二十里有金莲山，山如华顶左右出泉，相连为中华山。又县北二十里有老君岩，按邓华佐山水记，县有石妇山，相传昔有聚妇者，经其地遇狂风暴雨，妇化为石，每日石高寸许，后为雷所劈，遂以石妇名山，今在县■里之■村焉。其石之异者，则下漕洞有莲花石，花瓣绝肖，相传为黄鹤仙人跌坐处。又城东水崖有观音石，石肖观音，坐莲花形，其下有僧石，如僧人披袈膜拜状，其臂有孔，吹之有声。又县南■村有笏石，石如列笏。又■村有碟石，又县北■村有双狮石，又南二都有石龟鳖云。

县境水之大者曰东河、西河，皆春水也。水经注云，春水上承春陵县西北潭山，又北经新、宁县东（今常宁县），又西北流注入湘水，流其曰东河者，即春陵山白水，分派至县东北东岗，而来之蛮子岭（县图作寨子岭）过千马坪至上流洞、源满田、廊下诸村，曲折南流又西折至县城下，与西河会以入湘。其曰西河者，则潭山所出之正流，俗称乌江源，从九十九峰南流，经金鸡山、合肥溪，又折而西，过夫人山，下会骥村龙王庙，下潭水■出柏家洞，逶迤至城西，复折而东南流，与东河二水会，合流出麻窝窑，经嘉禾与峤水合，东入桂阳州境称衡塘，水西下小十八滩合桂水，乃北流入常宁县境称焦源河，又折而西经盟山及凤仙山北入于湖，今谓焦源河口是也。

县东南羊石泉合下漕洞之漕溪水，饶山折流而西至■入于春水，其间有鹅安滩，也名鹅井坡，泉出最清灌溉极薄，相近又有鸡井坡小溪。县东北有上流坡，又东有小源水入于东河，又县东北■里有罗山坡，相近有社潭坡，又县东北■里有龙坡，县西南■里也有龙水，又有清水洞之清水。又县西北■里有西岭坡，相近有大源坡，迤南■里为云溪，溪水流入西河，相近为烟竹坡、三门坡，县志所载境内水坡七十有四，今谨铭其名之稍著者。其井泉则城口有杨柳井，下漕洞有狮井，清水洞有鹅井，北乡山下洞有山下井，县东南邓家村有圣泉，出自■石崖。又县东李家山有蛟龙井，其水殊香，也曰蛟龙潭。又陶岭下有龙状井，山石如龙眼，鳞介僵伏，龙首垂开，出水甘澄亦异迹也。又西南十五里有香花井，出危石下。徐家洞有葫芦井，灌田甚远。又县西龙坪有大泉井，又南乡白芒村有泉涌出如玉，称碧玉井。又白面峰寺后有岩孔出，泉曰潖灵泉，近人陈有爵有诗。其塘源则城东三里有莲塘，城南五里有欧家塘，又十里长富桥下有桃潭，相近有大坪塘，又县西■里有五柳塘，又县■南■里有苦竹塘，其东有龟石塘，县东北则有月湖塘，■村有琵琶塘及■村之南塘，县西有鸭鹊塘及兰湾云。

又新田城内凡为山二，为峰一，四境为古大山一，为群山四十有九，为岭二十有四，为峰十有一，为群峰之在乌江源者曰九十九，为岩十有二，为崖一，为岗六，为洞五，名之古者一，为民瑶村岗二十有五，为村三，为石门一，为异石八，为寨三，为坪五。古水而今异名者一，为支水四，为溪五，为泉四，为井八，为潭八，为湾一，为滩一，塘之附见者五，坡之附见者十有一。

（清朝吕思湛、宗绩辰修撰《道光永州府志》卷二 P226，"■"为原文缺失）

第二章　楚南骆氏历次编修谱序

大明洪武五年（1372）
《资兴滁溪旧谱纂修序》

岁在皇元至正之庚子（1360）成年十五，侍王父伯达公肄业于仙亭书屋，公常举宗法以语曰："古者系之以姓曰大宗，大宗以下别为族，缀之以氏曰小宗。盖别子为祖继别为宗，百世不迁者大宗也，继祢继祖继曾祖继高祖五世，则迁者小宗也。"成于是知宗法之当正焉。及讲《尚书》"以亲九族、九族既睦"句，公慨然曰："九族宜睦古帝尚然，矧吾辈讵可忽诸"。成又知睦族之为要焉。越九年，圣主己酉春（明洪武二年，1369），公赴任善化（旧县名，在今湖南长沙，宋元符元年即1098年置，民国元年即1912年废）训导，及庚戌（明洪武三年，1370）秋，成谬承知遇，叨游庠泮，往署省谒。公仍以敦宗睦族是勉曰："我族为西周武公之裔，先人食采于大邱，继封于内黄者。若而世籍于会稽，卜居于义乌，迁于临武，仕于乐昌者。又皆若而世，始祖都督公自宋解祖，肇基滁溪。自武公迄今于滋，六十二世矣，占籍于兴亦已八代。先人虽有谱帅，历年久而断简残篇，半归渐灭，谱今不修，恐后忘其所自，汝曷不取予所遗《庆源图录》，纠族人而载诸谱？"成曰："唯。"越辛亥（明洪武四年，1371），荷

144

食廪饩，有怀祖命，而思谱者记实录也，秉笔者若承讹踵伪，附蔓牵枝，则邻于妄；意见横出，议论翻奇，则涉于诬；去取不公，缁黄莫辨，则同于枉；虫鸣蛙响，琼语谵言，则病于俚；有一于此，实贻讥于后人。编次之下，存以兢慎，远不漏实，近拾不浮，录不缘私，遗不受怨，务求免乎。前所云四者之讥稿，成持呈于公，公曰："近世士大夫所撰述，大都焜耀玉叶之文，组织金枝之胄，尊尊亲亲之道，弗讲实吾所不取，子能体吾夙，昔之所教者以作谱，是可寿诸犁枣昭兹来许。"成承祖命，谨识之，使后世子孙，知所以敬宗睦族云。

（骆安民八世孙、邑廪庠骆有成撰）

大明永乐十四年（1416）
《乐昌柏沙骆氏创修谱序》

尝闻父老相传，吾骆之肇迹出自会稽二千石郡守讳骏字德良公之苗裔。溯渊源所自，发祥于烈山神农氏。至太公之后子骆，世为齐卿，以王父字为姓，子骆实内黄肇姓之祖也。五代时，吾族祖讳良相，字国佐，号葵轩，乃汉太守骆骏公之耳孙，钟会稽孝江巷之秀，举石晋天福间（936—943）孝廉，擢粤东巡抚，服冠保黎，德政最著。致仕归道，值马氏之变，感异人指引，逢河沙止寓则吉之说，因卜临武西岸之沙坪而家焉，其弟良臣另择桂阳州之东关创业避异焉。我良相公生子二：长仲舒，号敬天，字自得，联捷后周显德间（964—959）进士，宋开宝间（968—975）官至太子中书舍人，至迁起居舍人。次仲荣，始迁居于蓝山，旋迁于金华。仲舒公有子三：伯安世，字济时，以至道丁酉（997）乡荐，附郴州试登咸平世科，除著作郎，知梓州郑县，为循良吏，积善余庆，蔓延花塘、燕溪及下骆家，四村之众世甲临阳。仲弟安邦，字济世，蜚馨黉泮，择居宁远岛馆（新田骆铭孙），亦为望族。季弟安民，字济众，以经术膺，天禧间（1017—1022）特遇赐同进士，拜乐昌宰，有卓鲁声，喜邑河南柏沙山溪灵异，遂占籍以开吾族，亦不忘从河沙之本耳。世为岭南故家，问居址则有楚粤之殊，究本源实良相公一脉所出，仲舒公一气相传。宋元以前咸食先人之旧德，服祖宗之先畴，处处念之宗谱分流合源相与合蒸尝，联昭穆歌棠棣会冠裳，不特亲其亲长其长，而仁义之风行焉。及至元末兵燹，世远籍湮无从稽考。洎乎国朝洪武丁卯（1387），我伯考广文登第，尝欲操笔合谱，以联宗棣。忽遭疾，知不可起，以手书遗于予曰："吾与子道义骨肉，形分志合，今吾不幸命短而逝，永言决矣，且于子有深望焉。吾忝生人世，既不克报祖宗之功与德，又不获成先人之世系帐也，何如不能无望于予矣。"呜呼，小子不肖，何以克负吾伯之望也。予当校士宜庠观望，徼幸上进，奚遑及谱。移至永乐乙未（1415），值丁内艰，读礼之余往临访宗谒祖，因得考论先代世系终始之详，诚如父老之所传焉。爰稽吾开祖太尹公宦流乐昌以来，族称繁富，人文蔚起，后先济美。二世元吉公官河中录事参军。三世时宪公任五经博士，以忠烈死难追授国学祭酒，其弟时彦公宋隆兴癸未（1163）乡科，今率子若孙择居南海胥江。四世举贤公任左军都督都事，五世尧道公任昌邑尉，予高祖坚道公为世理学儒宗，七世吾父宾荣授知青田（今浙江丽水市青田县）邑令，号称循良，吾叔父宾华为龙川（今广东河源市龙川县）司训，八世伯考基举洪武孝廉，为忻城（今广西来宾市忻城县）祭酒，九世从弟友谨幸拔国用。不肖绾偕男凤，虽然不才，犹荷先祖余荫默护，咸叨教职。若升上庠食饩廪者，奕世蝉联，敢曰为之后哉。但簪缨幸未凋谢，冠裳不致凌夷耳。至于仁义孝悌之传，敦睦享厚之风，吾子孙世嗣其征于勿替。若夫追远报本，昔先达诸公笃尊祖敬宗之心，为崇始美报之典，各捐赀财，砌筑柏沙湾河边一带地基，创建祭店数十间，以供蒸尝奠扫盖有年。今谱内之修也，则予承伯考广文公之命，谨而辑之，以良相公奉为百世不迁之鼻祖，统属八族创合为一。惟于各派知世系渊源，与某族同某祖一脉而分，俾后族千百子孙，晓然支派源流所自出，无失亲亲之谊也，所以序世分，别亲疏，明大小，宗支异，同载其详之矣。更谕诚后代子孙勿轻传示外人，谨防替冒乱宗为也。幸际老师苏先生解西粤左悆荣归，道经庆远（今广西河池市宜州市）访予，讲学论旧，因出谱示之，遂蒙欣然命笔序于其端，捐金助勉。予锓梓颁给宗族，莫不交相庆曰："何幸得此一本，太和之盛举也。"

予宣言于众曰："斯谱所载者，悉良相公一脉所流传者也，若能以良相之身而亲族众，以族众千万人之身推本于良相公，则绵绵数百世支衍数百族，式相好而无相尤者，是所愿也，焉敢望若关西之杨、河东之柳、相州之韩，以簪缨显。而惟厥德自修，如寿张之张、九江之陈、苏州之范，以孝友闻则幸矣。"继今以往，愿吾族人务齐其家范，而为祖德之是绍，毋以智欺愚，以强凌弱，勿倚贵而骄贱，勿挟富而轻贫，勿以大而压小，勿以卑而侮尊，痛痒相关，庆吊必及，患难必救助，疾病相扶持。诚如是，尊尊亲亲播于四方，绳绳蛰衍于万冀未艾矣。绾虽不敏，愿吾族人共勉之。

（骆安民派下九世孙骆绾撰，广西庆远府宜山县儒学训导）

大明宣德三年（1428）
《临武骆氏宗谱旧序》

予骆氏宗派出自内黄，其受爵赐姓肇于子骆。是子骆者，予姓之鼻祖也。予始祖良相公，字国佐，号夔轩，即子骆之耳孙也。自子骆而上，则太公望以非熊非虎非黑之瑞，隐钓渭滨。周文吉梦，载后车为太师，厥后奋鹰扬奇绩，佐武克商，以成周朝清明永清大定之治，酬庸胙土，得少昊爽鸠氏所居之地，在禹贡青州之域以封焉。传数世，子骆以公族柄国，复修通商煮海之政，致国富强，子孙世秉齐钧，故以王父字为姓焉。又考齐世家自炎帝孙伯益，于唐虞时为四岳，佐禹平水土有功，赐姓曰姜曰吕，谓之吕侯，其国在南阳宛县之西，甫侯申伯维岳降神而生，皆其苗裔，载诸风雅，班班可考，而太公又其华胄也。由周而来，子孙繁衍，代有文人，他不具论。汉时骏公，字德良，号鸿叟，为会稽太守，尽忠于朝，布仁于都，洁己率属，与利革弊。其最著者，郡中浇浴以贫故不举男女，公到郡即严为之禁，然后民知父子天性，至亲不忍陷溺，其年间举子者甚众，皆以骆为名骏为字焉。公之福庇于越者甚深，越民之戴公者尤挚，上下相亲，不啻如慈父孝子。公于是欣然有卜居之志，诏诸子谓之曰：斯地也，夏禹会诸侯计功于此，少康封少子无余以奉禹祀亦于此，吾致仕即居此焉。盖宇内胜地会稽为最，载山为王右军所寓，萧山为许询所处，秘图山为藏灵秘图之所，宛然山为金简玉宇之藏，西南有鉴湖之明媚，东南有若耶溪之仙风，所以予先人之家会稽者，钟山川灵秀，为当代伟器者世不乏人。而予始祖良相公崛起于其间，则尤骆氏之白眉也，于石晋天福间，由孝廉出身任广东巡抚，时际五代天步维难之秋，民之忧干戈者，危苦困敝，莫此为甚。公加意噢咻而抚循之，舆瘝顿起于任席，粤民甚德之，歌声载道。迨致仕旋里，道出临阳，览临之兴图华阴耸拔于西，桂岭拱护于东，南则有挂榜晴气之秀，北则有龙洞烟云之奇，因谓此亦胜地，不减会稽，何必归，遂卜居于县治西土名沙坪。生子仲舒公，即予族二世祖，后周世宗显德间进士，宋移周鼎，公绝意仕进，欲全忠义，尝慕陶渊明之称晋处士耻食宋粟。无奈开宝年间，诏求宿学，备东宫官以福储，当路以公申报，地方官亲为劝驾，公卧不出，乃淹以观望，强之使起，不得已勉应说命，官至太子中书舍人。公之仕也本以避祸，授绶非其本心，故不欲露所长，俾宋史得纪其事，以污其名，且不以致仕以遂志焉。政尝搜家藏遗书，得公咏菊诗："金风腓百卉，秀挺傲霜枝。上宛空移植，根深彭泽篱。"则公之隐念介操见于讴吟，千载而下可共谅矣。舒生安世公，为予族三世祖，咸平（998—1003）中附郴州试登世科，除著作郎，知梓州郑县（今四川三台县），绰有循吏声。嗣是而后，八世祖廷玉公通判汉军（今武汉市）。九世祖兴叟公以壬午选拔，授循州（今广东惠州市）州判。十世祖原辅公，予之吾父也，由宁远尉升洛昌知县，治绩至今犹称道不衰。其弟原用予之叔祖，至元间（1272—1294）任全州司理郎。如政不才，亦荷先人之鸿庇，叨膺永乐庚子（1420）应天乡荐。庶是予族之簪缨，诚有如邑侯邵夫子所谓世代蝉联者也。自始祖良相公传十二世而及予，子孙殷繁，询其居则有四，予所居之沙坪乃其祖居，吾父原辅公则乔迁于花塘，叔祖原杰公卜居下骆家，弟居智又卜居燕溪，四村之众不下千余口。然此其居临者，而至分基异域者不可胜计。夫世既远，则源流易忘，人既蕃，则昭穆难辨，不有谱以叙次之，吾恐亲也而路人，目尊也而等夷待，大戾先王尊尊亲亲之化，故合族佥议有修谱之举，以予董其事。予思宗谱乏修，所系非浅，而又不可少缓，故不敢谢不敏，勉承叔伯兄弟之命，殚精竭虑，考据详实，为之溯其源之所自，为之究其派之所分，为之别其孰为昭孰为穆，以及生殁之岁月靡不志，茔光之向背靡不登，俾世远代湮，披谱阅之了然目前，且立规著训，期与后之继今者共图凛遵，以无辱于先，克昌厥后，则予骆氏之世德，子子孙孙勿替引之矣。

（骆良相十二世孙骆居政撰）

顺治八年（1651）
《新田骆铭孙重修宗谱旧序》

古先王设为庠序，而申之以孝弟之义，亦诚以孝弟也者，为仁之本，而仁者人也亲亲为大。然而亲尽从祧，愈远则愈疏，若又难于备举者焉。以后裔有志继述，必由亲而逆之祖，由祖而逆祖之祖。如我祖良相公者，我族之鼻祖也，于石晋之时官任节度，巡抚粤东，致仕之日，遂卜居于武水之沙坪。越三世祖安邦公，而乔迁于舂陵之岛馆洞，传递至承基公，而遂创业于斯焉。倚与休哉，我祖之仁爱乎子孙者，何其悠远若斯也。不有家乘为之记载其详，厥后生齿日繁，其或生不同时，居不同族，而道途相遇，亦将莫识其为谁氏之子矣，是谱之有裨于后起者，岂浅鲜哉。然而予族之创立宗谱也亦已久矣，自唐宋元明宦迹科名，烺烺柄炳，昭穆考妣，本本原原。今岁之春，父老命予修之，予因为之清其源流，而孰为本宗孰为支子，生殁之干支于是乎载，茔域之方向于是乎记，百世而遥亦将按谱而知所亲矣。其或后世子孙，有继余而续修者，是又余之所深望也夫。

（骆安邦派下十五世孙骆思远撰）

康熙三十九年（1699）
《临武重修骆氏宗谱序》

自有天地以来即有人物。但循蚩以上，草食舟服，男女之伦，尚未有别，又乌知有父子，不知有父子，又乌知上有祖宗，下有叔伯兄弟以及族类乎。自太昊伏羲氏始制嫁娶正姓氏，以重人伦之本，而民始知族家姓者统其祖考之所自出，氏者别其子孙之所自分，源流井然，本支裔然，由是而知孝亲悌长，由是而知尊祖敬宗，由是而知仁子孙睦族党，然后人道尽而灵万物参天地，大异上古吱吱吁吁之风，迄后圣王代作踵事增华而制愈备，则又有受爵赐姓者焉。有以王父字为姓者焉，如曹、滕、雍、郜、凡、蒋、邢、茅，此以封国为姓者。如国、孔、孟、叔、仲、孙、季、孙，此以王父字为姓者。有姓有氏在春秋时犹然，而后世则合而一之，不敢有所别异矣。今骆氏系出太公之后，子骆氏亦以王父字为姓者也，其源之蓄也最深，故派之流也最远，其本之植也最固，故支之发也最繁。昌于会稽者德良为之始，公姓振振巷名孝江，至今脍炙人口。其裔之分于义乌者则宾王，与予先宗子照邻、王勃、杨炯称"四杰"焉。读敬业讨武檄文忠贯金石，堪与日月争光，虽千载下犹凛凛有生气，忠孝家声其来已久。其迁于临阳者，则有国佐之仁厚为之肇基。令子自得以后周进士，义不食宋粟，虽强之起不旋踵，而解组归田遂其初志，其咏菊诗公之忠贞皎然，如青天白日不为尺雾障蔽也。以故孙枝荣茂，四村七族秀甲临阳，其间显宦名儒勋庸彪炳，即朴而归农者亦盛世之逸民，山林之隐君子焉。旧谱之修，有孝廉正宇以操其笔，有郡邑侯之序以表章其盛美。今之重修也，又有铁崖王夫子之序柄柄灿灿，加以贵族贤子弟为之搜辑遗方访求轶事，自可为内黄百代美观。乃谓以族间子矜及业儒者，均出予先君子之明，因以世兄弟曰予借兴之共助厥成，且丐一言以续诸名公后。予瞿然谢不敏，而诸父老及诸世弟迫督至再，不得已起而应曰："诸君既不鄙予迂拙，则予之荒言出矣。"贵族为太公子骆之后，寒家亦为太公高溪之后，食采于卢，以封邑为姓，在后世有骆、卢之分，究其初则皆太公之裔。又溯其源，本则皆炎帝神农氏所出也。譬之汉水，始出为洋，东流至武都则为汉，又东至武当则为沧浪，至太别入江合流汇泽则为彭蠡，而其发源于嶓崎塚则一也。又譬之扶桑，两翰参天高数千丈，其为枝为叶不可胜计，而其极根抵之植于滨渤者则一也，是予与贵族发祥既同。至盛唐时，照邻与宾王共为人杰，有骆卢之称，则亨大名于当时，又同今予与诸世兄，俱沐先大人乐育叨衿，则所传听学者又同。是则始也同，原继也同，根究也同，然则今于其谱之重修也，固望贵族之列斯谱者，思祖宗之传家惟以忠孝，则世济其忠世笃其孝者当引愈长；思祖宗之昌后惟于策德，则世德作求继序思不忘者，当人人有同心；思祖宗所传之子孙虽支派盈于累万，要皆子骆一脉相传，则所以敦伦睦族式相好而无相尤者，当阅亿万代如一日胥亿万族如一堂。由是瓜瓞愈绵人文愈盛，近而绍相舒世政之科名，远而有"四杰"鹰扬之厅绩，斯拱而俟之。而予与君家幸同源同誉同方者，亦将与有荣施矣。故因其请序，爰走笔书之，以为骆氏子孙劝。

　　（卢尧典撰）

康熙四十四年（1705）
《新田骆铭孙重修宗谱旧序》

　　家之有谱，所以记祖宗之昭穆世系，别子孙之亲疏隆杀也。而说者谓侪于国之有史，余窃以为僭矣。虽然后之述史者其体有二：曰编年，以事系日月而总之于年，盖祖乎《春秋》。曰纪传，分记君臣行事之始终，盖祖乎《尚书》。谱之修也何独不然，以详祖宗之远迩而为之编年，以杨祖宗之功德而为之记传。是则家之有谱侪于国之有史，而所以祖乎春秋、尚书者，其事一而其理亦一也。然而予族宗谱亦非自今日始也，由承基公而上溯之，若一世祖良相公，即由浙而居临阳。三世祖安邦公，又由临而居岛馆。六世祖弟卿公，又由岛馆而居石羊洞坪山。至承基公复转徙于岛馆，遂为之创业于斯焉。迁徙无常，且基业未肇，亦何暇于治谱。由承基公而下溯之，若日明公、宗骧公，其世甚近，其人甚稀，凡祖宗之本末源流，父子间口相传述，而无遗又无容于治谱。迨至元明之时，予族子孙繁衍无穷，不有谱牒为之记载，则将等至亲于路人矣。故先人之造为家乘者，原所以序昭穆辨亲疏，传之百世之遥，而莫之或素者也。厥后兵燹扰攘，而谱牒无恙。今幸本朝定鼎、思达公，为之拾其旧编续修于前，今岁复议重修，告竣而征序于余，余曰："序者叙也，叙述此日之所有事，而有功于后世者也。"

　　（骆安邦十七世孙骆振纲纂，时任黔阳县教谕）

嘉庆八年（1803）
《新田骆铭孙重修宗谱序》

谱牒之修，祀典之举，亦即明且备矣，似无庸赞。但予幼奉亲命游意诗书，垂情古典，见夫姓氏之所赐，或以地或以官，纷纭不一。而要均当溯厥由来，也于所略而过者居多。独于本宗一脉，推而上之极不能忘。爰稽黄帝之后有伯益，伯益之后有齐太公，后公子骆者，始知吾姓之所自出也。降自秦汉以历唐宋，姓氏亦纂繁矣。或武勇靖夷九阙恩宠，或文章济世四杰并称，因知代有名人。递至我祖乔迁南岛之乡，历祖花萼产兢秀此，而才奇甲榜莅任汤溪，联科简拔躬膺贡选。后则护卫王室功耀锦衣，世袭厚爵熏著异常。迄今本朝荡定，声名赫奕照耀京师，猗与休哉，何我族之盛也。余佩祖德飞声黉序，虽未即恢宏令获绪，岂忍忘一本之渊源哉。今因谱更新，约记宗功，以志不忘，敢谓读书有获，以昭示于来兹与。

（骆安邦派下十八世孙骆先步纂）

从来国有史邑有志而家有谱，此三者名虽异，其理则一也。史载其治乱兴亡忠奸良妄，志记其口田赋人文风俗，谱叙其祖宗之生殁葬向源委根蒂支分派别，使事迹后有可处简略永有可考，其关乎世不小则谱之所系，岂不与史、志并重者乎。尝考我骆氏之源始自黄帝，而其得姓则一本于齐公子骆。子骆者太公之后伯益裔也，伯益者黄帝之玄孙，是黄帝者其即我祖之始祖也乎。降之汉之骆骏、唐之宾王、陈之旗门、骆登殿类，皆名贤杰士。至我历祖累代锦衣部院，而举贡监员奚馨名言，兼之人文蔚起派分繁衍，猗与休哉，非吾祖深德焉克臻此。兹因谱旧残缺，众命重修。予愧不才，遍游两京，深负名贤之训大人之谕，弗克荣登皇路未伸其志愿者，犹幸同学叔侄兄弟俱已列名，庠序大有光于祖也。重修谱序是所望盱君贤，余敢竭鄙诚谨具俚言，俾后之览者，咸知溯源敦本之要，尊祖敬宗之诚，一堂聚顺少长咸集，序昭穆别尊卑，礼法之盛，恩义之隆，永为仁让之风，后之人其最诸。

（骆安邦十八世孙骆应鼎撰）

常闻宗之有谱，犹国之有史也。盖国无史则贤奸治忽无由明，家无谱则贻谋缵承无由著，是谱之所系诚大矣哉。吾族父老见族衍日盛鸠众成谱。而以我族之鼻祖，自良相公以及安邦公，世代积功累仁，创世垂统，递至承基公肇基在兹，越后人文蔚起派衍繁昌，显宦耀于明中，庠序辉于国者，皆我祖之积厚流光以致斯也。夫木有本水有源，观吾族之振兴，能勿思世德之缵承也。后之人因其谱而递其源，而欲克绳祖武，丕振先猷，亦惟以孝悌忠信为大本，以耕读勤俭为良谋。凡族间老幼亲疏而联为一体，恶则相戒，善则相成，上期报国之思，下期振家之绪，远期恢祖之业，近期显亲之名，庶使吾祖之世德家声，皆赖以不坠，是谱之作，而与国史并垂不朽云。

（骆安邦十八世孙骆薰沐撰）

光绪二十九年（1904）
《新田骆铭孙重修宗谱内黄本宗溯源序》

尝思万物本乎天人本乎祖，数典而忘乎祖，大雅之羞后福之靳矣。郊祀而配乎天，人士之至，遵义之尽也。古昔圣王达孝崇先，必以追王上祀合群庙主蒂自所出，为继志述事之大端，又以通族合食，祇酬逮贱，序齿燕毛，为敬宗睦族之盛举，其眷眷于上治下治旁治之道者，盖非苟焉，从事源不上穷流不下究也，故《诗》曰"厥初生民"，言其由来者久矣。《诗》

又曰："本支百世"，言其继后者长矣。岂规规于一本，九族之亲而已哉。夫繁之以姓而费别，缀之以餐食而费殊，虽万异而亲族费竭者，即后人敦笃宗盟，谱之义实肇诸此。吾内黄一派，系出炎帝，继挺岳宗，派伯益裔，荣分介胄。其由仁而骆者，大骆氏之封于周孝王也。其由姜而骆者，子骆氏之别于齐公室也。派虽有二，发源则一。益与岳并仕唐虞，同出姜水，要皆属乎炎帝。周秦之季，骆氏分居中夏，并入南越，不可胜记。汉兴，我骏公以天授人杰，通籍帝廷，历仕郡守，深仁厚泽，盛德大业，以繁育乎子孙，理固然也。汉唐以来，枝叶弥盛，流派繁兴，骆氏之族棋布星列，几遍寰宇，代有达人，尤多显宦。如骆公绪之义赈活万家，骆宾王之才雄杰千古，骆之才以果毅知兵，骆知祥以特达练事，骆登万仕中外遐迩无庇，骆牙盾卫乡闾以恩荣显，骆悦以骁勇鸣元，骆光将略纲目特书，骆思恭功伐史策，骆养志、养性并列钧衡，骆祚久、祚昌交推名售，骆安、骆思恭、骆养性三世共笃忠贞，骆以诚、骆寄保、骆升一家同昭懿美。此皆吾骆氏之柄炳麟麟，声垂天地德庇后昆者，岂只铮铮敨敨云尔哉。

我始祖良相公，本东汉骏公之胄。生大唐乾宁二年，宦游石晋，返迹临阳，盖壮盛展屏翰之才，而艾者幽人之吉者也，岂世儒所敢望哉。舒公逸名不获而养节愈高，历经皆隐伏沙坪。宋兴诏征峻迫勉应征，然仅东宫一侍辄托疾赋归，如神龙之见首不见尾也，卓越乎彭泽日月争光矣。舒公有丈夫子五，长曰安世，以世科授著作郎出宰梓州郑县。次曰安国，三曰安邦，四曰安士，五曰安民。马氏之乱，临虽僻壤，亦时遭兵灾。安世既篆郑远隔，安民迁去乐昌。我邦公乃命安国、安士及侄士元守庐墓，而自携士亨、士利、士贞入宁远岛馆家焉。后又迁石鼓寨，而邦公年臻大耋矣。公生士亨、士利、仕贞，亨生万里，利生甫威、甫惠。威公仕宋，为迪功郎（古代官名，始于宋，又称宣教郎，从九品），解组归，始卜居翠球坊焉。戚生肇兴、肇立，惠公生肇隆、肇成、肇全，兴生应和、应恭、应美，立生应远，隆生应节，成生应连，全生应道。和公生善学、善德，分居骆家坪，恭公生善文、善志，美公生善才，远公生善略，道公生善韬，远公生善猷，节公生善武，文公开户大园第，略公开户恩富，恭、远、节三公又分居恩富。我学公生佛佑，与美公生佛兴，同守旧第。而万里之玄承基，由翠球坊迁石湾，又由石湾再迁岛馆，就安邦遗址为铭孙坊，始祖至今，又二十余世矣，云仍极盛，居福禄桥上者三百余烟。而或分京畿之瓦窑头，或分附近之骆伯二、青山坪、龙严洞、犬氓窝、鸡笼砠，以及石羊洞之夏源坊、宁远朱家园、骆全、骆伯九、骆家山、神锅堂、五里洞、水打铺，皆有宗牒可考，世系可循。我佛佑公子孙亦另开屏石头、放乐洞、小山下三户焉。其上若恩富、若洪家湾、马鞍塘之始祖百七公，及千八、千九，则士贞公之裔也。其分族为最早至平山、长亭、环连桥，则信卿公之裔，安世、千里二公之分族。而秀岭水实少卿之裔，去良相公未远，本千里公幼子忠卿、信卿其兄也，与石门头、井头湾为一大支焉。宁远、新田、临武、蓝山各州，群族星分，合谱不易。即吾村与铭孙旧谱修于嘉庆之初，迄今将弥百载，未登谱者，数世过后以往，愈久愈纷难备记，方议重修。而蓝族信卿适至，慨然兴合谱之谋，同声赞襄，谓祖宗有灵，不禁手舞而足蹈也。惟丽少鲜知识，长无称誉，微名不成，宗风莫振愧焉。特蒙上天之福，助兴诸君之力，亦由和列祖列宗之英灵，众心相协，爰搜旧闻，并寻先世遗稿，综其首末，播远所在，分发所从，定宅何处，以及古先郎行派名之繁，考谱据之异，见本根之同，聊以示子孙不忘所自云尔。至敦宗睦族，恢先锡类，光耀吾宗，重辉谱牒，皆后人分内事也，敬以俟之不资。

（骆安邦二十五世孙骆兆丽撰）

一九九三年
《楚南骆氏合修族谱祖源宗功序》

　　据宋代百家姓记载，骆氏出河南内黄县。秦始皇统一六国，设中国为三十六郡，汉朝设华夏为九州，州辖郡县。内黄县东汉时属冀州辖治。由周以来，骆氏代有文人，东汉时有骆骏，字德良，号鸿叟，由孝廉为会稽太守，骏公尽忠于朝，布仁于都，清正廉洁，兴利除弊。其最显著者移风易俗，公视其郡中男女伦理不分，立即于以革除。公训子义方，上下相亲，人心所向。父子纵观此地风景优美，遂卜居会稽，故此地为我先人之家。会稽山川钟灵毓秀，代有杰人，三国有骆统济饥荒，孙权以统公为将军。南北朝登公守荆州。之才公为陈将，勇冠三军。唐时有宾王，称四杰（王勃、卢照林、杨炯），誉称"四杰流芳"，其名著《讨武氏檄文》，流芳百世。

　　五代时，我良相公出仕，其父岱方，母王氏。公生于唐朝乾宁二年（895）三月九日午时，公生之日，有文鹰集檐，瑞鸣飞舞，祥兆非凡，人以为异，即知其非凡人也。公仁孝天成，赋资颖慧，能文善武，气氛云雷，唐明宗天成二年（927），公时年三十二岁，始以孝廉举用，任粤东巡抚。后晋天福五年（940），为避马氏之乱，道经临阳，见其地僻人稀，远离中原，可避兵患。纵观临武之誉图山，耸拔于西桂岭，拱护于东，南则有挂榜晴凤之秀，北则有龙洞烟云之奇，公称此为胜地，不亚于会稽，遂居于沙坪。与此同时，即嘱其弟良臣疏居于桂阳，以免遭受累扰。公机智深谋，能在乱世中全家固本。公时年四十六岁，从此守门不出，终日与邻友文士畅谈风月，怡情诗酒，乐度天年，寿九十二岁而终。公生前，嘱子仲舒，逝后将他卜葬花塘墓田牛形，故沙坪为我族始祖之起源地，墓田牛形为我族发详之地。

公生二子，长子仲舒仍居沙坪。次子仲荣卜居蓝山大慈乡，旋住浙江义乌。二世祖仲舒公，字自得，号敬天，后周显德年间，联捷进士，宋开宝年间，官至太子中书。公性敦敬，秉承祖训，不苟言笑，长更静默，宽宏大量，官奏捷而绝意进取，无心荣禄，惟日以养志为乐，诏旨频颁，公不得已赴朝受职。有咏菊诗云："金凤腓百卉，梃秀傲霜枝，上宛空移植，根深彭泽篱。"诗之寓意深明，可见公具有陶渊明隐士之风。

舒公五子，即安世、安国、安邦、安士、安民。长公安世，咸平中附郴州试登世科，仍居临武。次公安邦，为邑增生，蜚馨黉泮，为避兵患，乃令其兄安国、弟安士及侄士元（安世之子）守庐墓，自携士亨、士利、士祯三子入宁远岛馆（即骆铭孙）。安邦公为顾全兄弟家庭，多年肩负重担，晓投临武，暮转岛馆，两地兼顾，心无安定，足无停歇。季公安民，以经术膺，天禧特迁同进士科，授广东乐昌县事。致仕喜邑柏沙湾龙江青山川秀丽，因家焉。由此可见，三大支脉，世代繁衍，葛藟连荣，布居湘粤边境十余县，迄今源流三十八代数万余人，称"楚南望族"，尚播迁于桂、赣、滇、川以及北京、台湾等地，遍及神州海外。

自良相公巡抚卜居沙坪之后，二世祖仲舒连登科甲，为临邑科名首创。三世祖安世复登世科。隔四世，八世祖廷玉通判汉军，九世祖兴叟复判循州，十世祖原辅任洛昌知县，原用任全州司理。十代之内，六代所谓"世笃忠贞"，常为"天朝柱石"。原辅公卜居花塘之后，邑侯刘夫子就其累世功绩，详申上书，皇恩赐准创建更楼，并赐匾曰"玉堂金马"。当时邑侯王之湖又赐匾曰"簪缨世族"。

继后人文蔚起，簪缨奕世，仕官昆耀史册，功绩辉煌。安世系有应京公任南京工部司务，应举公任南京骁骑卫知事，应麒公任宁远税课局大使，居政公任天卿试官、山东登州府福山知县，居礼公授江西余千县丞，绍隆公任江西布政司照磨，得路公任四川广安州同升陕西汉中府端蓄理，亨士公任临、蓝、嘉、桂四县副总统。安邦系有，甫威公任亳州通判，应和、应恭、应美三公，武功卓越，皇封"骆氏三公"，孔巽公奉道保知县，孟坤公恩诏选举孝廉赐六品职衔，时亮公军功奉督宪牌赐七品，时政公军功奉督宪牌赐七品，时勤公军功奉六品，逢奖公州同知，逢专公州通判，赐麟公四品，逢章公六品，逢芹公五品，逢翼公六品州同衔诏授奉天大夫。安民系有时宪公任南京五经博士赠国子监祭酒，举贤公任佐军都督府都事，坚道公赠国子监祭酒、奉训大夫，宾荣公任浙江春田县知县，友谨公国子监舍生，廷爵公授南京五经博士，用元公任湖广黔阳县知县，孟知公任浙江赞县知县，万里公任国子监监丞，献章公任顺州府仓大使，骆燕公任楚府典仪，思则公任连县知县，哲士公任河北京山县知县，骆炜公任南京威州知州。所有先祖功绩，不胜枚举，故皇封"三楚名家"，是其宗祠、更楼金匾之来历。值此合谱，仅将知者予以阐述，书不尽意，亦以为序。

（骆安世三十一世孙骆期针撰）

一九九三年
《楚南骆氏合修族谱骆氏来源序》

中国的骆姓，乃是一个相当古老的姓氏。宋本《百家姓》书，有句云"钟徐邱骆"。历来各地的骆姓人，主要有三支来源，各有各的不同出处。不过，追溯都是良黄子孙。

第一支骆氏系出姜骆。南齐王俭寓的《姓谱》上说："骆，姜姓，齐太公之后有公子骆，以王父字为氏，望出内黄、会稽。"此后，唐朝林宝撰《元和姓纂》，宋胡郑樵撰《通志氏族略》，以及清朝陈廷炜撰、王仁俊辑的《姓氏考略》等，均持同一看法。根据上述这些姓氏专书的考证，骆姓最早出现在山东，然后才逐渐播迁到江南各地的。姓骆的人多半以内黄和会稽为郡望。春秋时代的齐国，曾经称霸诸侯之间，系上古时期炎帝神农氏的后裔姜子牙（齐太公）所建，姜子牙又称姜太公，骆氏系出姜姓，源于齐国，因此，我们家族的历史可说是非常久远。

第二支骆氏系承勾践。《史记·东越列传》载有："闽越王无诸及越东海王摇者，其先皆越王勾践之后也，姓骆。"又据后世姓氏学者徐文注解，骆主料作骆。依照史记的说法，老早便繁荣滋长于江浙一带的骆氏，俱属春秋时代越王勾践的裔孙。时人穆柳森编著的《百家姓辞典》（海天出版社），与彭桂芳编著的《五百年前是一家》（台湾黎明文化事业公司出版），都采用了这一段记载。两千四百多年前的越国（于越），其始祖乃中兴夏室的小康。夏八任帝康姓姒，勾践也姓姒，因此部分骆氏传自姒姓，其理甚明。由此推溯南方的骆姓人氏，其远祖应为大家所熟悉的夏禹，因为夏禹王本姓姒名文命，而禹王又是黄帝姬轩辕起算的第九代，可见我们骆氏是地道的黄帝子孙。

第三支骆氏源于大骆。《骆氏考略》引据史记汪宗虎指出，恶来革之玄孙曰大骆，子孙以名为氏。陈明远、汪宗虎合编的《中国姓氏大全》（大陆北京出版社）也说："商代牧付臣子恶来革的玄孙名大骆，子孙以其名为氏。"由此可见，中国的骆姓人氏，除了有姜骆、勾践裔孙之外，还有大骆的后人。我们得姓的时间，至少有两千四百多年了，称之为古老姓氏一点也不为过。骆氏的先圣先贤开始扬名于历史，是在东汉（后汉）的末年，也就是群雄并起、天下大乱之际，那时候骆俊和骆统父子二人，被誉为勤政爱民的好官，骆悛官拜陈留相，处事英明而有原则，历威保疆，功勋卓著。其子骆统，聪慧过人，二十岁就考取功名，当上君相，政绩斐然。到了南朝，我们骆家又出过一名武将骆文牙，骁勇善战，勇冠三军，不可一世。唐朝的骆宾王更是赫赫有名，他本人因此而名垂史册，流芳百世。其后还有骆山人，明朝的骆文盛，清初的骆国挺、骆仲麟、骆秉章等，都是表现优异，可圈可点的人物。

我们骆氏一族，发祥于山东，称盛于江浙，再传衍于闽、粤、湘等省，清乾隆二十年便有姓骆的人渡海来到台湾，首先在苗栗县的新埔附近开基，接着移徙其他地方屯垦，四十多年前，又有不少大陆各省的骆氏，陆续到台定居，生根发展，而目前在台湾的骆姓人氏，以福建省籍最多，在事业上也有相当辉煌的成就，著名是台湾地区第一百零二个大姓，总人口数约有一万一千左右，其中半数以上集中居住在台北县市、基隆市及高雄市。当然，其他各县市也都有我们骆姓人氏的芳迹。

由于分布地区极广，平日联系不易，骆氏合修宗谱的工作于是显得特别重要，旅居海外的骆姓人氏，普遍都有着"寻根"的强烈意愿。就我个人而言，很希望借着这次合修宗谱之举，把我们海内外的宗亲紧密团结起来，凝聚成一股牢不可破的亲和力及向心力，效法前贤，各尽所能，贡献给国家社会，庶几可以光宗耀祖，无忝所生。我深深以为骆氏合修宗谱之举，意义极为重大。援为之序，并祝圆满成功！

（骆安邦三十一世孙骆明哲撰，台湾新生报原顾问，中华商业月刊杂志社原总编）

第三章　楚南骆氏源流

骆氏庆源图録

　　古人有言曰：本之深者末必茂，源之远者流自长。非只水木然也，于人亦复尔矣。我骆氏系出伯夷（益），乃颛顼之后。益佐舜，赐姓嬴氏。传三十四代曰大骆，周成王封其长子成于大邱，国号大骆，子孙食采其地。历六世厉王时，为西戎所灭。余子曰武，以国为氏，受封郡曰内黄。递传二十一世曰骏，为汉元光年间（公元前134—公元前129）会稽太守，惠政及人，士民爱戴，因占籍焉。越十世曰统（193—228），章武时（刘备年号221—223）擢为太守，散财发粟，利济众生，乃隶籍于义乌。厥七世曰登，南北朝（420—589）殿中丞，出守筠州；曰之才（527—583），为陈将，升中军元帅；曰寿昌，袭爵参军；曰艺林，登贞观（627—649）进士；曰宾王（625—？），为高宗（649—683）博士，寻迁御史；口材华（666—752），任昌化教谕；曰奇珍（706—？），登开元间（713—741）解元；曰奇龄（709—788），生永凰（754—？），永凰生钦敬（792—？），为明经贡生；钦敬生铎（830—904），登咸通（860—874）进士；铎生曰谟（869—943），举孝廉；谟生良相（895—986），由孝廉巡抚广东，卜居花塘，占籍临武；良相生仲舒（935—1019），占后周显德春魁，宋开宝年间（968—976）官至太子起居舍人；仲舒生子曰安世（969—1037），任梓州郑县知县，派居原籍；曰安邦，派衍岛馆；曰安民（973—1063），膺天禧（1017—1021）乡荐赐进士，授乐昌知县，因居柏沙，是为昌邑骆氏之祖。其子元吉，膺嘉祐乡荐，授河中录事参军；元吉之子曰时宪（1085—1143），由拔贡授南经五经博士；曰时彦（1090—1168），领绍兴乡荐；时宪长子曰得贤（？—1218），蜚声黉序，派居莲溪；次子曰举贤（1132—1224），由廪生援国子监，授左军都督府都事，解组回里，道经滁溪，见其山明水秀，遂卜居焉，是为我族始迁一世之基祖也。生子曰国瑞（1165—1246），始登宁籍，屡冠邑庠。曰坚道，恩进士授职修郎，搬父柩归奔河南柏沙里，奉母居丧墓左，仍世派于乐昌。国瑞之嫡子曰俊材，隐居不求闻达；庶子曰俊棋，也徒河南；俊材生辉煌，登宾祐丙辰春魁，授内阁中书舍人，始录谱稿，示我后人。辉煌生缉，登至元辛卯贤书郎，生子之父也。余不敏，仰承先泽，备员下位第，恐忠孝弗展，有负君亲，故每怀靡及者，不能不望于后人，如我族子孙诗书不坠，家声则将子而又子孙而又孙兴，天地为悠久，以彰祖宗之积累，正如本深末茂，源远流长，所谓本支百世，余所属望者欤。今当达临任所录此，以昭后世。

（大明洪武二年（1369，）善化训导骆达僅识）

楚南骆氏临武源流

临武沙坪是始祖良相公后裔发祥之地。公生二子，长仲舒居老家，次仲荣卜居蓝山大慈乡，旋居浙江义乌。舒公生三子：长安世，次安邦，三安民，三大支脉，世代荣昌，后嗣布居于湘粤边境，迄今嗣辈已至三十八代，拥有数万余人。另外，蔓延于广西、四川、云南、江西、贵州、河北、台湾等省，遍及神州海外。

　　安世公派下：四、五世祖为单传。至六世祖信卿公卜居新田石羊洞坪山，少卿、幼卿二公卜居新田大坪塘秀岭水及秀水塘。七世祖仁伯公仍居临武，仁义公于南宋绍兴年间（1131—1162）卜居广西。八世祖廷玉公之子、九世祖兴发公居桂阳大溪头。十世祖原辅公由沙坪卜居花塘，原吉公卜居广东舜头岭。原通公卜居蓝山环连桥，后又迁居田心，最后旋居浙江。原杰公卜居下骆家。而沙评旧址，由十一世祖应星公禀遵祖令仍守祖业。十二世祖居智公卜居燕溪。十四世祖思彬公卜居宁远南门外。到十八世祖万祯公卜居嘉禾坦坪圩。二十二世祖逢缙公卜居尖美石，逢吉公卜居大湾，二十三世祖明捷公卜居蓝山总营庙，二十三世明敏公和二十四世祖圣谚公卜居横冲头。二十四世祖圣宏公卜居蓝山西林井湾。圣纵公卜居宁远东门外和十五里湾文桂坊。花塘铺由花塘村列祖先后卜居。历代以来，又陆续卜居在外的有广西山庙背、县农科所、东城、顾村、排形、蓝山红凉亭、梅田、宁乡、广西、江西、武汉、台湾等地。

　　信卿公派下：由新田石羊洞坪山迁居的，有八世祖佑禄公和九世祖四十三公卜居蓝山环连桥。十二世祖文四公卜居骆源新。十三世祖太一公卜居长亭。二十七世祖孔恤公卜居大山硎。民国初年，三十二世秦保公卜居山塘背（下山塘背）。由二十世祖国恩公父子由环连桥卜居广西柳州府西沙坪。二十二世祖旺昌公由环连桥卜居长坝。二十一世祖肚昌公由长亭卜居山水塘。

　　九世祖兴发公派下：十世祖文清公卜居郴县吉阳乡鸭公冲和观音山，文涓公卜居郴县吉阳乡，文海公卜居桂阳大陂头，文滨公卜居熬泉乡船山，文洪公卜居桂阳樟市乌团园。十三世祖骈公卜居桂阳黎扶塘。献公卜居桂阳沙坪。十七世祖太华公卜居华容县，太用公卜居竹田，太耀公卜居常宁鸭公冲（现名为双义村易家冲），太熊公卜居郴县冷水村。

十世祖原用公派下：十一世祖应斗公由花塘卜居宁远石门头，九四公由石门头卜居新田井头湾，十六世祖朝美公由石门头卜居西洞骆家，二十八世楚俊公由石门头卜居道县泗广桥。

十世祖原杰公派下：二十四世祖圣南公于道光年间，由下骆家卜居广东连县西江圩。二十二世祖逢慰公卜居宁远县东城乡瞿家，二十三世祖明辉公卜居宁远大介乡李子冲，二十三世祖明儒公卜居宁远县大介乡唐家洞，二十二世祖逢锦公和二十三世祖明太公于乾隆年间卜居香花铺，二十五世祖光湖公卜居武源上大水，二十六世祖宗保公由香花铺卜居铺下彭家。

十一世祖应星公派下：二十世祖大第公由沙坪卜居大益岭，二十四世祖圣道公由沙坪卜居骆家傍。

十二世祖居智公派下：二十一世祖亨斌公由燕溪卜居蓝山所城骆家岭。近代由燕溪分居的有诗家、西城、东城和江华、桂阳七上八下、蓝山毛圳等地。

安邦公派下：士亨、士利、士贞三兄弟在宁远岛馆洞（今新田骆铭孙）定居一段时间后，士利公之予五世祖甫威公在宋朝时任迪功郎，解组归来卜居翠球坊。六世祖第卿公由骆铭孙迁坪山左侧，到九世祖承基公复由坪山左侧迁回骆铭孙长期定居。

安邦长子士亨公派下：明洪武初年，十五世祖以诚公率寄保、婆保二子，从明太祖扫荡鞑虏，驱逐元室，以诚公捐躯殉难后，十六世祖寄保公卜居河北省顺天府瓦窑头，婆保公卜居新田厦源坊。相继十五世祖以德公卜居宁远老骆全，由十八世祖绍诚公开新骆全，接着由新骆全续支脉，卜居村庄是：十八世祖绍坊公卜居骆家山、二十二世世星公卜居江华下车（由此二十六世祖尊业公分居杨梅山），二十六世祖世学公卜居理嘉珊，二十六世祖尊星公、二十五世祖邦达公及邦安公、二十七世祖孔油公、二十九世祖时文公及时忠公，分别由理嘉珊卜居源头利、七么湾、塘下洞牛头岗、观音羊角亭、尤鱼井等五村，三十三世祖亨锐、亨泳开高粱纲。尚有由新、老骆全先后卜居太坪圩，早有十八世祖绍境公卜居的骆伯九（上宣村）子孙发达最快，开村最多，二十三世祖卜居的有：尚期公开甘石坝，尚元公开筌网脚和墨坝，尚朗公开竹山园，二十四世祖卜居的有：万惠公开新屋地，新塘脚、风吹罗袋、大河坝、上宜圩、大巅山等五处，有二十七世卜居的有：仁模公开竹岭脚、羊公头、土地坛三处。

从骆铭孙直接发脉开发的村子，尚有十四世祖万通公后裔开骆永爵，十六世祖克忠公开骆伯二（由二十四世祖、二十八世祖运保公分别卜居宁远南门外五里洞、新骆伯二），二十四世祖荣玖、楚任两公分别卜居珠家园（由二十七世祖开杰公卜居神锅塘、牛尾塘）；二十五世祖光宇公卜居黎家湾，二十七世祖太质、太应两公今别卜居青山坪、河山岩，二十八世祖运进公卜居石珠岭，二十九世祖绍风公卜居大山园，绍勋、绍烈俩公卜居犬眠窝，绍禄公卜居油榨屋（现迁至欧家窝马路新农村），时桃公卜居蓝山正市芦后村。

士利公派下：甫威公开翠球坊（第头）。由该衬开的有：八世祖善文公卜居大元第，二十世祖有造公卜居屏石头，二十五世祖昌祯公由屏石头卜居江华大路铺，二十一世祖德彰公由翠球坊卜居放乐洞，二十五世祖昌贵公由放乐洞卜居道塘，二十二世祖胜力公由翠球坊卜居小山下，二十五世祖昌辉公由翠球坊卜居井湾。

士贞公派下：由骆铭孙十一世祖百七公卜居恩富，十二世祖千六公散居川、粤，千八公卜居黄家湾，十七世祖文海公由黄家湾卜居马鞍塘。

安民公派下：宾华公弱冠年游泮，秉择龙川，见龙川山清水秀，率其二子定居龙川。宾礼公率其二子于元末至正年间卜居山岐洞,十世祖绍广公卜居广西忻城。十世祖以下:征祥公、征佑公于明永乐年间避兵灾迁居后园,圭音公迁居塘村,镇晋、镇齐两公迁居落塘,遂公于成化年间迁居廖园即今莲花岗;天祥公迁居大树下,天祁公迁居井并丘,钟和公迁居竹子林,钟成、成珍、成芬、成财、国富五公先后迁居四川成都,滚达、滚远、滚邀三公于康熙年间创居集茂园,观妹公迁居广州,克圣公于清乾隆四十七年(1782)定居花县,哲桂公于乾隆年间(1736—1795)迁居广西平乐府,钟默公于乾隆年间迁居黄泥坑,哲槐公于乾隆年间迁居广西南宁,钟普公迁居北乡凤凰岗,肇烈公迁居北乡下茅坪,二官公于乾隆年间随父至云南宣威州任职定居,三官公于乾隆年间随往北平定居。

以上源流,皆为良相公后裔,可谓一脉千枝,富贵荣华,繁衍昌盛,今集备录,为后溯源稽考。

(骆期针、骆忠性、骆仁基于1993年楚南骆氏合修族谱合撰)

楚南骆氏新田源流

理有一本散为万殊,万殊归之一本,格物致知之功也。余于合谱有深会焉。一世祖良相公,黄帝华裔,四杰正派,先居浙江会稽县,由科第官任节度,积功累仁善政频施,当时有文武吉甫之颂,致仕道经临武,爱其山川秀丽,风俗纯厚,遂卜居于沙坪,是一本也。二世祖仲舒公,后周进士,官至太子中书。三世祖安世公、安邦公、安民公,三支分派。安世公派下至祖煌公,开宁远中和乡文贵坊,光锦公开十五里湾,八十八郎开石门头,朝美公开西洞骆家,九四公开新田井头湾,信卿公开石羊洞坪山,佑禄公开蓝山环连桥,太一公开长亭。安邦公派下开新田骆铭孙,太质公开青山坪，太应公开河三岩，本初公开富伯，光宅公开宁远黎家湾，楚任公开宁远牛尾塘，光芳公开沙窝，运进公开石朱岭，文智公开大山园，绍熏、绍烈二公开犬眠，窝椽公开新农村，寄保公开顺天府瓦窑头，以礼公开伯二、又新伯二，楚文公开宁远五里洞，婆保公开夏源，胜远公开永爵，荣玖公开朱嘉源，世杰公开神锅潭，以德公开宁远骆全，绍坊公开伯三，绍境公开伯九，尚期公开甘石坝，尚郎公开鹅公井、老虎冲、竹山园，尚元公开墨坝、筌鱼脚，万会公开豪家洞、新塘脚、风吹罗袋、梁武桥，万德公开蛟龙井，子旺公开李家山、油鱼井、源头洞、洞中心，子昌公开江华杨梅山、下车，甫威公开第头坊，有造公开屏石塘，德彰公开放乐洞，胜力公开小山下，百七郎开新田恩富，千八郎开洪家源，文海公开马鞍塘，总其数十余族，计年九百九十七，计世三十有三，计县有五，计丁数万，是万殊也。倘非合修宗谱联络，叔侄难免秦越之讥，是合谱所宜急也。丁酉夏会商于第头坊，戊戌秋立局于骆铭孙，主修者若干人，赞修者若干人，总理者若干人，由始祖一本溯游而下，支分派别，缕而晰若列眉，由数十族万殊溯而上寻源，返本壁而合之，了若指掌，越两岁而谱功干告竣，不特一族之昭穆攸分，而数十族之昭穆攸分，不特一族之尊卑式序，而数十族之尊卑式序，亲亲也而仁民寓焉，将见孝悌而为仁之本，家庭肇治化之源，则格物致知之功在斯，即齐家治国之道不外是矣。若夫继志述事，上绳祖武，下贻孙谋，三十年一世一修，是所望于后之贤者。

（骆安邦派下三十一世孙骆明典撰）

楚南骆氏乐昌源流

三世祖骆安民，楚南骆氏始祖骆良相三世孙，二世祖骆仲舒第五子，生宋开宝元年（973）四月十七日，淳化二年（991）十七岁时游泮，由经术膺，天禧年特遇赐同进士，授乐昌知县，卜居乐昌河南之柏沙里，嗣后子孙繁衍，人文蔚起，乃成乐昌望族。四世祖骆元吉官乐昌河中录事泰军，五世祖骆时宽任五经博士，以忠烈死难，追授国学祭酒，其弟骆时彦宋隆兴葵末乡科，彦生二子得贤，举贤，宣和年间，迁居南海（今三水）胥记。六世祖骆举贤任左军都督都事，七世祖骆尧道（六世祖骆得贤之子）任昌邑蔚，七世祖骆贤道（六世祖骆举贤之子）任昌邑理学儒家。八世祖骆景仁（骆尧道之子）、骆景义（骆贤道之子）分别从乐昌柏沙里迁居柏沙里南头柏沙里北头，骆景义生三子，长子骆宾荣、次子骆宾华、三子骆宾礼，骆景仁生一子骆宾泰。九世祖骆宾荣授知青田邑令，号称循良，生三子骆诏芳、骆诏广、骆诏仪，骆诏芳后卜居广西析城，九世祖骆宾华为惠州龙川司训，于元至正十九年（1369）从乐昌柏沙里迁居龙川，生二子骆处诏、骆处昌，九世祖骆宾礼生二子，骆处文、骆处敬，于元至正年间（1341—1364）从柏沙里迁居乐昌山岐。十世祖骆考基明洪武时举孝廉，为广西析城广文。十一世骆友谨幸拔国雍，十一世骆禧绾大明永乐时授广西庆远府宜山县儒学训导，十一世骆征详、骆征佑于明永乐年间从柏沙里迁居乐昌后园，十二世骆奎音从柏沙里迁居乐昌塘村。此后，十五世骆洁翁于大明成化年间（1465—1487）由柏沙里迁居莲花岗，十九世骆天乍迁居乐昌大坪下，骆天乃迁居乐昌井丘村，二十世骆园窑、骆四雄、骆成珍、骆成财、骆成分迁居四川成都府，二十世骆观妹迁居广州，二十世骆钟城迁居四川，二十一世骆竣达、骆竣远、骆竣岭于康熙年间（1662—1721）迁居乐昌集花园，二十二世骆析桂、骆析槐于大清乾隆年间分别迁居广西平东府、南宁府，二十四骆肇列迁居乐昌下第坪，二十四世骆钟和迁居乐昌竹子林，二十四世骆镇宇宇清乾隆年间（1736—1795）迁居集花园，二十四世骆镇普迁居乐昌凤凰岗，二十四世骆镇黑迁居乐昌黄泥坑。

楚南骆氏主要村史简略

临武县沙坪：沙坪为楚南骆氏祖源地。位于临武县城西，武水河西畔，舜峰寨东南面。舜峰寨，相传乃是舜帝南巡时，路经临武而得名。五代时期，始祖骆良相于941年巡抚粤东，致仕归里，道经临武沙坪，见其地僻人稀，可避兵灾，纵观山势龙脉来自西桂岭，风景优美，土地肥沃，不亚于浙江故里会稽，又沙坪处武水河畔，经高人占卜指点"遇河沙而发"，遂定居于此，取名沙坪。自始祖骆良相卜居沙坪后，世代子孙繁衍。十代之内，二世祖骆仲荣、三世祖骆安邦、骆安民，六世祖骆信卿、骆少卿、骆幼卿，七世祖骆仁义，九世祖骆兴叟、骆兴发，十世祖骆原辅、骆原用、骆原吉、骆原通、骆原杰先后卜居新田、宁远、蓝山、桂阳、广东乐昌、临武以及广西、浙江等处。嗣后，散居湖南、广东边境约一百五十余村，远居广西、云南、四川、贵州、江西、北京及台湾多省，至今十余万人。至于祖居沙坪旧址，只十一世祖骆应星，返居祖今，由花塘回迁沙坪守祖业。祖居沙坪，自始祖骆良相开基后，至今已有一千一百年。

临武县花塘村：花塘村位于临武县城以北，距城约四公里，临塘公路和临香公路交汇处，花塘乡人民政府所在地，交通便利，环村南北依山，西高东低，村前小溪绕村东流，山清水秀，古有"上有天堂、下有苏杭、村有花塘"之美誉。花塘村，为十世祖骆原辅于元朝至正年间（1341—1368）由祖居沙坪迁居花塘，已有七百多年历史，繁衍二十多代子孙，其中十一世骆应星归居祖居沙坪守旧业，十二世骆智居燕溪，诗歌、蓝山所城，其后历代分居花塘铺、大湾、尖美石、横冲头、蓝山毛俊、总管府、嘉禾县坪圩等十五个村，花塘是临武骆安世、骆原辅派下历史最久，人口最多的村，骆氏后人尊称花塘老家。

临武县下骆家村：下骆家，又名下花塘，距花塘村相隔里许，是十世祖骆原杰于元朝至顺二年（1336）从沙坪祖居迁居而来，与花塘村十世祖骆原辅长兄几乎同期迁居，故常把花塘村俗称上花塘，上骆家相对应。下骆家背靠城背岭，三面环洞，前后两溪相夹，四季河水常流，风景优美，条件极便利。自骆原杰开基下骆家后，历辈艰苦创业，枝繁叶茂，先后有二十一世祖骆亨介卜居宁远县毛斜坪，二十一世祖骆亨圭卜居宁远县瞿家，二十一世祖骆亨赵卜居宁远县塘下洞，二十五世祖骆光瑚卜居武源上大水，二十四世祖骆圣南卜居广东省连县西江圩，二十九世祖骆际海居浙江杭州，二十九世祖骆际美居湖北武汉，二十八世祖骆迁腾居云南昆明，二十八世祖骆迁宽居广东乐昌，二十世祖骆昌盛居广东广州，二十九世祖骆际钧居湖南株洲。

临武县燕溪村：燕溪村位于临武县城西北，距县城五公里，属花塘乡管辖。燕溪村四周青山环抱，前拥武水，左有龟石水口，右有白鹤仙泉，土地肥沃，物产丰富。燕溪村为十二世祖骆居智（骆原辅之孙）于明洪武十一年开基，嗣后，村四房兴旺发达，骆布后裔骆亨赋迁居蓝山所城，骆宝后裔分迁诗家，骆珍后裔分迁江华、桂阳，骆珊后裔迁居蓝山毛俊等地。

临武县香花铺村：香花铺村，处于通往临武县城和香花岭交通要道处，是下骆家骆绍刚派下骆明达、骆德亨，骆绍纪派下骆逢绵等，于清朝乾隆十九年（1754）为看守祖业迁居而来，发展成七十余户，二百多人，距今二百多年历史。

临武县大益岭村：大益岭村位于临武县城西北，距县城三公里，属临武县城关镇塘下村委。大益岭村群山环抱，临棉公路穿村而过，长河水库南干渠绕村而流，条件便利。大益岭村是骆星耳孙二十世骆大弟于大明间开基，骆大弟传诗书，隐居田园，二十一世骆亨丽身入官郎，现有五十余户，二百多人，距今有三百多年。

蓝山环连桥：环连村位于南岭山下，村前两溪环绕交汇，周围群山罗列，山清水秀，人杰地灵。九座石桥连通内外，故名环连桥。村始祖系骆良相五世孙骆信卿北宋靖康元年由临武西沙坪卜居新田石羊坪山，尔后八世孙骆祐禄景定年间卜居环连桥，距今近八百年，繁衍三十二条近二千人。后十八世骆国恩率五子卜居广西柳州沙坪，二十二世骆相昌迁居长坝，二十四世骆洪进卜居太平铁广脚，二十六世骆嗣球卜居蓝山东门口。

蓝山县骆家岭：骆家岭位于兰山县所城。原有古老城墙，长三华里，有东西南北四大城门和二大楼，高达七米，城内有大会厅、寺院、庙宇，有十二大姓即阮、古、骆、利、龙、陈、李、朱、周、潘、黄、邓，原为防御兵火，又名舜溪城，后改名所城，沿用至今。所城地处山丘，山深林茂，中有舜水河，两岸良田千亩，土地肥沃，物产丰富。临武县燕溪村二十一世祖骆亨赋于大清康熙三十年（1691）卜居于此。骆亨赋开基后，契买山林田土数处，取名骆家山，生下骆逢政、骆逢致、骆逢敏、骆逢敬、骆逢徽、骆逢微，其长子、次子、三子、四子、五子，旋居临武燕溪，骆逢敬生二子，长子骆明新，次子骆明凤，人才逐渐兴盛。骆逢敬乐善好施，大清道光年间，倡修横跨舜水河齐心大桥，时人皆感之。

新田县坪山村：坪山村，地处"新田县古八景"之一的古洞石羊腹地，"天下第一泉"鹅井溪滨，三面环山，苍林翠柏，羊山拱秀，桂腹兰香，风景优美。坪山村始祖骆信卿，为楚南骆氏始祖骆良相五世孙，进士出身，于北宋末宋徽宗靖国元年（1101），为避金兵入侵由临武沙坪祖居卜居新田石羊洞坪山，至今已有九百余年。坪山村自始祖骆信卿开基后，子孙繁衍，人文蔚起，自八世起，先后分派五处，即八世祖骆佑禄卜居蓝山环连桥，十二世祖骆文四卜居新田骆源新，十四世祖骆太一卜居石羊洞长亭，二十一世祖骆孔恤卜居大山砠，民国初骆文泰卜居山塘背。

新田县长亭村：长亭村，又名长乐坊，地处新田石羊洞腹地，紧邻老家坪山村，始祖骆太一，为五世祖骆信卿十四世孙，于元朝末年，以看守父茔为由，筑舍于旁，每当夜半，辄闻鸡鸣犬吠之声，骆太一识其地灵，必当发祥，遂由故居坪山迁居于此。长亭村后龙山，气脉源自九嶷，形势迤逦至长亭，四面羊山罗列，势如拱秀，一湾鹅水，环带襟胸，山清水秀，苍松翠柏，有如桂林胜景。自骆太一开基之后，长亭村子孙繁衍，枝繁叶茂，人文蔚起，距今已有六百多年。

宁远县石门头村：石门头村，是十世祖骆原用孙骆居位，于元朝年间，由临武沙坪卜居蓝山田心环连桥，嗣又迁居屋位岭，最后定居宁远县石门乡石门头村，因村南、村北、村东南各有石夹道如门，故取名石门头村，始祖系十二世祖骆居位，又称"八八郎"，嗣后开派新田县井头湾村、西洞骆家和道县泗广桥等。

新田井头湾村：井头湾村，是十三世祖骆九四，于元朝至正年间，由宁远县石门头村开派新田县井头湾村，又名井头源，与新田县骆铭孙相隔里许，距今六百余年，属三世祖骆安世分支。

桂阳县大溪头村：大溪头村，位于桂阳县城西，距城五公里，紧靠桂临公路，交通便利。大溪头村，为桂阳骆氏始祖骆发兴之五世孙骆洪，于大明成化三年（1407）开创。骆发兴，系楚南骆氏骆良相派下九世祖，投靠朱元璋抗元，以武功授千户侯，守茶陵卫，后任桂阳卫千户侯，率子孙居桂阳城南石岭下，经营大溪头，乌团园诸处产业，年九十无疾而终。骆发兴生五子：文清、文滇、文滨、文洪、文海，长子文清袭父职，居桂阳州城，次子文滇迁郴之吉阳，三子文滨迁西之山塘，四子文洪迁北之乌团园，五子文海分居西乡。再过五世，生洪公，各嗣出（桂阳）州治之南而居，或石岭下，或大溪头，或沙坪，或乌团园。十三世骆洪，即是为看守十世祖骆文海葬于大溪头视茔，而迁居于大溪头村，子孙繁衍，距今五百余年，嗣后分派东庄、沙坪、竹筱窠等处。

郴县冷水井村：冷水井村，是楚南骆氏骆良相派下十七世祖骆太熊，于明万历年间，从临武沙坪迁居而来，初单传，至十九世骆贤，生五子：骆以佐、骆以统、骆以俊、骆以仪、骆以伦，逐渐人丁兴旺，富甲乡里，距今繁衍二千余人，四百余年历史。

新田县骆铭孙村：骆铭孙村，古名岛馆洞，是楚南骆氏骆良相派下三世祖骆安邦，携长子仕亨、次子仕利、三子仕贞，于北宋真宗年间从临武沙坪祖居迁徙而来，嗣后长子骆仕亨守旧第骆铭孙，次子骆仕利迁居骆家坪，三子骆仕贞耳孙骆百七迁居恩富村，均成数百余烟户，数千人口大族，而旧居骆铭孙，则成为人数最多，人丁最盛的旺族。骆铭孙自始祖骆安邦开基后几经迁徙，至六世祖骆弟卿因岛馆洞地气未盛，下迁石羊古洞坪山村左侧。居住三代后，九世祖骆承基复迁岛馆洞，重开骆铭孙村基业。嗣后子孙发达昌盛，人文蔚起，历经宋、元、明、清数朝，列祖先辈，因时势地利，鼓励后裔子孙分迁开创新族，先后十五世祖骆以诚开派北京顺天府瓦窑头，五世祖骆甫威迁居翠球坊（今石羊地头），十一世祖骆百七迁居恩富，十六世祖骆克忠迁居骆伯二，十六世祖骆婆保迁居厦源，十六世祖骆寄保卜居北京顺天府瓦窑头，十五世祖骆以德迁居宁远骆全，二十四世祖骆荣玖迁居宁远珠家园，二十四世祖骆楚任迁居宁远牛尾塘，二十五世祖骆光宅迁居宁远黎家湾，二十八世祖骆远进迁居宁远石珠岭，十四世祖骆可通迁居宁远骆永爵，二十七世祖骆太质迁居青山坪，二十七世祖骆绍勋、绍烈迁居大眼窝，二十九世祖骆绍禄迁居新农村等，距今有千年历史。

新田县地头村：地头村又名第头，原名翠球坊，石羊镇政府所在地，地处赛武当山下，前望石羊古洞，新嘉公路穿村而过，鹅溪流经村前，环境优美，条件便利。翠球坊，为五世祖骆甫威开创，骆甫威是三世祖骆安邦之孙，四世祖骆仕利之子，始祖骆良相五世孙。868年前，金兵入侵中原，北宋南迁健康（今南宋），骆甫威时任亳州通判。689年，南宋投降金兵于平州，骆甫威知国势难挽，官途不可久留，遂辞官归父骆仕利居地骆家坪，窃思该地非积谷聚财之地，乃辞父迁居石羊洞翠球山下，营造新居，由一家开一族，嗣后二十世骆有造于康熙初迁居屏石坊，二十一世骆德新于康熙中朝迁居放乐洞，二十二世骆胜力于康熙末期迁居小山下，至清朝末期二十五世祖骆昌祯迁居江华大路铺，二十五世祖骆昌辉迁居井湾，二十五世祖骆昌光迁居道塘秀水岭，二十五世祖骆昌滋迁居水晶坪，以及民国十九年为避集市纠葛，而开辟六合圩，发展成为五村一圩，人口达五千余人，翠球坊开基，距今已有一千年历史。

新田县放乐洞村：放乐洞，是二十一世祖骆德新于康熙中朝，从老屋骆甫威翠球坊迁居而来，与王姓毗邻，和睦相处，迄今开村二百五十余年，百余户，人丁四百余人。

新田县小山厦村：小山厦村，是二十二世祖骆胜力，于清朝康熙末朝由老屋翠球坊迁居而来，地处赛武当山白面峰下，距放乐洞隔石羊洞相望，因周围小山罗列而得名，现开村二百余年，百余户，三百余人。

新田县坪石坊村：坪石坊村，是二十世骆有造，于康熙初年由老屋翠球坊迁居而来，村因黄连础形如门屏而得名，距今三百余年。

新田县恩富村：恩富村，原为六世祖骆肇立（百八郎）之子骆应远（千八郎）于北宋绍兴年间开创。生二子：骆善智、善猷，后迁居别处失考。十一世骆百七，幼随其父骆日光迁居江西，元代大德时授官西粤（今广西），解组后仍归楚地，始筑室于石羊古洞鹅井龙眼头村旁，骆百七性喜清幽，好雅静，见恩富境地幽静，为避当时世乱，复迁恩富村。骆百七生于南宋景炎元年（1276）八月十五日，殁于元至正九年（1349）八月二十日，葬腊返础坐西东向，生三子：长子千七郎其子孙散居川粤等地，次子千八郎迁居黄家湾，至十七世骆文海迁居马鞍塘，三子千九郎随侍父母仍居恩富，至今已有七百多年历史。

新田县黄家湾村：黄家湾，是十一世祖骆百七次子、十二世骆千八，于元代顺治二年（1331）在距老屋恩富五公里之大富岗开创，始名洪家源，后改黄家湾，至十七世骆文海，再开派马安塘村，至今有六百多年。

新田县马安塘村：马鞍塘，是十七世骆文海，于大明弘治三年（1490）从老屋黄家湾村迁居而来，旧传村前一处大塘，塘中立天然石马，故名马鞍塘，相传每逢深夜常有马蹄声，惊扰百姓，逐将石马毁之，导致人丁繁衍迟缓，族人悔之不及，于是在村前载一柏树，又开暗渠从龙王下洞引来清泉，致塘中清澈如镜，现古柏已有四百余年，此后人丁兴盛，距今已有六百多年历史。

宁远县骆全村：骆全村是十五世骆以德于大明洪武四年（1371），从新田骆铭孙迁居，始名火烧圩（今名太平）上旺洞，又叫老屋场，后称净仁坊，现叫骆全，属宁远太平镇管辖，距县城二十五公里。迁居三世后，十八世骆绍城，在大明弘治年间（1495）开派新骆全，其次弟十八世骆绍境在大明弘治年间（1479）先迁上林、后迁上宜塘湾坊（今骆伯九），三弟十八世骆绍坊于明朝弘治年间（1480）开派大阳洞骆家山，其后子孙二十二世骆世学开派宁远理嘉珊，二十二世骆世星于1891年开派江华下车，二十六世骆尊业由下车开派宁远杨梅山，又由骆世学理嘉珊一脉，先后有二十五世孙骆帮安开宁远牛头岗，骆邦达开宁远七么湾，二十六世骆尊星开宁远源头利，二十七世骆孔油开宁远观音羊角等，十八世骆绍境、骆伯九一脉，先后有二十三世骆尚期开宁远石坎岗，二十四世骆万惠开宁远新屋地、新塘脚、风吹罗常、大河坎、上官许、大巍山，三十一世骆亨椿开宁远金钩，二十三世骆尚开宁远竹山园，二十七世骆仁模开宁远竹岭脚、羊公头、土地坊等，由骆全村一脉先后开村达二十余村，成为又一大族。

新田县骆伯二村：骆伯二村，处于新田、宁远交界，竹子峰脚下，岛馆洞上方，与老家骆铭孙相邻。骆伯二村，是十五世祖骆以礼，率子十六世骆先公，从骆铭孙迁居而来，距今已有七百年历史，嗣后二十八世骆运保于道光十六年（1836）开新骆伯二，二十四世骆楚文卜居宁远县城南门外五里洞村。

新田县厦源村：厦源村，地处石羊古洞腹地，村后诸山罗列，鳞次栉比，山环水绕，环境优美。厦源村为十五世祖骆以诚次子十六世骆婆保开基。大明洪武初，十五世骆以城，从骆铭孙率骆寄保、骆婆保两子，投靠明太祖朱元璋扫荡鞑虏，驱逐元室，骆以诚损身殉职，其时长子骆寄保已卜居顺天府瓦窑头，次男骆婆保携母邓氏返里，卜居石羊洞厦源，成为厦源村骆姓始祖，至今已开户近二百户三百余人，历时六百多年。

新田县青山坪村：青山坪，距老家骆铭孙四公里，四周地势平坦，林木葱翠，四季常青，青山坪因此得名。青山坪是二十七世骆太质于大清道光年间，率领长子骆运国次子骆运富，从骆铭孙迁居而来，后二十九世骆绍贵也从骆铭孙迁居青山坪。已开户二百余户，一千余人，距今二百多年历史。

新田县河山岩村：河山岩，地处新田、宁远交界，三面环山，绿树成荫，三处岩泉甘甜清澈，四季长流，河山岩村因此得名。河山岩村，是二十七世骆太应率其六子，及其曾孙侄骆文杰，于大清道光癸巳，即1833年，由宁远下古溪迁居而来，二百余户八百余人。河山岩村因古村建筑保存完整，被评为中国传统古村落，国家历史名村。

宁远县竹山园村：竹山园，是二十三世祖骆尚朗从新田骆伯九卜居而来，骆尚朗生四子，长子骆万宁及其子骆孟岫、骆孟岩，骆孟苏伺奉高堂，仍守旧居，次子骆万富，三子骆万调，四子骆万守分派蓝山，其中骆孟玫卜居蓝山土市响古岭凉亭脚，骆孟昕卜居蓝山马蹄脚，骆孟琬卜居上宜隔岭土地塘，骆孟璃卜居墨坎，骆孟岐卜居蓝山土市兰后林，骆孟亭兰市祠市邓家坪村，骆孟苏后裔卜居鹅公井、广东连县、冷水铺、吕溪洞等。

临武县尖美石村：尖美石村，是二十二世骆逢缙，于大清乾隆年间，从花塘迁居而来，因村后龙山上有数块形如钟乳，美如仙女，高数丈山岩石，而得名，繁衍四十多户，二百多人，距今三百余年。

宁远县甘石坝村：甘石坝村，原名香池下，是二十三世骆尚期于大清初，从上宜骆家迁居而来，距今三百多年，二百一十余户，七百多人，嗣后，分派竹岭脚，金钩岭，大河坝，上宜圩等处。

第四章　楚南骆氏先贤

楚南骆氏始祖骆良相以上杰出先辈

《骆氏先朝庆源世录》：

伯益：佐舜掌山泽，赐姓骆氏，凡三十四代而生大骆。[编者注：伯益（前？—约前1973），又名伯翳，也称大费，他是大业的长子，蟜极曾孙（或元孙），黄帝六世孙。伯益因助禹治水有功，故受舜赐姓赢，并将姚姓之女许配他为妻。帝舜禅位于禹之后，伯益被任命为执政官，总理朝政。伯益后来成为夏王启的卿士，地位只在夏王启一人之下，直到夏启六年（约公元前1973），伯益病死，享年一百多岁，时夏王朝给予其隆重的祭祀。伯益与夏王启皆是黄帝的后裔。据司马迁《史记·秦本纪》云："大费（伯益）生子二：一曰大廉，实鸟俗氏；二曰若木，实费氏]。"

大骆：生长子成，次子非子。周成王封成于犬邱，国号大骆，子孙食采其地，传六世，为西戎所灭。侯子曰武，厉王封为内黄郡，侯方以骆为氏。非子因牧马蕃，息受封于秦，是为始皇之祖[编者注：据《秦非子父亲与西犬丘》云："大骆，西周时期犬丘封主，蜚廉王五世孙，恶来四世孙，秦国始封主秦非子之父。"《史记·卷五·秦本纪第五》记，恶来，是蜚廉的儿子，死得早，他有个儿子叫女防，女防生了旁皋，旁皋生了太几，太几生了大骆，大骆生了成与非子。大骆聚妻于申侯女，生嫡子名成，继承犬丘封地。另有子名非子，善于养马，被周王封于为附庸国，封地于秦谷。周厉王时期，西戎族反叛周王朝，灭了犬丘大骆的全族。周宣王登上王位之后，任用秦非子后裔秦仲当大夫，讨伐西戎。西戎杀掉了秦仲。秦仲生有五个儿子，大儿子叫庄公。周宣王召见庄公兄弟五人，交给他七千兵卒，命令他讨伐西戎，把西戎打败了。周宣王于是再次赏赐秦仲的子孙，包括他们的祖先大骆的封地犬丘在内，一并归他们所有，任命他们为西垂大夫。]

骆武：字勇能，为内黄郡侯，葬城东五里亭侧。配姜氏，子孙世袭其爵。传二十一世而生骏。

骆骏：字德良，汉元光年间（公元前134—前129）为会稽太守，惠政及人，士民爱戴，因占籍于会稽，卒谥恭节，葬水源桥口。配刘氏，幽贤贞静，克明微音，附考葬，生子三，长子、三子失考，次子翰音。[据《内黄籫缨世家—骆道德世系谱》云："骆骏，字德良，号鸿叟，素有文武全才，由孝廉起家（孝廉是汉武帝时设立的察举考试，以选拔任用官员的主要科目，明清两代是对举人的雅称。），历任浙江会稽（今浙江省绍兴、义乌一带）太守。"每见郡中浇俗说贫，故不育子女。公谕禁止父子天性岂忍溺陷。公谕之后，不数年间男女甚众，皆公之福荫也。公由内黄郡而来，遂为会稽孝江巷世祖家也。]

骆翰音：字天阳，骏公次子，举孝廉。配张氏，生了二。越九世，而生统。

骆统：字公绪，生于会稽，章武时授为太守，散财发粟，利济众生，致仕会稽义乌，卒葬县南塔边。配孙氏。传七世，而生登，附考葬。[编者注：《三国志》卷五十七云："骆统字公绪，会稽乌伤人也。父俊，官至陈相，为袁术所害。统母改适，为华歆小妻，统时八岁，遂与亲客归会稽。其母送之，拜辞上车，面而不顾，其母泣涕于后。"御者曰："夫人犹在也。"统曰:"不欲增母思,故不顾耳。"事适母甚谨。时饥荒,乡里及远方客多有困乏,统为之饮食衰少。其姊仁爱有行,寡归无子,见统甚哀之,数问其故。统曰:"士大夫糟糠不足,我何心独饱!"姊曰:"诚如是,何不告我,而自苦若此?"乃自以私粟与统,又以告母,母亦贤之,遂使分施,由是显名。以随陆逊破蜀军于宜都,迁偏将军。黄武初,曹仁攻濡须,使别将常雕等袭中洲,统与严圭共拒破之,封新阳亭侯,后为濡须督。数陈便宜,前后书数十上,所言皆善,文多故不悉载。年三十六,黄武七年(228)卒。]

骆登:字金榜,辟殿中丞,出守为筠州,广修桥梁兼有慷性济急之义,葬失考。配韩氏,终温且惠,淑慎其身,生二子:之才、之能。

骆之才:字旗门,为南北朝陈国将,勇冠三军,寻升中军元帅,卒葬古城西山。配萧氏,合葬。生子寿昌、寿考、寿棋,考派河北,棋衍江东。[编者注:《陈书·卷二十二列卷第十六》云:"骆之才(527—583),字旗门,吴兴临安人也。旗门年十二,宗人有善相者云:此郎容貌非常,必将远致。梁太清末(549),世祖曾避地临安,其母陵,睹世祖仪表,知非常人,宾待甚厚。及世祖为吴兴太守,引之才为将帅,因从平杜龛、张彪等,每战辄先锋陷阵,勇冠众军,以功授真阁将军。太平二年,以母忧去职。世祖镇会稽,起为山阴令。永定三年(559),除安东府中兵参军,出镇治城。寻从世祖拒王琳于南皖。世祖即位,授假节、威虏将军、员外散骑常侍,封常安县侯,邑王百户。寻为临安令,迁越州刺史,余病如故。宋书初,之才母之卒也,于时饥馑兵荒,至于始葬,诏赠其母常安国太夫人,谥曰恭,迁之才为贞威将军,晋陵太守。宋书三年,以平周迪之功,迁冠军将军,临安内史。太建三年(571),授安远将军,衡阳内史,未拜,继为桂阳太守。八年(579),还朝,迁散骑常侍,入直殿省。十年

（582），授置州刺史，余病如故。至德二年（583）卒，时年五十七。赠安远将军、广州刺史。子义嗣。"]

骆寿昌：字德基，袭爵泰军，卒葬西山墓中元。配吕氏，生子艺林，葬失考。

骆艺林：字文苑，登唐贞观间（627—649）进士，卒葬义乌骆岗湾。配古氏，生宾王，合考葬。

骆宾王：字利用，唐高宗（649—683）召为博士，文章齐名四杰，为敬业作檄，武后叹服其才，后官至御史，生唐武德乙酉（625）二月十六日，终景云庚戌，葬浙江义乌南陵，墓碑现存。配杨氏，生贞观戊子（628）九月初四，终景云戊申，附考葬，生子材华。[编者注：《新唐书》卷二百一十四·列传第一百二十六·文艺上·骆宾王条：宾王，义乌人。七岁能赋诗。初为道王府属，尝使自言所能，宾王不答。历武功主簿。裴行俭为洮州总管，表掌书奏，不应，调长安主簿。武后时，数上疏言事。下除临海丞，怏怏不得志，弃官去。徐敬业乱，署宾王为府属，为敬业传檄天下，斥武后罪。后读，但嘻笑，至"一抔之土未干，六尺之孤安在"，矍然曰："谁为之？"或以宾王对，后曰："宰相安得失此人！"敬业败，宾王亡命，不知所之。中宗昌，诏求其文，得数百篇。《旧唐书》列传第一百四十·文苑上·骆宾王条：骆宾王，婺州义乌人。少善属文，尤妙于五言诗，尝作《帝京篇》，当时以为绝唱。然落魄无行，好与博徒游。高宗末，为长安主簿。坐赃，左迁临海丞，怏怏失志，弃官而去。文明中，与徐敬业于扬州作乱。敬业军中书檄，皆宾王之词也。敬业败，伏诛，文多散失。则天素重其文，遣使求之。有兖州人郄云卿集成十卷，盛传于世。]

骆材华：字文光，开元间（713—741）任杭州昌化县教谕，升建昌府学，生乾封庚申（666—668）八月朔日，终天宝壬辰（752），葬义乌南陵。配唐氏，生咸享甲子，卒附考葬，生子二：奇珍、奇龄。

骆奇珍：字玉昌，生神龙丙午（706）五月十七日，终葬西陵山，配郭氏，生神龙丙午（706）二月二十六，附考葬，生子永凤，字东仪，生卒失考。

骆奇龄：字瑕昌，才德兼优，登开元癸酉（773）解元，生景龙己酉（709）四月十六，终贞元丁卯（788），葬南陵山。配郭氏，生开元甲寅（714），附考葬，生子永凰。

骆永凰：字灵飞，儒士，生天宝甲午（754）七月十九，卒葬大坪头龙形。配王氏，生天宝丙申（756）十月二十二，附考葬，生子二，钦敬、钦承，钦承失考。

骆钦敬：字有礼，岁贡生，生贞元壬申（792）五月二十六，卒葬大坪头龙形。配欧氏，生贞元乙亥（796）九月十三，合葬，生子一，讳铎。

骆铎：字敷政，登唐咸通庚辰（860）进士，授成都府尹。生太和己酉（830）九月十二，殁天佑甲子（904），葬成都城北旗形。配刘氏，生太和乙卯（835）十二月十一，附考葬，生子二，日典、日谟，日典生殁失考。

骆日谟：字禹著，孝廉，生咸通己丑（869）二月初六，终后天福癸卯（943），葬平阳岭。配王氏，生咸通戊子（868）六月初二，附考葬，生子二：良相、良臣，相为临武一世之祖。

楚南骆氏始祖骆良相派下先贤

《楚南骆氏良相公派下十世以内历代先祖传记》：

骆良相：字国佐，号夔轩，生于大唐乾宁二年即公元八九五年丙辰三月初九日午时，殁于大宋雍熙三年即公元九八六年丙戌五月二十三日申时，享寿九十二岁，葬临阳城背岭牛形骆家墓坐北向南子山午向兼癸丁三分立穴。

公浙江人也，父岱坊公母王夫人，实汉时骏公之遗胄，居绍兴会稽孝江巷，公生之日有文禽集檐，细鸣飞舞，竟日远近，咸以为异识者，即知其非常人焉。公仁孝天成颖慧，幼著就传文，始旋惊其师。及稍长，才兼文武，气奋云雷。值朱梁之世不义贼温，又不悄仕诸替国遵晦自全。至后唐明宗天成二年即公元二七年丁亥三十二岁，始以孝廉举用。壬辰即932年，石敬塘开幕河东，辟公从事，丙申即936年，石公从桑维翰议，赂契丹地轮市请兵，公谏不听，卒从桑计，石公登极为晋高祖。天福五年即九四〇年庚子，公以御使中丞奉制为楚粤宣抚使，道出临阳，见其地僻人稀，俗犹醇茂，远离中土，可避兵灾。乃令弟良臣及长子舒公经营卜筑沙坪，而自衔命入粤，率使反命。晋祖天福六年即公元九四一年辛丑岁，而公致仕归矣，时公年犹四十六岁也。自是闭门不出，惟日与乡邻文人学士啸谈风月，娱情诗酒，绝口无言时事，如是者又四十六年而逝。

（骆兆丽识）

骆仲舒：字自得，号敬天，生于后唐清泰二年乙未即公元九三五年五月二十九日辰时，殁于大宋天禧三年即公元一〇一九年己未七月十九日子时，享寿八十五岁，葬与父同冢左边立穴。

公性敦敏，仰承庭训，不苟言笑。长更宽筒宏肃，有陶渊明之风，虽周显德间南宫奏捷，而绝意进取，无心荣禄，惟日以承颜养志为乐，王侯位无与易也。周鼎既移，益深敛抑。宋与当事以公应徵，有司迫协诏书切峻，公不得已趋朝受职中书。其咏菊见志有云"金凤腓百卉，秀挺傲霜技，上苑空移植，根深彭泽篱"，味公诗者可以识其品概矣。未几，以良相公病告终养焉，纯孝之志清介之操，老而愈笃，作赞曰："于录舒公，仰继父风，才节贞亮，川岳毓钟，有典有则，宜困宜丰，洎乎末路，遭迁盛隆，皇储资翼，责任维崇，紧亲耆颐，侍在躬卓哉。不夺令伯情，蔑弃钟鼎，自天鉴解组返，载菽水待终，于胥乐兮，爱日融融。"

（骆兆丽识）

骆安世：字济时，号梅庵，生于宋开宝二年己巳即公元九六九年二月十一日，于端拱元年戊子游泮，至道三年丁酉科举人，咸平中附郴州试登世科，除著作郎，知梓州郑县知县。殁于景佑四年即公元一〇三七年丁丑十二月十八日，享寿六十九岁，葬临武马圹瓜藤吊子形丙山壬向立穴。

古今来祖父子孙登世科者未易数见。考之历代，惟唐之崔融擢八科高第，曾孙从擢进士第，从子慎山初擢进士第，又擢贤良方正等。韦人约及进士第，弟子承庆亦擢进士弟，嗣立与承庆亦第进士，嗣立子宏章亦擢进士。柳公权举贤良方正，直言极谏，子仲郢举进士第，孙琚又擢明经。赵宗谔第进士，子昭莲十八岁进士第。颜杲卿进士第，杲卿子士廉，皆十八岁登甲科。此外则无闻矣。今三世祖安世公，号梅庵，后周进士，舒公之子，晋孝廉良相公之孙，承祖父义方之训，究心经典，学贯天人，于宋咸平中附郴州试登世科，除著作郎，知梓州郑县，保民如子，视之恐伤，寓抚字于摧科，存哀矜于弄狱，郑之民甚德之泣下，绰有惠政，洵代天子牧民而为良，有司则世笃忠贞，无忝祖父于世科，又奚愧哉！

（骆居政识）

骆安邦：字济世，号竹庵，公生宋开宝四年辛未即公元九七一年七月二十二日戌时，殁于大宋庆历四年即公元一〇四四年甲申六月二十二日未时，享寿七十四岁，葬大头坪龙形。

公生而峻巍，幼甚警敏，年十二岁诸生，为淹贯经史。及长，魁梧俊伟，有智略，多才多艺，然数奇不偶。时棘多艰，后周短祚，叠进鼎移，湘湖祸延，频经蔺岁。宋运初兴未顺，国犹多烽烟，屡惊杼柚即空，于二东菽水几难给。重庆伯兄宦蜀未返，仲昆生计匪长。不得已携子若妻，采薪桑梓，负米蓝宁，往来供给，奔走趋承故乡。公秉来岛馆，及邝姚次胥宇焉。而安民亦得分住乐昌职。此之由维时，公宵投宁岛，晓转临阳，两地维持，足无停趾。至祖姚考俱，及世安、世民以丁艰归，而公乃稍息焉，于世何艰苦也。既而谓岛南地气未旺，水源未丰，迁石鼓寨焉。未几，又弃石鼓寨而入骆家坪。而公以一家三徒而身老矣，创垂之劬劳何如哉。继又妥置信卿于坪山，后又分长亭，即二户之先祖也。公年登耄寿，又俞三载，无疾卒。

（骆光丽识）

骆安民：字济众，号光裕，生宋开宝六年即公元九七三年癸酉四月十七日辰时，淳化二年十七岁游泮，由经术膺，天禧特迁赐同进士，授乐昌县知县，喜河南之柏沙里，遂居焉。殁于嘉佑八年即公元一〇六三年癸卯二月初八日午时，享寿九十一岁。

公讳安民，乃临武沙坪人也，系广东巡抚良相公孙，仲舒公五子。仲舒公周显德丙辰联捷进士，官太子中书舍人，至起居舍人。长兄安世公，宋咸平中附郴州试登世科，除著作郎，梓州郑县知县。一门簪缨世济其美，公于其间亦承先启后之出群雄也，幼嗜诗书经纬史，自成一家。宋咸平六年由经术膺，天禧特迁赐进士，来宰乐昌。莅任之日，丁邑中有利则兴之，有害则除之，他如凿泷路以通商贾，筑城池以卫民生，当时仁声极甚，号为循良，著闻于朝，勤复两任，邑人被泽之深，口碑载道弗绝。迨解组，喜邑之河南水柏沙里，见其山清水秀，遂立籍而居焉。是公于临，虽为第三世祖，而在余则为昌邑之第一世祖矣。公训子以义方，持家以节俭，待人以慈祥，处世和睦，无小无大，忘其官家相。此公之天性浑厚出于自然，而无待外假者也。故贻谋能远，积善必昌。迄今子孙振振，家业枝于桂岭，衣冠济济，争岁翅羽于凤冈，为昌邑族首届一指，固宜奉公为乐昌拓基之始祖，而崇杞于百代也矣。

（骆居政识）

骆甫威：士利公长子，字镇之，号定弼，生仁宗庆历八年即公元一〇四八年戊子十月初六日戌时，殁高宗绍兴六年即公元一一三六年丙辰五月二十八日戌时，享寿八十九岁，葬梧村后犀牛下海卯山酉向兼乙辛。

公美质孝恭，见人不苟言笑，举止皆合自然。读书有凤慧，过目不忘，童年列诸生，性恂乐蔼，人见而乐之。虽甚顽不忍拂其志，人有争竞一言辄化，无不立解。弱冠后乡邻族戚尊之，泯商信之，州郡重之。有司请以贤良方正、积学笃行上闻。辛丑，公以事赴海州，有荐公于州守，公方招募讨捕淮盗，见威公喜甚，署为忝佐军中，以赵充国比之。及惟南平，张公上其功，当路擢之，得通判亳州。公抵任，越明年癸卯，闻朝廷受平州之降，曰祸在此矣。又二年，公知国势必瘗，曰宦途不可留也，遂归。公以旧地骆家坪及油麻岭皆非积谷之所，因留健丁刘俊守旧庐，而躬率子弟转归石羊洞，就翠球山营建焉，名翠球坊，即今俗名第头坊是也。宅成公闭门谢客，不言时事，足不履外者十余年。卒寿八十九岁。

（骆兆丽识）

骆廷玉：字国珍，号德斋，生于南宋嘉定元年即公元一二〇八年戊辰十月二十一一日，举秀汉阳军通判，殁于元世祖二十五年即公元一二八八年戊子五月十四日，享寿八十一岁，葬顾村旗形。

公讳廷玉，字国珍，号德斋，仁伯公长子也。予族自始祖良相公父子祖孙，世登科第，宦迹有声，号甲临阳，然辞四世而后，虽书塾子未尝少，继积德仁让未尝少衰，然大者不过士庠，小者不过诸生，此亦气运升降致然。公去良相公已八世，去士元已五世，崛起奋发，复绍先人宦迹，得受汉军通叛，刚方严毅，不悄跪随。其监州也，一以公忠佐治，不愧叛刺上佐之称。其按县也，一以廉洁励操，不开苞苴鬼遗之路，贤达著声有如王旦之判濠州，气节自任有如陈尧咨之判济川。时守汉军者服其廉明，凡有筹措必咨之而后行。昔苏东坡诗云"欲问君王乞符竹，但忧无蟹有监州"，被誉为争权者嘲耳。若我公之与郡守相与有成，久当若周景之题以待陈蕃，晋安王之施以礼孔源，后何复于有监州也。

骆兴叟：字振宇，生南宋理宗宝佑元年即公元一二五三年癸丑五月二十五日，举授循州通判，殁元泰定四年即公元一三二七年丁卯七月初二日，享寿七十五岁，葬顾村旗形立穴。

公讳兴叟，字振宇，廷玉公长子也。天分既高，而又熏陶于庭训者深，自成童象勺之年，即为邑庠诸生，未几而登膳堂于世祖，壬午科选拔国雍，授循州司马。公佐州治，助宣政教，吕公著之贤行、贾公望之直声兼而有益。其判循州也，一如廷玉公之判汉军，政尚仁恕，治号严明，拳拳以承家为念体国为心，虽秩仅六百石，亦必不敢以负斯民者，负所学致辱先人。昔唐时南霁云：子承嗣历施浩二州，别驾皆勤于其职，柳宗元称其服忠思孝，以颂我公焉。且自良相公而后率多单传，即有昆季亦不过伯仲二人。公同怀者五，公家居时，固棉被同寝怡怡友爱，即宦岭南，亦不忍别舍迎与俱赴。公退之余，与兄弟觞咏陶情，友悌之笃又何如也。公仲弟俊叟卜居广东黎水，三曰祥叟、四曰庆叟、五曰荣叟，皆居临境，六曰发兴居桂阳焉。

（骆居政识）

骆兴发：字迪光，卜居桂阳，以武功封千户侯，生于宋咸淳四年即公元一二六八年戊辰四月初八申时，殁于至正十七年即公元一三五七年丁酉九月二十日申时，享寿九十，葬城东五里桥桐子坪螺丝吐阳形坐东向西，有碑。

公先世以科第起家，奕世簪缨，人咸荣之。公父讳廷玉，举授汉阳通判，晚年乃生公。公有大志，不屑与庸俗伍，少读书未成，去而学剑。既而曰："剑一人敌也，吾当趋十万横磨驰骋中原，如汝辈等耳，安能效文学士扬风雅歌舞太平已哉。"其父廷玉公大悦，尝曰："诸郎忠厚能文不坠家声，惟季报负非凡，异日当以武功显，余有能扬世家风者矣。"会元政失修，峰警四起，公从明太祖起兵，靖难平天下，果以武力封千户侯守茶陵卫，能驭军爱民，有古大将风。适州难未靖，承命平其乱，遂留守州治，于是兴学校开屯田，置民庄而居。其子孙今西风乡大溪头、乌团园诸处，皆公宦守时所经营。而阅治恒如法，故四境晏然。眼辄与乡父老饮，恭厚和霭溢于眉宇，见诸不知乃大将军也。年九十，无疾而逝。朝令伯氏世袭其爵。越四十世提督高坠崛起，平红巾军乱，战功名于世，卓有我先祖风云。

（骆攀月识）。

骆原辅：字逢泰，号哲庵，生于大元世祖至元二一十六年即公元一二八九己丑六月二十一日亥时，至元朝制举后至正间举授陕西巩昌府宁远县尉坠，洛昌知县。殁于大明洪武十五年即公元一三八二年壬茂二月二十九日，享寿九十四岁，葬公平山象形。

公讳逢泰，兴叟公之长子，而予之王父也，英俊奇特，超群拔众，至正间授陕西巩州府宁远少君佐令，治民率多善政，不避豪强，有如曹满不纳馈钱，有如睦宣公擒奸不亚李勉，绝讼不愧苏洵，谓雉雉双飞于金滩同符。鲁儒之人西台御史乃以卓异，晋秩络昌一令。予祖以勤劳心，抚字催科不扰，凡有利于民者与聚之，有害于民者与去之务尽。且兴学催以育人，设条教以美风俗，邑内凡有武城弦歌之化，治蒲三善又何足多焉。旦奉法不党为政得平，洛之民常私相度，骆公先祖巡抚南粤，德泽被一省，今公膏雨涵端一邑，是公之祖与孙有大造于粤也。故民之载公，一如赤子之载善父母，公诚洛昌一路福星也。迨致仕，居林下怡情山水，凡属名胜必皆有车尘马迹焉。一日至县北郊，有所谓花塘者，右控龙潭左缠圣水，北有为之屏障，榜山为之远映，知其为发祥之区，遂祖居乔迁于此。其贻谋燕冀，又于始祖良相公先后同揆矣。

（骆居政识）

骆原用：字大行，生于大元世祖至元二十八年即公元一二九一年辛卯四月二十三日，至元间举授全州路推官，殁于大明洪武四年即公元一三七一年辛酉五月十二日，享寿八十一岁，葬墓田牛头。

公临事有断秉正不阿，持身有清介之风，群讶天赐再现，有法用本允之誉何必陈哉。堪多训士有方，湘源甚传湘学，作箴寓讽，全守护令，明刑弼教，钦血无苛雪冤，清狱平几何。公之阴德，洵于公有光兮永不磨。

（骆祖宾）

骆承基：生于大宋绍熙五年即公元一一九四年甲寅二月二十二日辰时，殁于宋咸淳八年即公元一二七一一年壬申三月二十日申时，享寿七十九岁，葬大冲岭蛇形壬山丙向。

公讳承基，予九世祖也。公生赵宋南渡之后，幼时业志诗书。及其长也，混迹田园在蛊之上，久日不事王侯，公则以之矣。然公亦非淡然于功名也，第因时值其变，故不得不见几隐耳，然公又非漠然无所图谋也。自安邦公由临阳乔迁以来，越三世弟卿公又迁居于石羊洞，而公微察乎是方之中，土虽膏腴而人众地峡，俗虽淳厚而宅当要道，时有兵戈之扰，遂复徙于岛南之乡，为之创业垂统，以为后世悠远之计。《易经》曰："积善之家，必有余庆。"今予合族子孙为之繁衍无穷，甲第为之禅联不已，又未始非公之所赐也。则公之生而素履考祥寿享黄苟，死而享馨香之荐，千亿万斯年者，称也宜也，而亦天之所以报公也。

第五章　楚南骆氏古迹

临武骆氏古迹

沙坪祖居门楼：昔于公司狱多平自以有阴德，令高大其门间使容驷马，后世必以为三公者。至于定国果为廷尉，若持左卷后世傚其意，知已有厚德可以昌后，则筑垣宅必建门楼。予始祖良相公生平好善，居官又多惠政，故卜居县治西之沙坪。堂室始就即造门楼于宅之南，后额败复重修。邑侯赵讳进美赐匾曰"奎壁焕彩"，张挂其上。迩者以阴雨未及绸缪，又垣复于颓矣。此系骆氏之祖所手创遗址，后之人其可不善继述，徒令额垣败瓦久湮于荒烟蔓草中乎？今重修宗谱若不载入，则并其名而泯之，故记诸古绩类中，近虽未能兴复，亦夫爱礼存羊，遗意以俟后之有志复古者。

（骆逢辉撰）

沙坪祖居官厅：祖居官厅为予三世祖安世公建也。公虽登世科因先人居官廉洁，欲以"清白吏"三字贻子孙，其第宅有若李文靖公之厅事仅容旋马。后因郡守按县来谒公，见其湫隘不堪，遂命邑令为公造第，以晋接官府故号官厅，题匾旌嘉曰："待诏金门。"邑令亦赐匾曰："节清三世。"后居政公膺鹗荐，当时邑侯又赠曰："绰有祖风。"兵变厅坏，迄今未能重光。夫祖居为发祥之地，官厅为先裕之区，岂可使之长沦落，令人致叹于王谢堂前燕耶？予故因修谱而志之，深愿族中子孙努力进学，当必有仲舒、安世、居政其人者，于以绍累代之书香，或登甲榜，或登世科，或应乡荐，则官厅复作，予日望之。

（骆当亨撰）

沙坪祖居云梯坊：坊以云梯名者，取登云步月、折桂蟾宫之义焉。予公讳居政登明永乐庚子（1420）应天乡试，此平步上云梯高折蟾宫之桂也。故叨蒙恩荣，建坊于祖居沙坪之右百步许，自华阴一带自武溪而来者，过此坊数步，始度汲水门之广济桥，沿岸至南墙数十步，始过京兆杜氏之孝义坊，坊对峙遥相掩映。坊上题"荣膺鹗荐"四字，士人荣其事以云梯坊观之，因相传为云梯坊云。且以材料杂木石为之，有望如沧桑之变，而族中父老尚及见之。幸今修谱有古绩之录，是何可以不志？予故得诸父老之传闻，爰呼不律而记之。

（骆宪宾撰）

沙坪祖居大圆寺：惟佛寺今国有之，盖自汉明帝梦西方圣人丈六金身，故遣使往西竺迎佛骨，而佛教遂传东土。凡名山胜境咸构梵以崇奉之。予族先人所造大圆寺福地，右控龙潭左绕圣水，又旁多岩石，若虎踞，若龙蟠，若沙弥听法，若老僧谈经。先大人与族中父老礼请卢先生讳祖城，诲子弟隶业于寺中者凡十载。睿亦侧其间，先生岁有题咏，不能遍观而尽识，但记其末年题诗一律云："十载董帷下，天花坠觉繁。林幽迟日到，地僻绝尘喧。听法龙倾耳，点头石欲言。功深谁面壁，鹏路待高骞。"诸弟侄游泮者五食饩者一，俱赋先生雅望。独予不才，深负至教焉。寺内金碧辉煌，皆予族高祖所捐。望其正殿释迦文佛则居亮公塑，边阿弥陀佛则予十二世祖居荣公与居伟公同塑，边弥勒尊佛则居让公塑。先年重修族间善信各捐躬赀庄严众圣，房叔侄则塑六祖萨苔、持杖罗汉、伏虎罗汉三位圣像，其中殿香炉众造，普陀山香炉则居亮公造，前殿香炉则予祖

193

居荣公塑，由南方尊长于此而造。谱载古绩有十，惟此寺岿然灵光，其福被我内黄郡，洵未有艾也。

（骆亨睿撰）

花塘更楼：夫阀阅之家门列载楼鼓角，非止夸一时荣一乡已也。盖以世笃忠贞、常为天朝柱石，始能邀一代之恩荣建楼表异，而当世宰官尤给旌匾以褒美之。予族自始祖巡抚卜居临阳，而二世祖联登甲第为邑中科名首倡，三世祖复登世科。隔四世至廷玉公通判汉军，兴叟公复判循州，予太祖公又为洛昌邑宰，弟原用公为全州司理。十代之内受皇恩著功绩者六代，非所谓世笃忠贞、常为天朝柱石者乎。故太祖公致仕卜居花塘，邑侯刘夫子讳耕孙嘉其累世勋旧申详上书，为仲舒、安世创建更楼于垣之左，赐匾曰"玉堂金马"，盖谓英雄人毂皆玉堂金马中人物也。予鲁祖世有名联云："马岭发祥已见先间容马驷，龙潭毓秀还期奕世跃龙门。"明末兵变，楼归乌有。先年族人倡议重建，邑侯王公讳之瑚赐匾曰"簪缨世族"，盖而兼美之。

（骆从兴识）

花塘圣水庙：水而名圣，以其谓天所生与山下出泉也，其中有神物焉，能屈能伸能云能雨，能使洞口四时常涸，而一日涌溃则亩田皆盈。洞边原有古祠曰圣水庙，在花塘后龙山半里许，去下骆家亦如之。邑中每旱魃为虐欲祈甘霖，则文武各官洗心斋戒，跣足步行至祠祷告，合师巫书符以龟负之放于岩下，以瓶贮水弥封其固旋即雨，邑乘多载其事。又谚云："圣水出后三日，有雨则岁丰无则岁凶，故农人以此占丰凶焉。"又相传有人于龙潭屡见负符灵龟，乃祈求时巫人所放者，盖龙塘距去此祠二三里，而潜相通也。今祠久坏，而旱年祈雨亦必至其地，照常躬祷多所灵应，予始闻而疑焉。后因先大人设帐于大圆寺，予不时往候起居。一日偕诸世兄揽胜至此，值日恬风晴之时，忽松林震撼如大风所飘摇者然，予目眩心悸讶为怪幻，诸世兄曰此圣水将至矣。忽而洞门果满腾澎湃，大水倾出，高地成渠，逾辄则止，岩涧犹故。予始信邑乘所载与父老所传，不吾欺也，非有神龙潜于窟中何以能此。予因为诸世兄勉曰："龙灵昭昭也，而于此地乎是依则其地灵，可知宜其钟灵毓秀代有伟人，诸君赋质不凡，泂地灵而人杰者，各宜奋励，上绍数十世之书香，将国佐鸿功、自得、济时世代科第，可再见于今日"，独予不才，折屐快游，幸兹奇逢，不无贻笑于山灵耳。兹因修谱备录古绩，故述昔日所见所言，一以表圣水之异，一以志予不忘其事之情云。

（卢尧典识）

花塘书院：古者设学明伦，非特成均泮壁而已。家则有塾，私则有序，邑则有庠，凡以造就人才无乡国之异也。士处燕间纯心肄业，不至见异而迁，希圣希贤皆基于此。古来乡学惟鹅湖鹿洞擅名千古，而星沙之岳麓居四大书院之一，衡郡又有石鼓书浣，亦堪与岳麓相颉顽焉，此皆古今仅有不多观者。至村落之学舍，不独予族为然。但予太祖公讳原辅，其宰洛昌时尝设学校以教民。及致仕旋里卜居花塘，祖庙宅第百诸皆作，外又以云梦为急务，故度垣之左数十步创书斋一座，以为子孙式谷之所。后世子孙或以明经登显世，或以韦布称誉髦，咸赖此以陶成之。即予负质顽纯，幸食国饩，亦尝与族间诸弟任藏修游息于此。此其洪规芳声，虽少逊于岳麓石鼓而基总发祥，是大有造于我族也。先年邑侯铁崖王夫子赐匾曰"世科先资"，盖深望族人学问攻苦，丕绍前人世科云。

（骆祖宾撰）

花塘五里亭：功果之说由来久矣，但必布施出于诚心，而洪纤有所弗计，故一笠获九五之尊。而五里一巷十里一寺，反受饿于台城。若我太祖原辅公兄弟制节谨度不敢侈靡，而于阴隙之际不惜倾造。五里排官路为楚粤孔道，盛署炎蒸挥汗成雨，求一息肩之所而不可得，途人苦之。且喙涸若窨井，谁能望梅止渴。我公备见情形大为伤恻，爰捐白银鸠工庇材，鼎建凉亭四间，其弟原杰公亦构二间以休行旅。又造普济庵，前殿令住持僧，汲甘泉煮雀舌以破孤闷，于是蹑蹻簦负戴适路者，如佩避署犀，如服清凉散焉。昔坡老之喜雨，司空之休休，固足名乖不朽，然独乐则有矣，公乐则犹未也。惟雍伯于蓝田给义浆以施惠，因得种玉果报。今予族子孙繁衍济济冠裳，何莫非先人积德所昌也。久之不能不敝，庚午岁族中信善各出躬财缠绵，补葺其旧贯庵，虽仅遗瓦砾，而后殿已蒙修复，夏饮瑷浆犹夫者也。且予族好善乐施代有同心，如舜峰之资福寺，县治西之广济桥，亦皆忻然乐缘，名勒石碥，班班而考。但集众腋以成裘，非独内黄功果也。故载诸于谱，以示专美云。

（骆从兴、骆良骏撰）

新田骆氏古迹

中国传统古村落——骆铭孙

《骆铭孙古绩录》：

一、祠堂

骆铭孙会馆：在铭孙宅左，中主良相、安邦、承基公神主，乾隆三十六年（1771）辛卯重建。

骆伯二祠堂：在伯二宅左。

二、公馆公厅

会文公馆：系南一都十甲所建，十甲会商公事之众馆，在徐家铺上，历代重修。

祯房公厅：于雍正癸丑（1733）岁创建。

伯二公厅：乾隆五年（1740）庚申创建。

三、书斋

克贤书斋：在铭孙宅左，与祠堂相连。

仕祯书斋：在铭孙宅左。

仕祥书斋：在铭孙宅前，与以宾公门楼相连。

伯二书斋：在铭孙宅左，于嘉庆丁巳年（1797）重建。

四、门楼

骆　安排楼：万历御赐锦衣总宪匾额，在铭孙宅右。

从宾公门楼：于康熙乙丑年（1685）重建，在铭孙宅中。

思恭排楼：于乾隆三十六年（1771）辛卯年重建，在铭孙宅左。

五、桥梁

福禄桥：在万兴寺门前。

善庆桥：在万兴寺右，与福禄桥相连。

青云桥：在铭孙宅左。

迴龙桥：在万兴寺后。

仙人桥：在伯二宅右。

六、凉亭

花庙亭：在铭孙宅对门岭下，四山头下。

锁翠亭：在砠子脚。

铭孙水口亭：于天启元年创建。

铭孙青龙亭：

伯二青龙亭：于乾隆六十年（1795）乙卯重建。

圳头亭：在吴家岭下。

七、庙宇

天仙庙：在竹紫峰顶，于嘉庆七年（1857）壬戌重建。

兴福庙：在铭孙宅左，于崇祯十一年（1639）重建。

南岳庙：与兴福庙相连。

三圣宫：在铭孙宅后。

兴隆院：在铭孙宅右。

胜家庙：在伯二宅左。

萧家庙：在伯二宅前。

八、井

九亩源：在潘家宅前，有九井，系岛馆洞荫济源流。

鸭婆井：在洋坭洞。

观音井：在铭孙宅右。

眠子井：在伯二广福台后。

森头井：在伯二宅左大路下。

塘湾井：在铭孙宅右。

胜家井：在伯二宅左。

后岗井：在伯二宅右。

圳头井：在圳头亭下。

九、庵寺

万兴寺：初万里公微嫌下沙低滑，于宋熙宁九年（1077）丙辰，创立一茅庵于斯，以为保障住宅之所。递传至万历年间，子孙隘其基址，遂为之大造梵宫。以其创始万里公，故又名万兴寺。

朝阳庵：在竹紫峰顶。

八角楼：在铭孙下沙之下，于乾隆五十八年（1793）岁次癸丑孟冬月重建。

文昌宫：与八角楼相连。

广福寺：在伯二下沙中，于乾隆五十七年（1792）壬子年重建。

吕祖庙：在茅栗岭下。

土地庙：在长冲窝下。

十二景及诗：

山排笔架：山屏水带镇花村，笔架高排护德门。从此内黄钟毓秀，贤才济济受皇恩。

水涌文澜：水光荡漾碧波留，浪静波平万古秋。文思翻澜随八角楼涌，科名鼎鼎赞皇猷。

霞光金印：五彩霞光四杰家，印心辉映日光华。文经武伟钧衡任，大振德门锦上花。

日罩银塘：日月波光印五花，文章水面焕云霞。塘涵一孵中和气，触景情生倍贝余。

文峰挺秀：五花遥映五云峰，秀插文豪气吐虹。开八角楼芝兰香满室，好凭妙笔写芙蓉。

玉带回还：山环水绕好安排，正是天工造化哉。玉润珠圆恰可爱，文明征兆列三台。

南屏晚照：南屏高耸势凌云，无限霞光焕景纹。四杰门舒新气象，文星拱照启人文。

北廓晨烟：北斗横天绕建亭，廓清不断启文昌。晨炯八角楼点分浓淡，远罩芳村向异常。

阳䃉天马：峰形恰如马旋归，高拱花村坐翠薇。好是四时如画卷，晨光晚照有恩晖。

竹紫乌金：紫竹常青不改柯，森然秀色谱薰歌。自有乌金常涌出，四方需用济人多。

源开九亩：源开河水水汪洋，自有源头活水来。九派攸分无昼夜，文澜波漾碧波清。

关键重林：关山不改四时春，键锁德门满面青。境胜自然钟灵秀，人文鹊起继先绅。

骆铭孙牌楼：骆铭孙始建于北宋，为楚南骆氏三世祖骆安邦开创，历史悠久、人杰地灵、古迹众多，现存古迹，首推牌楼。其牌楼原有四，一曰骆安公牌楼，又曰锦衣总宪牌楼，在村宅右，悬挂万历皇帝御赐"锦衣总宪"匾额。初创时按皇家御赐规格建造，相传为"铜铸铁瓦金珠顶，玉石拦杆锦边丝"，故又名"御赐楼"。一曰以宾公牌楼，在村宅中，康熙乙丑年（1685）重建，里外分别悬挂"衣冠门第""文武荣流"。一曰思恭公牌楼，在村宅左，于乾隆三十六年（1771）辛卯重建。一曰村公祠会馆牌楼，在村公祠前，上下悬挂"楚南望族""锦衣世家"匾额。今思恭牌楼已不复存在，"锦衣世家""衣冠名第""文武荣流"匾额被毁。现存牌楼均为重檐歇山顶，飞檐斗拱，气势恢宏，乃骆氏锦衣世家的辉煌荣光，弥足珍贵。

骆铭孙会馆：又名"上京都湖南会馆"，缘于思恭公明万历时任左都督、锦衣卫都指挥使，在京都首倡创衡永郴桂上京都湖南会馆而得名。骆氏宗祠占地1.2亩，前有戏台，中有天井，后有大厅神堂，两侧为厢房，三十多根梁柱笔直粗壮，栓础麒麟龙凤珍禽瑞兽石刻浮雕，形神兼备，栩栩如生，宗祠建于乾隆三十六年（1771）辛卯，历史悠久，规模宏大，建筑精美，保存完整，极为罕见，彰显骆氏家族之显赫地位。

骆铭孙惜字塔及《惜字炉碑序》始建于清代，列于公祠左前，通高3.5米，青石结构，五级六面，上刻"魁贤点斗""马上封侯""一路连科""鲤鱼跳龙门"精美石雕。塔尖饰一雄狮，建筑精美，工艺精湛。上刻《惜字炉序》："字之为功非衣食，此乃人知衣之不可一日缺，而不知字尤甚于衣。人知食之不可一日无，而不知字尤甚于食。夫结绳以前原无文字，而雨粟以后有篇章。寸楮征言悉圣贤之经传，片文只字皆天地之精华。在学士文人，固当宝如珠玉。即在庸夫俗子，不可叶若弁髦也。余家严念典以来，不忘敬字，久欲建炉。今冬忝为倡首，谋及同心，幸皆慷慨倾囊，用以赞襄盛举。末几，诹吉卜基，鸠工累石，而字炉以成。见夫排笔架以齐辉，洵如玉旬对榜山而挺秀，足振文风。举三坟五典、八索九垏之残篇咸归宝鼎，统金版玉、幽经怪牒之断简尽付浓烟。炉火纯青如然太乙之杖，文光炫彩直射斗牛之圩。所赖都中人士念字之功非浅，鲜知炉之为用有专归，于以拱璧珍之什袭藏之，将来之翰墨生辉，书香焕发，其所以得惜字之报者，当不仅为丰衣足食中人也，是则予之所深望也夫。"

坪头山带头亭及"王道坦坦""远追林母"巨型石碑记：带头亭位于石羊坪山村左，古石羊洞腹地，两溪交汇处，古洞石羊八■之一"水打莲花"旁，又名水打莲花亭。带头亭由八根粗壮石柱支持，石柱间茨文条长石条供行人纳凉休息，一侧竖有两块高约2米，长约1.5米巨大石碑分别曰"王道坦坦""远追林母"。中有两条石柱刻有"恩泽春善颂歌高""泽沃后人功德远"，另两条石柱刻有"新建带头亭记""重建带头亭石柱记"。亭上中梁三根分别记载水打莲花又观音亭历年记载，分别是"顺治元年（1645）己亥岁之六月三十日，会首骆子建影、骆未生骆子万华重修"，"乾隆四十年（1775）己未岁己卯月乙亥丁卯辛未二时，会首骆良林、孔友、骆正作、国珊、骆正龙、登正、骆国浊、国乔、骆震之、骆高、科昭瑞重修","中华民国二十九年（1941）九月初二日甲申时，重建莲花亭翰缘，会首骆文理、会首骆书瑞、书材、骆德保、柏德、骆进亭、继往、骆进峰、继仁、骆火元、道德重修"。《远追林母》石碑载《修建水打莲花亭记》："今具地名平山坊，闻之神农尝百草，日遇半毒得荣以解，知之功大厚载。顾酩奴瑞草，龙圃崖舌，备于家居者易备，诸行路者难备。带头亭一路上通西粤下达三湘，肩挑背负络绎不绝，即盖魁盖游士亦周流不湍，实四达通衢也。在昔先人曾建石亭，仅堪歇足停骖，当阳酷火灿，今有左右二溪之水可解行路之渴。究令烹化蛭之茗，两腋生风之兴，况水火贵于既济，滋味必须调和，井渫不食，戒垂大易。余等则不舍受饮河之，且愧乏吕仙点金之术，恐捐资一己莫结两族，是以假花灯告同人异人君子解囊倾簪，蜂涌相助共成美施，买置官田以垂永久。今而后履斯亭者不必有望梅之思，而解毒无虞非水可给喉吻可润，行人有不共美阴德之敦哉。虽不敢期然窭窭之福赐，自有不共爽者，功竣勒石以永垂不朽。是为序。俊学骆音纾撰并书。乾隆五十二年（1787）岁次丁未季月日谷旦。"

坪山骆铭孙码头碑记："南宋间处于地广人稀，三世祖安邦公之曾孙弟卿，意与坪山堂兄弟信卿同乐，卜居坪山岛馆洞左侧，见水四季长流，用之取便，遂召族人，设汲浣石磴彻码头一处，以便沐浴洗濯，以利族人生活，此即骆铭孙码头建置也。南宋宝佑五年（1257）丁巳立。"

长亭进士桅杆石林："先后立于大清光绪戊子年（1888）、同治十年（1871）辛未、同治七年（1868）戊辰，是为旌表付贡生骆上品，进士骆文藻，进士骆献廷，进士骆炳桑等四位先贤竖立，共12对桅杆石，每根桅杆石均用青条石精凿而成，高约1.5米，宽约0.6米，长方四棱角，没对桅杆石刻有进士先贤姓名及立杆时间。古制，村前桅杆，是旌表各村贤达，激扬后辈之功，凡路过此地，文官下轿，武官下马，以表敬仰。"

中国传统古村落——厦源村：厦源村地处古洞石羊西陲，始建于北宋康定元年（1040），始由邓氏开创。明朝洪武初，骆良相十六世孙（十五世骆铭孙骆以诚次子）骆婆保从顺天府返卜里居始迁厦源，为厦源村骆姓始祖。该村群峰罗列，山环水绕，传统建筑保存完整，古建筑群落由古民居，古门楼、古巷道、古井、古堡、古墓等构成，古民居布局完整，六纵四横室"田"字形排开，现保存古民居59栋，314间，面积13100平方米，青砖黛瓦，鳞次栉比，木雕石雕工艺精美，古门楼飞檐斗拱，蔚为壮观，现保存永安堡遗址、骆婆保古墓、青云庵遗址等，属典型湘南古建筑群落，被评为湖南省历史文化名村。其《厦源门楼碑记》载："余族门楼经业次已三迁矣。先公创造经营两度皆局面狭小，而缩踞腹地，不足以笼领一坊。道光间曾祖美祯倡首鼎革，地点腾出，规模改观焉。清末有术士来游，指评斯门楼仍宜迁出数弓，譬之人身方不缩项，否则观瞻不雅，形势未合。于是族人有重迁议，适值世变未果。今秋农暇叔侄经理人等重提行前议，谋众会同，乃命匠梁工不月余而告成，盖比旧又迁出数丈加崇六尺许焉。余因之而有感矣，天下事莫为前美弗彰，莫为后盛弗继，今我叔侄之踊跃从公也夫，岂感于风水之说哉，盖亦光前裕后之有志也，今而后出斯门者，士农工商各勤本业，且力敦古处，将来富庶日臻是望也，谓非三迁益善欤。因事竣撮遗出颠末以记之。若叙门楼之大概，前人之序已详不赘。中华民国十五年（1926）十月谷旦立。"

中国传统古村落——河山岩：河山岩村（又名河三岩），因村后龙山三孔岩泉清澈甘冽，长流不止而得名，始建于清朝道光癸巳年（1833），为良相公二十七世孙骆太应创建，该村地处新田南部，与宁远交界，三面环山，环境幽美，古村落坐西南朝东北，古建筑群七纵四横，现保存清代，民国年间传统建筑七十二栋面积四万多平方米，古村内外集古井、古桥（三寸金莲）、古巷道、古岩洞，古民居等各类组成，布局规整，转角石雕、门庭木雕、图文彩绘工艺精湛，是湖南明清古建筑村落的活化石和典型代表，具有较高得历史、艺术和文化价值，被列入国家第二批传统古村落，国家历史文化名村。其《河三山（岩）建公祠碑序》："昔必宫肇造宏开宗子之基，家庙落成大赞先人之绪。君子读书稽古未能辅行新政翼赞共和，而里党公益宗族义举以及孝友亲睦责有专归。自开基祖太应公于1833年从宁邑下古溪迁新邑河三岩，创建宗祠诚孝子仁人之用心，圕生居旧族列庠序叨，绍铣叔侄雅爱玉兰，辈从遂日数典甚详，得悉乃祖本绩公孙玉环公仲子仕贞公令孙，脉延五叶世居骆铭孙，迄六世楚袍升迁宁邑下古溪，不数载由致丰，延师课读食极最捷，哲嗣腾云蜚声黉序，占鳌并鳌并列庠序，曾孙国选武庠冠军，三代科名名扬珂里，惟太应公雄才磊落表表不凡，生丈夫子六，彼时下古溪式微难期昌大，遂怀陶公归里之志，适清道光壬辰（1832）又遭瑶族蹂躏，越癸巳（1833）率子侄束装旋里，卜宅新居于此地，然后知伊族名河三岩者，良有以也夫，地灵者人必杰，积厚者流自光。近年置田造物蒸蒸日上，文经武纬葱葱益盛，立宅于兹阅年八十，人才挺生不穷村落益巨。际今民国甫奠百业维新，有绍铣、绍锟、文殿、文骏诸英辈倡建宗祠光大门户，会商竹林，众皆捐资不吝力，诹吉兴工不日告竣，至是昭穆有序亲疏有仪，伏腊月寒食庆祝落成，所得依归。诚如是也，鸿基开创俾富寿而永昌炽，燕翼留贻产贤能而恢先绪。圕登祠谓斯祠必与宫同辉，人才崛起聿增四杰之光，祠宇堂皇大壮五花之盛，食旧德者视其亲，服先畴者视其利亿万年发福。圕不敏恭承叔命，聊弁数言，是为记。"

（民国三年，即1912年，议员骆文圕撰）

乐昌骆氏古迹

《柏沙骆氏社学碑记》：风俗之美恶系于人才之盛衰，而社学之设正以作养人才。凡立教会文咸集于斯，诚所谓第一义者。若予族之社学果奚始乎，盖适嘉靖改元，蒙提督学校大宗师魏公移文各邑，以兴社学为重务。时邑侯楚之汉川龙公遵承匪懈，择兹地一区约六丈三尺纵，三丈一尺横，背西面东，创立官厅及两廊三门，北余空地后横五尺，前则锐尽，中横三尺有奇存为出恭之所。工成而宗族俊秀群而入之，幼则告以诗书，长乃与之议道论文。每见小子有造，成人有德，出仕者恪守官箴，而隐处者多不失考槃风味，人才迭出，俗也颇淳，实社学有以成之也。奈何时久渐颓塌毁几尽，复立之图有志未及。幸而同高祖兄桂阳邑博名彬号心齐者，致仕南旋，戚然动念，暨予谪于众曰："社学居祠堂之后，若任废不特人才失养，而祖祠且无据矣，兹欲重兴，愿协力以期就。"诸众皆欣然诺之，于是持疏请题以家藏虚实为捐助多寡，题毕仍相与举闻。蒙邑侯绍塘张公筦尔作兴选舍，弟辈名任、侄辈名有辉、有绍、儒可，至及予儿兆隆趋事鸠工，心齐以为己任，予辈相间辅之，万历庚辰（1580）冬，拣旧物而作官厅，敛新料而耸层楼，余犹未尽就，迄今甲申（1584）春，幸邑侯宾湮李公重斯义学，创题助之，顽者令输之，然后众务毕举，功可告成，号舍廊门咸正罔缺，是广狭虽仍旧址，而经画之详密，勾结之完固，形势之巍峨，视于昔大有改观焉。凡今与未来之士子经生，莫不赖藏修有地，而德日崇业日广，始有光于先进者可预知矣。人才不于此益盛乎，风俗不于此而益美乎，祠之先灵不于此而有以镇之妥之乎，一事举而众善集，重建之功伟矣哉。尊卑乐颂，惧其久而恩所自也，乃强予言以记之，因以录捐助者之名。

（大明万历十二年，即 1580 年，廪生骆价撰）

《柏沙骆氏圆明阁碑记》：神明显烁千秋肃崇祀之瞻，阁貌巍峨百代藉保障之重。盖柏沙湾滨江依谷，收昌山浣水之灵，形胜甲于他市，故牵车服贾肩摩毂击云集而居焉。苟道无楼台亭阁，津乏徒杠舆梁，奚称上游之地，诳都会之盛乎。予骆氏先辈毅然以培植利济为怀，以鼻祖一带蒸尝店，择割交通四达隙地倡兴一阁，奉大士于上，额曰"圆明"，层峦叠嶂，控扼山川，与龟峰对峙，环抱城廓于阁前，驾舟为楳，横锁武溪，名为聚锦，不特壮观，瞻资利涉，且文风丕振，富庶日增，此固阁楼桥孕毓多才欤，岂非人以地杰，地以人灵哉。历宋、元、明中，叠为废兴，咸赖邑侯相继为功也。今阁之辑远矣，岚侵虫蚀，颓圮莫支。近来人文淹窘，前此之休风貌然不可得。以故予族父老若裴若孔哲等志切兴复，谓前人不辞构造之劳，后人宁忍坐视坵墟之象，爰属合族众议，愿捐公堂银三十两以为之倡，族绅宗儒兆阳、可圣暨不才尚惠，欣然捐金助公费，族袊一诚等十余人实赞襄而为之和，经始于崇祯甲戌（1634）仲春，至履端而落成。阁楼巍然壮丽，于始建楼上顿复珠宫绀殿妥侑神灵，楼下四面有圭门相通行人，周围垣墙彻青石图其巩固，阁后左旁设僧房主持香火。猗欤休哉，圆明辉煌，气象万千，睹无穷景物图画于山川，收有像云烟渔火于阁楼，真诚柏沙之胜，概乐昌之大观也拭目以俟，成梁之君子谁谓今之人安在不度越前人耶。

（大明崇祯甲戌（1634）廪生骆尚惠撰）

《柏沙骆氏世科第祖祠碑记》：鬼神之德盛矣哉，视无形听无声，疑无德之可言。然齐明盛服以祭，则又洋洋乎如在其上，如在其左右，于戏此其所以为鬼神，此其所以为鬼神之德之盛也。先王之制礼也，自天子至庶人，莫不各有专祀。故天子祀天地，诸侯祀封内山川，大夫祀五祀，士庶人祀其先。其先者何己之祖宗是也。祀必有其所，则祠尚矣。祠也者不惟可以妥先灵致诚敬之意，且可以序昭穆萃涣散之情，祠顾不綦重哉。吾族自始祖安民公占籍乐邑开府柏沙，由宋洎今已近千年，人文蔚起，子孙炽昌，不有祖祠岁时祭祀，则诚敬之意无由致，涣散之情无由萃，将妥先灵序昭穆之谓何哉。吾族之祖祠建于有明中叶，修于国朝乾隆，今又栋朽衰敝，势将倾圮矣，修之不堪修，不得不利用建，革故鼎新，此其时也。于是鸠工庀材，经始于庚戌秋七月，告成于冬十一月，计费三千余金，祠成而记其事，此非予责而谁责耶。呜呼，以数百年将倾之旧祠，一旦重而新之涣然改观，祖宗有灵喜何如之宜乎，保艾尔后于靡既矣，此岂邀福者之为非其鬼而祭乎，实义不容缓，不得不踊跃以赴之也。今而后聚宗族于斯，言孝者有人，言弟者有人，言慈爱者又有人，亲疏远别长幼分尊卑，上下有条不紊，尚何虞涣散之情不萃，至亲若路人哉？则此举也，妥先灵于斯，序昭穆亦于斯矣，后有仁人孝子，观此其亦知所兴兴起乎。于是乎书。

（大清宣统三年，即 1911 年，骆骥撰）

资兴市滁溪骆氏古迹

《滁溪骆氏祠堂碑记》：余族之自粤而来兹土者久矣。炜未偿效谢公游名山佳水之胜，览非吾事也，既自云南解组归里，始得访吾族之居于湖南直隶郴州兴宁县者，其里则曰南乡，其境则曰滁口，此地有崇山峻岭茂林修竹，又有清流激湍映带左右，美哉其擅会稽山阴之胜概乎，吾族何幸复构新祠堂于其中也，谒祖后盘桓久之，见乎枕瑶岗之层峦列雷峰之耸翠，环滁之山祖妣所依也，荐清溪之肥鱼羞香泉之醇酿，环滁之水祖妣所歇也，而吾之因有感矣。忆昔先世讳统字公绪者生于会稽，世传其岁饥散粟利济群生焉。迄于今卜庐星散，或如金河一源而派别，或于紫荆同根而枝异，屐齿所及莫能尽小蘸之大观，是吾族之荫庇于名山佳水者几何处。而兹土隶五岭之内，为敬宗收族者之足迹所易到，已乃念先灵于荫翳，感古贤之名记焉。虽然王右军之记兰亭也美会稽也，余之记斯堂也美其类会稽也。会稽吾先世种德之故里也，而今乃获妥侑于类乎会稽之处，推以积善余庆之占，兼以山水钟灵之说，庶有复如昔时之名男名女者乎，将义乌之四杰不难再见于兹祠矣。余故握管而乐为之记云。

（乾隆四十五年，即 1780 年，任云南宣威州知州骆炜撰记）

桂阳县大溪头骆氏古迹

《观音山碑记》：鸭公冲者胜地也，有崇山峻岭茂林修竹，又有小流激湍映带左右，所谓佳趣之毕萃者端在斯也。我祖兴公建业见有山木挺用，乐建一庵名曰"观音山"，刻像施田，招僧住奉，以为守山崇佛计，且为子孙往来停骖计也。我祖是举，梵刹兴隆，僧粮渐盛，可谓尽美也。迄至道光越六百余年，庵运寝裒，僧气日薄，所有彭家冲福田捌拾，把大小十九坵外塘一口出典樊姓字，限十年准赎我族理之，正所谓千佛名经之无继者也。僧自念期满赎，因求金囊以赎焉。我族体先祖本意不忍坠败，经动乡邻献回仍施刻，自后住僧耕管永不得废。庶几田园由是而增，庵院由是盛，佛之幸也，祖之幸也。是为记。

（骆守佑）

208

《亦乐轩碑记》：古之造士以学，学者觉也。以己觉觉未觉，以先觉觉后觉，故士得以争自琢磨，由乡以达于国焉。夫人才兴于学校，学校昌明而儒辈日起，士未有酿酣古籍，斧藻群言而不护售者。昔夏侯氏胜尝云"士特患不读书耳，读得书多取青紫如拾草芥味乎"，此言岂徒为当时训。故夫立学舍广修途，非好行故事也，人心风土之源，文物声明之纪，于是乎在也，生当圣明，不克敬教劝学，非所以鼓舞群材也。有佳子弟不使释奠肆业，非所以奖善类开来学也。我族旧常兴义欲建文馆，旋因义弗果，今春仗众力集群腋，以共成比美举。名其轩曰"亦乐"，盖甚朱子之乐趣也乐境甚，余深观道妙，则鸢飞鱼跃、名山佳水，无非乐趣，然则枝头好鸟水面落花春乐也，云入睒间蝉鸣树上夏乐也，秋则花间蟋蟀短灯近床，冬则月明霜天雪尘炉地，四时佳趣毕萃于斯，此乐亦何其极哉。功竣命余序，知不免枵腹白戏然不敢辞，因为之序。

（骆晋）

宁远县上宜骆家骆氏古迹

骆家村古戏台：始建于清代，戏台为柱梁式砖木结构，高12米，宽25米，三进开间，深60米，檐下横枋刻有八仙缘、双龙戏珠、蟠龙飞云等精美图雕，屋脊为单檐硬山顶，封火山墙，上盖小青瓦，飞檐斗翘，青砖黛瓦，规模宏大，气宇轩昂，保存完好。2003年永州市重点文物保护单位。

第六章　楚南骆氏家训族规

大明宣德三年（1428）
临武《花塘骆氏宗谱家规》

"家规十则"：

一、敬天祖。化育万物者天也，垂裕后昆者祖也。其分甚尊，其泽甚渥，何容一念怠之，以速罪戾。虽贵如天子犹升中告虔，明堂配享，以答生成之恩。即贱而黎众，一受明赐亦有报赛之诚，颇光先业不懈首邱之意。况予族麟振振虫蛰蛰，又代有贤达以绍书香，则天地之庇佑较笃，祖宗之默相倍殷，其敬畏严恭更当何如。但所谓敬者，非仪义之谓也。怀敬天之心，则一出一敬仰凛然；若帝天之陟降鉴临，而小心昭事自不容己。尊祖之念，则入庙思敬，过墓思哀，报本追远，自不能释。吾愿吾族子孙，凡戴高天承祖系者，唯恐违理即违天，而惕然于明旦，乃为能敬天。唯恐辱身即辱祖，而不敢陷身于不义，乃为能敬祖。敬天则天之佑之，将久而不厌，敬祖则祖之相之自远，而弗衰矣。故十训，以此为首。

二、爱亲长。从古人伦有五，惟父子兄弟则以天合。毛里之恩同气之谊，自不忍一息去诸怀者。但世不古处遂有妻子，俱而孝衰于父母，财气重而义薄于兄弟。是则形虽为人，实去禽兽不远。若予族之在会稽也，孝亲悌长人人皆然，里居且以孝名，至今犹馨于齿颊。即良祖公卜居临阳，传今一十二代矣，恪守孝有家训，罔敢悖德悖礼，以贻祖宗羞，自此百代而遥亦宜类是。然不为之申明其义谆详诰诚，庸讵知来者之悉如今也。予固因家谱之修立训重教，而必以爱亲长次之，后世子孙孰无父母孰无兄长，既在子弟之列，当念天经地义之常不容不尽。或色养，则如王延之夏扇冬温体无全衣，而亲极滋味。如薛包之被杖犹于舍外，旦夕洒扫昏晨不废，以感动其亲焉。或禄养，则如毛义奉府檄而色喜，为亲屈焉，念天显民寨之大不可漠视。或安常，则如姜肱兄弟虽各受室，不忍别离大被同寝，如杨春、杨津年过六十并列台鼎，而津常旦暮参问，子侄罗列阶下，春不命坐津不敢坐焉。不幸遇变则如庾衮，不夜不眠，兄病得差，衮亦无恙。如王觉，因母朱氏以非理役，异母兄祥览与祥俱又虐使，祥妻览妻亦趋而共之，其后朱氏为之感悟一体相爱，可知天下无不是侍父母最难者，兄弟孝弟之情笃而天伦乐，事在庭帏间矣。

三、课子孙。先儒云"莫为之前，虽美弗彰，莫为之后，虽盛弗传"，是先济美乃称世家。若房杜仅能立门户，卒被不肖子孙破坏，古人所为援以为戒也。然欲子孙之贤非可侥致，必由庭训之严，苟父兄之教弗先，则子弟之率不谨，如是而望子孙之克家绳武，是犹不力田而妄思丰年，不三驱而希得前程，此必天之理。故历代往哲皆以立教为先务。杜孟贤训子孙曰"忠孝吾家之宝，经史吾家之田"，时号宝田杜氏。马援戒子愿效伯高。王昶戒子愿师伟长。南阳邓禹有子十三人，教之各执一艺。刘殷有子七人，其五人各授经一经，二子授《史记》《汉书》。又杨文公家训曰："童稚之学，不止记诵"，养其良知良能，当以先人之言为记，故事不拘古今，必先以孝悌忠信礼义廉耻等事。如黄香扇枕、陆绩怀橘、叔敖阴德、子路负米之类，只如俗说便晓此道理，久久成熟德性若自然矣。其不然躬行可为，法则如万石。君见子孙小有过失辄对案不食，必俟其悔改肉袒谢罪，然后复餐又如何。东节度使柳公绰东门有小斋，自非朝谒之日，每平旦则出至小斋，诸子仲郢辈皆束带侍立，自旦至暮不离，小斋烛至则命一人子弟执经史躬读一遍讫，乃讲议居官治家之法，至人定钟稀然后归寝，二十余年未尝一日少易，凡兹往宪均可为式。予望族中之为祖为父者，各绳其子孙令循规矩，则中养得中才养得才，故人乐有贤父兄矣。

四、睦族邻。宗族为一脉之亲，邻里有同井之义，均为情之所不容已者。周之尹氏十余代不忍别食，数千口而同伙。魏之杨播一家百口庭无间言。张公艺九世同居，北齐、隋、唐皆旌表其门。疏广为太子太傅致仕归乡里，以朝廷所赐之金，日令其家供具酒食与族人，故旧宾客相与娱乐。范文正公平生好施，与择其亲而贫疏而贤者咸施之，方贵显时负郭常稔之千田千亩号曰义田，以养济群族之人，日有食岁有衣，嫁娶丧葬皆有赡，择族之长而贤者主其会计而时出纳焉。蓝田吕氏乡约：德业相劝，过失相规，礼俗相交，患难相恤，有善则书于籍，有过及违约者亦书之，三犯而行罚，不悛者绝之，此虽季世绰有三代遗风。吾族诚有若而人乎，则云三代，至今存可也。

五、隆师友。自古帝王犹必崇师拜道尊贤处友，而况士庶之家。修道进德劝善规过，未有不籍师友以成，顾可亵且慢乎。故宓不齐宰单父，所父事者三人，所兄事者五人，所友者十有二人，又有贤于不齐者五人，不齐师之而凛度焉，此所以身不下堂鸣琴而治。公南楚年十五而摄荆相，事堂上有五老，堂下有二十壮士，而朝廷清净少事。吕正献公通判颍州，欧文忠公通知州事，焦千之先生客文忠公所，正献延之使教荣公原明，荣公德器成就大异众人，尝云人生内无贤父兄外无贤师友，而能有成者少矣，是则师友之益诚大矣哉。予族自始祖良相公以来，名材辈出科第蝉联，亦皆食崇师敬友之报。即敬不才叨承家君慈爱，为之择名师良友，以砥砺而磨砺之，乃得名列应天虎榜。然则族之人欲陶成伟器，则长跪请教虚必集益，乌容已也。

六、凛国宪。夫人生世间践土食毛，均受朝廷之赐，则顺治从王尽忠报国，分所宜然。若视象魏悬书为月吉读法故事，公家赋税非己急务，而陷身不义以犯之，靠蹦贫户以逃之，则为逆民，显则有常刑，幽则有阴谴。每见世之弁髦王法逋负课税者，从未有免脱漏纲，婴三木被箠楚，愁苦呻吟，噬脐无及。而凛遵法纪急公恐后者，或族表其闾里，或脱于刑戮，是贤不肖之相去者何远也。临邑号醇良而予族为最，盖祖宗忠孝之传其来已久，似不必深虑。但恐代远年湮人众心涣，容有不守其旧者。今幸修谱立训揭以示人，使知三尺当凛惟正当供，断不可损越以贻罪戾，则不欺君即为忠臣，不辱先即为孝子，各宜自勉旃，毋忽余言。

七、振家规。《圣经》云："身修而后家齐，家齐而后国治"。孟子谓国之本在家，家之本在身。然而有修身齐家之责者，均有整纲饬纪之政，士庶亦然，无关爵位也。昔王凝居悚如也，子孙非公服不见，闺门之内肃若朝廷焉，御家以四教勤俭恭恕，正家以四礼冠婚丧祭。张湛矜严好礼动止有则，居处幽室必自修整，虽遇妻子严若君焉。富郑公治家严肃，有子室凡使女仆不得互相往来。敬姜季康子之从祖母也，康子往朝，敬姜不出中门隔帘答礼，盖男女授受不亲，故别嫌明徽有如此。吕荣公夫人张氏待制讳显之幼女也，最钟爱然，居常至微，细事教之必有法度，及嫁荣公夫人之母申国夫人姊也，一日来视女，见舍后有锅釜之类大不乐，谓申国夫人曰："岂可使小儿辈私作饮食坏家法耶。楚王田猎留夫人于渐台，约有迎必以符，忽暴水至，王遣人迎夫人忘持符，夫人宁溺死往，此皆治有家法庭即具四方之象，治国平天下之举，视诸此家规，何可弗振也。"

八、砺廉耻。礼义廉耻称为"四维"，四维不张国乃灭亡，家何独不然。宣父论成人必廉公绰之不欲，论士以行己有耻为。品之最上是"廉耻"二字，圣门所重。士大夫之家无廉耻，则由宝屈膝关鸡庄犬，贻笑千古。士庶之家无廉耻，则垅断墦间如颜婢膝，取讥乡邻。是故伊尹一介不取千驷弗视，杨震畏四知暮金不受，曾子却粟子思辞裘，此于财利上砺廉耻也。夫子不为卫乡苟主，柳下惠不以三公易介，此于出处上砥廉耻也。鲁男子闭户不纳，令女割鼻盟心，此于节操上砥廉耻也。吾愿吾内黄族众无论穷达，无论士女，取与必严，作事必正，持身必端，凡一切非道非义之事，卑污苟且之行，见之如见怪物，恶之如恶恶臭，则祖宗以来光明正大之操，忠孝节烈之明，将百代不坠矣。

九、崇节俭。峻宇雕墙夏禹深忧，夫亡国宴好破产，贾生痛哭乎颓风。盖居上者伤财必至害民，为下者纵欲必然败度。是以土阶三尺茅茨不剪，以至露台惜百金之费，翠服严惜福之微，帝王且崇节俭，而况士大夫之家乎。文中子之服俭以絮无长物焉，绮罗锦绣不入于室。高侍郎钺兄弟三人俱居清列，非速客不二羹戬，夕食龁蒻饱而已。张文杰公知白为相，自奉如河阳掌书记时所亲，或以公孙布被讥之，公曰："人之常情，由俭入奢易，由奢入俭难，吾今日之俸不能常有，一旦异于今日，家之习奢已久，不能顿俭，必至失所。"司马温公之父池为郡牧判官，客至置酒或三行或五行不过七行，沽酒于市果止梨栗枣柿肴脯肺菜羹器用瓦漆而已。王相国涯之女请市一钗需七十万钱，涯曰一钗七十万钱，此妖物也，必与祸相随，女不敢复言。此制节谨度不敢暴殄天物，可为万世著龟者也。若平常士庶郎多蓄数石麦粟，其入原有眼，苟费出不经坐，见匮乏尤宜樽节，其奉衣食，宫室固不可过度滥费，即冠婚丧祭速宾会友，亦必称家有无斟酌其宜，勿得侈一时美观约而为泰，恐终致叹于难乎有桓焉。

十、勤耕读。民有四士为之首农即次之，故人有恒言，皆曰耕读为本，是诚宜以服田力穑，穷经达用为先务也。古者立教，八岁入小学，十岁出就外傅，十五岁入大学，斯时未有士农之分也。迨年十六则秀者为士，从事于格致诚正修齐治平之务。上而司马三升为国，桢干次也，不失为庠序之彦别于齐民，一等朴者归农授以馀夫田二十五亩，俟受室后上有父母下有妻子，始受一夫之田以为仰事俯畜之需，是士农皆有本业，何可一日舍业以嬉也。苟或躬居学舍以游以优，不能潜心探讨，则业不精名不就，虽欲为田舍翁尚不可得，若人所谓画虎不成反类狗，其自误非浅矣。或身履献亩心惮胼胝，则鲁莽而耕者，亦鲁莽而获裂灭，而耕者亦裂灭，而报家贫穷而行污辱，必自怠惰中来也。吾愿族人业儒者揣摩攻苦，三更火五更鸡不惮劳也。力田者深耕易耨，早作夜休无作辍也。以及一家大小男服事乎外，女服事乎内，或剔灯伴读，或载筐饷耕，或衣而赋事，或丞而献功，将见有志竟成勤斯有获，行青拖紫庸丰履盈，不祭可卜。向使勤而无功惰而有益，君子犹不以此易彼，况从古未有，亦何惮而不为也。

嘉庆辛未年（1811）
资兴《滁溪骆氏宗谱家训乡约》

“家训十二则”：

一、孝为百行之源。鞠育顾复，劬劳当报，温清定省，仪节必尽。或鼎烹以隆富贵之养，或菽水以承贫贱之欢。《诗经》曰“夙兴夜寐，无忝尔所”，言乎子职之宜修也，愿我族人，其成孝子。

二、弟为天显之谊。同气连枝，友爱必笃，豆觞几杖，敬顺无忤。勿以患难而忘保持，勿因货财而疎骨肉。《诗经》曰“兄弟既翕，和乐且耽”，言乎弟道之克敦也，愿我族人，勉为悌弟。

三、忠为作事之干。发己自尽，念无不实，歹身而诚，意无或伪。本真心以为主宰，务戒欺以求自慊。《易》曰：“闲邪存其诚”。言乎立体之宜无妄也，愿我族人，其细思忠以行恕之旨。

四、信为言行之要。举措动作，循物无违，议论丰裁，内外一致。勿矫举事为以惑众人，勿修饬言语以罔君子。《易经》曰“笃实辉光，日新其德”，言乎致用之在乎信也，愿我族人，其静念体信达顺之道。

五、礼为持身之矩。长幼卑尊，自有秩叙，冠婚丧祭，原有节文。勿徇末俗而昧天经，勿率己意而略仪则曲。《礼记》曰"君子恭敬撙节，退让以明礼"，言乎礼之不可须臾离也，愿我族人，其共纳身于轨物。

六、义为制事之备。进退动静，必协其度，化裁通变，务酌其宜。毋以穷通而移节操，毋因财利而忘权衡。儒行曰"不祈土地立义以为土地"，言乎义之不可一事悖也。愿我族人，其共步趋夫正路。

七、廉为取舍之衡。洁清自矢，万钟何加，坚白自持，一介不苟。毋以急需而滥受，毋于非分而过求。孟子曰"可以取可以无取，取伤廉"，言乎砥厉廉隅之关，于品行者大也，愿我族人，其以不食为宝焉。

八、耻为羞恶之良。德业未修，怍生幽独，言行未饬，愧深衾影。唯知愧而后能不愧于天，唯有怍而渐至不怍于人。孔子曰"行己有耻"，又曰："知耻近乎勇"，言乎克念作圣之本，于耻心者征也，愿我族人，其各激发其气也。

九、睦九族。九族为同祖之亲，支分派别，形虽各异，木本水源，谊实一体。勿以小嫌而成大恨，勿以贫富而有厚薄。《书》曰："克明峻德，以亲九族。"言乎一脉相衍，有以厚待之也，愿我族人，其毋亲族众如路人。

十、戒争讼。争讼为积怨之府，遇有难堪，克让则宁，投以非礼，征忿则去。勿逞客气而挺身以斗，勿缘细故而饰辞以争。《书》曰"必有忍其乃有济，有容德乃大"，言乎争讼害大，当有以绝其端也，愿我族人，其省事以保厥身家。

十一、急输将。输将为间间之分，践土食毛，皆荷君恩，急公奉上，斯称醇良。毋迟缓以致追呼，无抗违而取罪戾。忠经云"服劳稼穑，以供王职，兆人之忠也"，言乎贡赋之宜急也，愿我族人，其作忠良以乐太平。

十二、戒淫邪。淫邪为百恶之首，授受不清，宜别内外，嫌疑必违，务全名节。天道福善而祸淫，鬼神扶正而疾邪。文昌帝君云"未见不可思，当见不可乱，既而不可忆"，言乎色欲之当戒也愿我族人，坚守方寸，以广阴德。

"乡约四则"：

一曰德业相劝。凡孝悌忠信、礼义廉耻、读书力田、营家济物、畏法度谨赋税之类，曰德业，同族之人各自进修以相劝勉焉。

二曰过失相规。凡酗博斗讼、奸盗诈伪、婚娶论财、居丧嫁娶、暴露亲衰、崇异端尚奢侈之类，曰过失，同族之人各自省察以相规戒焉。

三曰礼俗相交。凡少长有序，男女有别，迎送拜揖，必致其恭，庆吊赠遗不失其礼之类，曰礼俗，同族之人，务相斟酌焉。

四曰患难相恤。凡水火盗贼、疾病死丧、及孤弱贫乏、诬枉横逆之类，曰患难，同族之人务相恤焉。

民国新田《长亭骆氏宗谱圣谕》

一敦孝悌以重人伦。　二笃宗族以昭雍睦。

三和乡党以息争讼。　四重农桑以足衣食。

五尚节俭以惜财用。　六隆学校以端士习。

七讲法律以儆愚顽。　八黜异端以崇正学。

九明礼让以厚风俗。　十务本业以定民志。

十一训子弟以禁非为。十二息诬告以全良善。

十三诫匿逃以免株连。十四完钱粮以省催科。

十五联保甲以弭盗贼。十六解言忿以重身命。

民国辛未年（1931）
宁远《上宜骆家骆氏家谱箴规》

一、孝箴。善行无敌，厥首惟孝。父生母育，德何以报。仰维前贤，善承色笑，养志无违，谕亲于道。凡吾宗人，是则是傚。

二、悌箴。何以恭兄，厥道是悌。惟悌徐行偬长，勿紊其序。仰维前贤，笃厚同气。柳问饥寒，姜称大被。弟恭兄友，荆花不悴。

三、忠箴。先儒有言，尽已谓忠。人心不一，竭诚斯同。无妄为怀，不欺于中，堪为人谋，可达王公，勿贰以二，往来憧憧。

四、信箴。先儒有言，以实为信，不诚无物，得主则定，言根于心，中敷于行，有孚盈企，豚鱼格真，无信不可，恪遵圣训。

五、礼箴。盛德大备，莫善于礼。内主诚恪，外饬客体，周旋折旋，中规中矩，丧祭冠姻，此为之纪，敬慎威仪，免讥相鼠。

六、义箴。人生大防，惟义与利。是非可否，毫厘疑似，辨之既明，利之斯利，守经达权，义之如比，以义制事，先型勿替。

七、廉箴。志士励行，莫重于廉，精白乃心，嗜欲胥捐，千驷一介，取与必严，出为名宦，处为圣贤，入夷出跖，服膺拳拳。

八、耻箴。机变之人，无所用耻，克励此心，始称男子，一念之恶，人视人指，少有惭恧，羹啬监史，知耻近勇，深味斯旨。

一九九三年楚南骆氏合谱家训

"家训十则"：

一、敬祖宗。子女身父母生，父母逝功德在恩德存。功德积累，恩重如山。不敬祖宗，则是忘本。若有逆心，天理不容。

二、睦宗族。宗亲叔侄、父子兄弟姐妹，均须谦虚礼让，切勿以众凌寡，以强压弱，以智欺愚，和蔼共处，亲如家人。

三、守国法。法律行为规范，务必人人遵守，遵纪守法，安分守己。违法有辱全族声誉，应严加禁止，国法也不容许。

四、勤读书。勤读书，立大志，增族光，扬国名，遵祖训，振家声。切勿少壮不努力，老大徒伤悲。

五、勤守职。工农商学兵百业忠守其职，业精于勤，荒于嬉情，七十二行，行行出状元。

六、崇节俭。创业不易，守业亦难。牢记一粥一饭，当思来之不易，半丝半缕，恒念物力艰难。衣食住行婚丧事，视财力而为，切勿奢华铺张。

七、重老幼。尊老爱幼，照顾帮助，幼有所教，老有所养，二者不可偏废。

八、尊师友。尊师重友人之道义。尊敬师长，交友信用。不偏不倚，诚恳相交。

九、戒恶习。偷盗抢劫，国法不容，嫖娼赌博，万恶之源，奉劝族人，戒除恶习。

十、经磨炼。人生道路，难免坎坷。风霜磨炼，方见本色。

一九九三年楚南骆氏合谱族规

一、总则。国有宪法，宗有族规，村有民约，此乃历我先人宗功祖德，继承我祖优良传统，教育后代促进两个文明建设，树立五讲四美新风尚，达到敬祖孝宗的目的。我们在旧族规的基础上结合当前情况，特制定新的族规。

二、谱制。谱制是指修谱工作的轮次年限。为使我族裔孙几十年的人事变迁不致遗漏，实行"三十年小造"，按各祖系修谱；"六十年大造"，良相公派下总合谱。合谱制定的新流辈，一律按规定辈行取名，不准乱取名乱更改。

三、祭制。除日常性祭祀活动外，到每年清明节，各派下裔孙必须进行一次扫墓活动；在条件成熟的前提下，可实行联合祭祖仪式。对于要举行规模较大的联合祭祖活动时，务必在清明节的前一个月由老家召集族老研究磋商，作出决定，通知所属派下，定期举行。对于列祖列宗的坟墓，就近地骆氏裔孙应负保护之责。有条件的地方，可以成立治丧理事会。

四、宗制。体现宗制的主要标志是敬老爱幼。父母有抚养子女至成人的义务，子女有赡养父母的神圣职责，互为依靠，不可偏弃。关于对敬老（父母）问题，要做到如下五点：供养父母生活标准，要达到当地族人的一般生活水平，要重视老年人（父母）的休息问题，不要指使做其力所不及的劳动，不准谩骂殴打老年人。违者族人有权干涉和处理，直至上诉；对于老年人（父母）间受屈引起的自尽事件，族人要作出严肃处理，有权向政法机关提出诉讼惩处；父母逝世，子女毫无条件地承担安葬天职，本着检朴办丧事的原则，根据条件的可能自行决定丧仪开支。

五、登谱制。本届合谱以后，各房应确定专人负责入谱登记。对于今后出生的裔孙与逝世族人，要在每年清明节扫墓之前进行年度登记。入谱者应按新流辈取名。规定出生者每人交纳入谱费一元，逝世者减半，这是给登谱人员的报酬费。如果年度物价差距较大，各地可自行决定入谱费的数额。关于村里的大事要事，登谱人员亦同样记述作修谱资料。

六、婚制。按照伦理道德观念科学论断，近亲不宜结婚。我族规定直系血统五代之内不准结婚，反对辈差结婚。

七、性别制。男性和女性，在政治上一律平等。我们提倡男女平等，一视同仁。今后不论男女均要入谱，尊重纯女户，女方赘婿生育的子女，应作传宗接代，有继承和享受祖业的权利。

八、族制。我族人民应该自尊互爱，和睦团结，讲究伦理。如有宗村之间的争端，要绝对服从地域族老的调解，严禁自相残杀的械斗事件发生。对于异姓邻村，亦应从团结愿望出发，搞好关系，和平共处。

九、村制。保护生态环境，严整村容，是维护村制的中心环节。要加强保护村前村后的风水，不准破坏龙脉，违者处罚。要十分注意保护村里的文物古迹，如公祠、门闾、庙宇、凉亭、堡垒、字碑、道路等，坍塌的要给予修理。公共场所、出入要道不准放私人杂物，要讲究社会公德，促进精神文明。

十、学制。"百年大计，教育为本"，提倡人人入学，力求改观校舍学习环境，要尊师重教，鼓励就学成才，效法先人学范，培植后代文人。

十一、互助制。我族裔孙，村多人众，同脉相援，已有先例，通过合谱，族谊更深。今后对于族中的天灾人祸，要进一步地发扬"一方有难，八方支援"的新风尚，以期达到长期共存，同享太平。

十二、谱制。所谓珍牒制是珍惜爱护我们的谱牒，今后要形成制度。做到专人专管，专柜专藏，内部资料，注意保密，不能擅自给外人传阅。今后对于人为的破坏，要作出公议处罚，注意虫鼠之损坏，当心气候潮湿之霉变，使我谱牒永远保持完整清晰。

十三、法制。合族人民，应该继承和发扬我祖廉政爱民，安分守纪的优良传统，遵纪守法，讲道德，讲文明，力戒赌博，反对嫖娼，杜绝盗匪，向一切违犯人民利益的不法行为作无情的斗争！

参考目录

1.（清）张廷玉等编纂：《明史》，中华书局 1974 年第 1 版

2.（清）夏燮编：《明通鉴》，中华书局 2014 年版

3. 清抄本《明实录》，中华书局 2016 年版

4.（清）谷应泰编：《明史纪事本末》，中华书局 1997 年版

5.（清）赵尔巽编：《清史稿》，中华书局 1998 年版

6.（明）沈德符撰：《万历野获编》，中华书局 1958 年版

7.（明）刘若愚撰：《酌中志》，北京古籍出版社 1994 年版

8.（明）徐复祚撰：《花当阁丛谈》，中华书局 1991 年版

9.（明）黄宗羲撰：《明夷待访录》，中华书局 1981 年版

10.（清）缪荃孙编：光绪《顺天府志》，北京大学出版社 1983 年版

11.（清）李翰章、裕禄等编纂：光绪《湖南通志》，岳麓书社 2009 年版

12.（清）嵇曾筠、李卫等编纂：雍正《浙江通志》，中华书局 2001 年版

13. 天津市地方志编修委员会编纂：《天津通志大事记》，天津市社会科学院出版社 1994 年版

14.（清）吕思谌、宗绩辰编纂：道光《永州府志》，岳麓书社 2008 年版

15.（清）黄应培、乐明绍编纂：《新田县志》，嘉庆十七年刊刻本

16.（清）王士禛撰：《池北偶谈》，中华书局 1982 年版

17. 吴晗著：《吴晗论明史》，武汉出版社 2013 年版

18. 丁易著：《明朝特务政治》，上海书店出版社 2011 年版

19. 王天有主编:《明朝十六帝》,故宫出版社 2010 年版

20. 周骏富主辑:《贰臣传》,台北文明书局 1985 版

21. 商传著:《明太祖朱元璋》,浙江文艺出版社 2013 年版

22. 岳天雷著:《高拱研究文集》,中州古籍出版社 2011 年版

23. 明洪武五年（1372）资兴滁溪编修:《骆氏旧谱》

24. 明宣德三年（1428）临武花塘编修:《骆氏宗谱》

25. 嘉庆辛未年（1811）资兴滁溪编修:《骆氏宗谱》

26. 明永乐十四年（1416）广东乐昌柏沙编修:《骆氏创修谱》

27. 民国八年（1919）桂阳大溪头编修:《骆氏宗谱》

28. 广东连山阁桥编修:《骆氏宗谱》

29. 民国辛未年（1930）宁远骆家编修:《骆氏家谱》

30. 1993 年蓝山环连桥编修:《骆氏家谱》

31. 1993 年江华环连桥编修:《骆氏家谱》

32. 清顺治八年（1651）新田骆铭孙:《重修宗谱》

33. 清康熙四十四年（1710）新田骆铭孙:《重修宗谱》

34. 清嘉庆八年（1803）新田骆铭孙:《重修宗谱》

35. 清道光二十五年（1845）新田骆铭孙:《重修宗谱》

36. 民国十二年（1923）新田骆铭孙:《重修宗谱》

37. 1993 年新田骆铭孙:《楚南骆氏合修宗谱》

38. 2006 年宁远县史志办翻印民国三十一年（1942）:《宁远县志》

39. 骆伟峰主编:《广东骆氏志》,中山大学出版社 2017 年版

后　记

　　历时一年有余的探寻和整理，《新田骆氏锦衣卫世家》终于问之于世，以飨读者。

　　赫赫于有明一朝，尘封于年代久远。新田骆氏锦衣卫世家也终于"昨日重现"，再现天日。

　　家是最小国，国是千万家。家史连着国史，国运关乎家运，家运孕育家风。一个家族的兴衰际遇，始终与一个时代相联结。

　　新田骆氏锦衣卫世家，终大明一朝，尚跨清朝初年，是大明王朝兴衰存亡的历史见证。

　　《新田骆氏锦衣卫世家》试图以历史的宏观视野、严谨的史家笔法、立体的多维时空，务求真实客观地展现六百多年前新田骆氏锦衣卫世家的历史本来面目。从明朝的治国理政，探讨明朝锦衣卫制度的是非得失；从明代的兴衰存亡，探寻新田骆氏锦衣卫世家的演变轨迹；从追溯古老骆氏家族的历史渊源变迁，探究新田骆氏锦衣卫世家的家教家风和人文价值。时空穿越远古，涉足大江南北，力求再现一个真实的、完整的、立体的新田骆氏锦衣卫世家史实，给读者一个可读、可信、可鉴的新田骆氏锦衣卫世家。

　　因为尘封久远，探寻几多艰辛。《新田骆氏锦衣卫世家》一路走来，幸蒙多得专家、学者的悉心关爱和赐教。中国人民大学历史系教授、博士生导师，中国明史学会首席顾问，明史泰斗毛佩琦先生，多次拨冗相见，不吝赐教，并亲赐书名墨宝和序言，给后辈愚生以莫大教益和鼓舞。中国社会科学院历史研究所研究员、中国明史学会副会长兼秘书长张宪博先生，亲率明史专家莅临新田，实地考察骆氏锦衣卫世家遗存遗址，确定中国明史学会与新田县委、县政府于明年春联合举办全国"明朝锦衣卫制度与新田骆氏锦衣卫世家文化研讨会"，给《新田骆氏锦衣卫世家》的深入探讨研究，注入了新的动力。中国社会科学院历史研究所研究员、中国明史学会副会长张金奎先生与中国社会科学院助理研究员秦博博士为《新田骆氏锦衣卫世家》的深入挖掘，分享许多难得的珍贵史料，给力良多。湖南省文物局副研究员、退休老同志谢武经先生，以七十多岁高龄多次偕同考察，执着之情，深受感动。中共湖南省委党校党史研究部主任、研究生导师霍修勇先生，对《新田骆氏锦衣卫世家》的编撰，悉心指导，亲力亲为。北京燕山出版社前编辑部主任、马明仁工作室资深出版人马明仁先生，为《新田骆氏锦衣卫世家》的编辑出版精心谋划，友情支持。湖南省理工学院教授、研究生导师任先大先生，为《新田骆氏锦衣卫世家》挥洒泼墨，亲撰书评，溢美之词，受之有愧。对这些尊敬的长者、专家、学者的倾力相助，感激之情难以言表以万一。在此，一并表示衷心感谢！

明史专家断定，新田骆氏锦衣卫世家是有明一朝实属罕见的历史现象，新田骆氏锦衣卫世家遗址遗存，是"国内仅存、没有第二"，其史学研究和保护利用价值"怎么高估也不为过"。新田骆氏锦衣卫世家是一个丰富的宝藏。《新田骆氏锦衣卫世家》还只是"冰山一角"，还一时难以穷尽，也一时无法穷尽。深入挖掘新田骆氏锦衣卫世家的传奇魅力，探究其背后所蕴含的人文精神和当代文化价值还永远在路上。

殷切期许更多的史学界、影视界、媒体界等社会各界人士，加入到新田骆氏锦衣卫世家的发掘、研究、宣传中来。欢迎广大的专家、学者和读者对《新田骆氏锦衣卫世家》的不妥之处提出宝贵批评意见。期许更多的企业界有识之士关注考察新田骆氏锦衣卫世家，共襄盛举，让新田锦衣卫世家故里这块举世无双的金色文化品牌，创造一次新的发展机遇，变成永续发展的现实生产力，以造福一方百姓。

弘扬保护和合理利用中华优秀传统文化的春天，已经到来了。

斯是初心。

是为记。

谢奉生

2018 年 12 月 8 日于新田